仁丰侗寨契约文书

张承久家藏卷辑录研究

胡展耀　谭洪沛　编著

知识产权出版社
全国百佳图书出版单位
—北京—

图书在版编目（CIP）数据

仁丰侗寨契约文书：张承久家藏卷辑录研究 / 胡展耀，谭洪沛编著. — 北京：知识产权出版社，2023.10

ISBN 978-7-5130-8880-0

Ⅰ. ①仁… Ⅱ. ①胡… ②谭… Ⅲ. ①侗族—契约—汇编—锦屏县 Ⅳ. ①D927.734.369

中国国家版本馆CIP数据核字（2023）第163482号

内容提要

本书是对中国苗侗民族山林契约文书抢救性整理、著录的成果之一，全书收录了贵州省黔东南苗族侗族自治州锦屏县彦洞乡仁丰侗寨张承久家族保藏的山林契约文书127件（含一份家族分关文书）。该成果的出版，旨在进一步推动日渐濒危的苗侗民族山林契约文书的抢救保护工作，有效减缓因物质载体的濒危而造成所载优秀传统文化记忆的消亡。同时希望探索出行之有效的民族民间文献遗产整理、著录规范，为民族文献学等相关学科提供有参考价值的研究资料。

本书适合民族学、历史学、民族文献学研究者，民间文化爱好者阅读。

责任编辑：王　辉　　　　**责任印制：**孙婷婷

仁丰侗寨契约文书——张承久家藏卷辑录研究

RENFENGDONGZHAI QIYUE WENSHU——ZHANGCHENGJIU JIACANGJUAN JILU YANJIU

胡展耀　谭洪沛　编著

出版发行：	知识产权出版社有限责任公司	**网　　址：**	http:// www. ipph. cn http:// www. laichushu. com
电　　话：	010－82004826		
社　　址：	北京市海淀区气象路50号院	**邮　　编：**	100081
责编电话：	010－82000860转8381	**责编邮箱：**	laichushu@cnipr.com
发行电话：	010－82000860转8101	**发行传真：**	010－82000893
印　　刷：	北京中献拓方科技发展有限公司	**经　　销：**	新华书店、各大网上书店及相关专业书店
开　　本：	720mm×1000mm　1/16	**印　　张：**	18.25
版　　次：	2023年10月第1版	**印　　次：**	2023年10月第1次印刷
字　　数：	320千字	**定　　价：**	98.00元

ISBN 978-7-5130-8880-0

张承久小传

张承久，男，侗族，生于1946年5月，贵州省黔东南苗族侗族自治州锦屏县彦洞乡仁丰村七组人。育有两男一女。1963年9月入锦屏县中学读初中，后回村从事农业生产，担任生产队会计10余年。

张承久喜好诗书，热爱民间文学艺术，擅长编唱侗族酒歌、情歌等，是仁丰村周围有名的歌师。1980年其父辞世之后，祖上世代留存下来的100余件山林契约文书一直由张承久保管。

苗侗民族山林契约文书著录整理及其规范问题探究述要（代序）

胡展耀

苗侗民族山林契约文书，又称“锦屏文书”或“清水江文书”，是明朝末年至中华人民共和国成立初期这近400年间，贵州的清水江、都柳江中下游和湖南沅江上游等苗侗民族聚居区域形成并传承至今的一宗宝贵的民族民间文献遗产。据目前已面世的文书看来，其内容和类型主要包括有山林和田土的买卖及租佃契约、山林股份清单、官府文告、民间诉状、分家文书、契簿、账册等。这些契约文书绝大多数还分散保藏于贵州省黔东南苗族侗族自治州的锦屏、黎平、天柱、三穗、剑河、凯里、台江等县市苗村侗寨的农民家中。藏量丰富、涉及内容广泛的苗侗民族山林契约文书，是苗、侗等民族民众在长期生产生活实践中形成的混农林生产、人工营林、木材贸易等地方性生存智慧的集中反映，被国内外专家学者誉为具有世界代表意义的民族文献遗产，是民族文献学、民族学、人类学、经济学、法学、历史学、农学、林学、生态学等多学科研究极为珍贵的第一手材料，具有重要的学术价值和社会价值。

一、苗侗民族山林契约文书的著录整理现状

自20世纪60年代贵州本土文献遗产保护研究专家杨有赓首次发现并率先开展研究以来，苗侗民族山林契约文书已越来越多地受到国内外学者的关注和重视，相关的整理研究成果也相继问世，成为我国苗学、侗学研究领域的又一突出成就。对于苗侗民族山林契约文书的著录整理，出版最早、最具代表性的成果有唐立、杨有赓、武内房司主编的《贵州苗族林业契约文书汇编（一七三六——九五〇年）》（共3卷），张应强、王宗勋主编的《清水江文书》（共3辑33册），陈金全、杜万华主编的《贵州文斗寨苗族契约法律文书汇编——姜元泽家藏契约文书》。

《贵州苗族林业契约文书汇编（一七三六——九五〇年）》（共3卷）由东京外国语大学国立亚非语言文化研究所于2001—2003年陆续出版，是杨有赓与日本学者合作整理研究的重要成果，是国内外学术界第一次对苗侗民族山林契约文书进行大规模的分类

整理并结集出版。在《贵州苗族林业契约文书汇编(一七三六——九五〇年)》的史料篇中,编者将杨有赓前后三次获赠的苗侗民族山林契约文书共853件以影像图片和原件释文相对应的方式编排,所有契约文书统一分类编号,每一篇释文前冠以编号和该件契约文书的"契名""卖主""买主""地名""价银""年代""附注"等基本著录信息。依据所涉及内容性质的不同,编者还将这些文书分为:(A)山林卖契,共279件;(B)含租佃关系的山林卖契,共277件;(C)山林租佃契约或租佃合同,共87件;(D)田契,共55件;(E)分山、分林、分银合同,共90件;(F)杂契(包含油山、荒山、菜园、池塘、屋坪、墓地之卖契及乡规民约、调解合同等),共45件;(G)民国卖契,共20件。每一类下,又以契约文书所订立的时间为序进行编排。

《清水江文书》是目前收录文书数量最为庞大的成果,共分3辑33册,收录文书一万余件,由广西师范大学出版社分别于2007年、2009年、2011年出版。该书是对编者在锦屏各地苗村侗寨所搜集到的苗侗民族山林契约文书原件影像图片的集中汇编,在编排上"以村寨为单位,每个村寨给定一个序号",在村寨之下又将出自同一个家族或家庭的文书分为一卷,同一卷内再依据文书持有者的初始分类分为若干帙,"每一帙的文件则依照时间先后顺序排列",从而每一件文书形成了一个由"村寨—家族—文书类别—文件"构成的编号。对于每一件文书的影像图片,编者拟定了一个由"事主""事由""文书种类""时间"等要素构成的标题。

《贵州文斗寨苗族契约法律文书汇编——姜元泽家藏契约文书》收录了锦屏县文斗苗寨姜元泽家族保藏的664件契约文书,在编排上首先依据性质将其分为"契约"和"其他文书"两大部分,在每一部分中则依据时间顺序排列。每一件文书由影像图片和释文对应编排,共占据一页篇幅,图片居上,释文居下。释文之前冠以由"事主"和"事由"构成的标题。

除上述三种成果外,近年来又先后涌现出了有关苗侗民族山林契约文书著录整理的新成果,如潘志成、吴大华编著的《土地关系及其他事务文书》(贵州民族出版社,2011年出版)、《林业经营文书》(贵州民族出版社,2012年出版),高聪、谭洪沛编著的《贵州清水江流域明清土司契约文书·九南篇》(民族出版社,2013年出版)、《贵州清水江流域明清土司契约文书·亮寨篇》(民族出版社,2014年出版),等等。

对比分析上述代表性的著录整理成果可以看出,虽然编者结合自身的学科背景和研究专长进行了不同取向的探索实践,但由于其数量庞大、内容繁杂且缺乏现成的体例可供参考,对苗侗民族山林契约文书的著录整理至今仍未形成统一有效的规范,甚至同一编著者在其成果中也存在着标准不一、前后矛盾的问题。因此,为了尽可能规范苗侗民族山林契约文书的著录整理工作,促进这笔宝贵的民族民间文献遗产得到合理而有效的利用,有关著录整理的规范问题无疑成了一个急需探讨的现实课题。

二、彰显原创社区的局内观点

在社会法制日益完善的今天,数百年前形成并传承下来的苗侗民族山林契约文书并没有随着时代的发展而退出历史舞台,相反,它在原创社区民众心中仍是能够赐福于子孙万代的"传家之宝"。在学术研究领域,不同学科的研究者对苗侗民族山林契约文书有着不同的认识和价值评判,但无论学界的态度如何,文书原创社区及文书持有者始终有着自己的观点。

2011年11月18日,来自锦屏县文斗苗寨的两位农民专家——姜廷化、姜兰奎应邀登上贵州大学的讲台,详细讲述了关于苗侗民族山林契约文书的土著局内观点。在原创社区,苗侗民族山林契约文书是"祖先造林营林、成家立户的依据",人们在日常生产生活的方方面面都会用到。以文斗寨为例,姜廷化详细讲述了文书在民众日常生产生活中的作用:一是作为村寨之间的边界约定,二是买卖双方之间交易的凭证,三是租山种树的依据,四是土地、宅院、房屋等买卖或转让的凭证。随着时代的发展,虽然大部分文书已经失去了其原有的用途,但它仍是物权所有人之间经济权益和经济关系的重要凭证之一,是原创社区民众解决山林物权纠纷的重要依据。对于原创社区民众来说,文书绝不仅仅是一段远去的历史陈迹,其背后所凝聚的"契约"精神不会随着大部分文书的失效而消逝,而是成为活在人们心中的生活法则。姜廷化坦言,人们保留这些文书,既是对祖先的缅怀和纪念,也是让后人谨记:"我们是忠厚诚实讲道德的民族,诚信是我们的财富,要一代一代传下去。"

对苗侗民族山林契约文书进行著录整理,最根本的目的就是在系统化、规范化的前提下促进文书研究向更深入、更广泛的方向发展,最终使这宗宝贵的民族民间文献遗产"转化为有效的发展资源",最大限度地造福学术,造福原创社区各族民众。在原创社区内部,人们有一整套对文书自主保藏及分类利用的传统知识体系,同时他们也希望能够将这种文献遗产转化为促进当地民族文化发展的有利资源。因此,我们在著录整理苗侗民族山林契约文书时,首先要遵从的根本性原则就是尊重并维护文书原创社区及文书持有者的权益。一方面,对于文书的著录整理和开发利用等工作,必须征得文书原创社区及文书持有者的同意，依照他们的真实意愿开展抢救整理工作。另一方面，在文书著录整理成果中要对文书原创社区、文书持有者（或收藏单位）等信息加以明确。如前文所述《贵州文斗寨苗族契约法律文书汇编——姜元泽家藏契约文书》，就在成果名称中以副标题的形式明确了文书持有者姜元泽的产权。在该书正文之前，则以彩色图片附以文字说明的形式对文书持有者姜元泽夫妇、文书原创社区文斗苗寨以及文书搜集整理过程进行了直观、扼要的介绍。

苗侗民族山林契约文书是“全球最悠久独特混农林文明系统的活态记忆库”，是原创社区各族民众“对我国乃至全人类文化宝库的独特贡献”，在对其进行整理研究的过程中还应充分尊重其民族特性，彰显其民族质量，从而真正做到尊重和维护原创社区的文化权益。

三、空间和时间二维视野下的分类编排

对事物的分类，是人类认知和理解世间万物的首要前提，同时也是人类观察、比较、分析和概括能力的深刻体现。我国人类学家纳日碧力戈曾指出：“人类进行分类是认知的需要，是实践的需要：世界上万物纷杂，变化万千，令人眼花缭乱；命名和分类使丰富多彩、变幻无穷的世界缩小为我们能把握的规模。”对某一事物的分类和命名，是人类对该事物的认知、理解和把握程度的重要体现。

苗侗民族山林契约文书藏量庞大，据保守估计应在30万件之上。文书涉及内容则更为复杂，涵盖苗侗等民族土地制度、租佃关系、农业生产、林木经营、耕作制度、商业贸易、账目会计、股份合作、风物习惯、宗族制度等日常生产生活的方方面面。将数量庞大、内容丰富的文书分门别类，有助于研究者更全面、更深入地研究苗侗民族山林契约文书及其所反映的原创社区经济、社会和文化原貌。

前文所述苗侗民族山林契约文书著录整理早期的三种代表性成果，都对文书进行了尝试性的分类：《贵州苗族林业契约文书汇编（一七三六——一九五〇年）》依据文书所涉及内容的性质将其分为山林卖契，含租佃关系的山林卖契，山林租佃契约或租佃合同，田契，分山、分林、分银合同，杂契（包含油山、荒山、菜园、池塘、屋坪、墓地之卖契及乡规民约、调解合同等），民国卖契等七大类别；《清水江文书》则将文书分为十大类，即契约文书、族谱、诉讼词稿、山场清册（坐薄）、账簿、官府文告、书信、宗教科仪书、唱本、誊抄碑文；《贵州文斗寨苗族契约法律文书汇编——姜元泽家藏契约文书》虽则主要依

据时间顺序对文书进行编排，但编者在前言中也依据文书性质将其分为佃契、卖契、分合同、其他四大类别，并在释文标题中对每一大类作了进一步的细分。

对苗侗民族山林契约文书的分类，是一项相对较为复杂的工作，很难制定出明确的分类标准。经过对比分析，我们认为，上述三家对苗侗民族山林契约文书的分类，不仅各家所采用的分类标准不同，而且每一家自身的分类标准也不尽一致。以《贵州苗族林业契约文书汇编（一七三六——九五〇）》为例，编者依据文书所涉及内容的性质将其分成了七大类别，而其中G类“民国卖契”明显是依据时间划分出的一个类别，分类标准前后并不一致。

在整理校注契约文书的过程中我们发现，同一社区内尤其是同一家族所保藏的文书在反映该社区（或家族）经济、社会、文化发展的历史面貌方面具有极强的关联性，在时间维度上更具有明显的连续性，通过历时性和共时性相结合来承载并反映原创社区的经济、社会、文化等方面的发展历史。因此，我们主张，在对数以十万计的文书进行系统整理分类汇编的过程中，空间场域应作为分类的首要依据，以县-乡（镇）-村-户四级空间场域作为分类标准，同一场域内的文书在著录整理时应相应地划为一起。在以空间场域为依据进行分类的基础上，再以时间顺序为依据进行二次分类编排。

目前，学界对苗侗民族山林契约文书的分类，往往依据文书涉及内容的性质将其分为诸如田契、林契、佃契、卖契等类别。我们认为，这种分类方法，虽有一定的标准可以依据，但事实上文书的内容则远远超出了这种分类标准的复杂程度，无论如何总有一些交叉、两可或无法归类的情况。而且，这种分类方法的实用性也值得商榷，因为对于某一特定专业领域的研究者而言，或许可以选取便于自己研读的标准进行分类，但脱离了这一特定的专业领域，其分法也许就会失去相应的价值。我们对苗侗民族山林契约文书进行系统地整理分类汇编，其目的是明确文书原创社区和文书持有者的权益，在此基础上使这宗宝贵的文献遗产最大限度地服务于学术，服务于社会。因此，在整理分类汇编时依据空间和时间标准进行二级分类即可。至于更为详尽的分类，可由不同学科的研究者根据自身需要进行进一步的划分。

四、苗侗民族山林契约文书著录整理体例

苗侗民族山林契约文书是原创社区数百年来混农林复合文明系统的“活态记忆库”，是当地各族人民最为宝贵的民族民间文献遗产。因此，无论是文书本身还是其所

载内容，均是重要的学术研究资源。对其进行著录整理，就是要促进相关研究更为规范，更为深入，提高学术资源的利用效率，使其最大限度地发挥应有的学术价值和社会价值。

要达到上述目的，就须对苗侗民族山林契约文书进行科学、规范的著录整理，在著录整理过程中，一方面要最大限度地忠实于文书的原貌，另一方面要尽可能全面地著录每一件文书的重要信息。依据多年来整理校注苗侗民族山林契约文书的实践经验，借鉴和参考国内外学者在敦煌文书、吐鲁番文书、徽州文书及其他出土文献和民间文献的分类著录整理方面的成果，我们认为，对苗侗民族山林契约文书的著录整理，应采用影像图片、释文、注释三个版块内容统一编排、依次对应的文献学体例。

影像图片是文书原件最为直观的反映，也是文书原件真实性的一种重要体现。在著录时应标注其物理尺寸，并对其纸张性状、破损状况、濒危程度及字迹、印章等情况进行说明，以帮助阅读者首先从具象层面对每一件文书有一个总体性的把握。释文就是对文书所载文字内容的活字化录入，它有助于阅读者进一步对文书所载内容进行有效的判读和研究，在录入释文的过程中应尽可能忠实于原件的行文格式及出现的各种符号。注释则是对文书内容的有益补充，是对文书进行解读和研究必不可少的背景材料。

正如我国民族文献学家罗德运在《民族文献学刍论》（载《中南民族学院学报》1997年第4期）一文中所指出的：卷帙浩繁的我国各民族文献，“记录了历史上各民族的起源、名称的沿革、支派的离合、势力的涨落、部族的消长、文化的变迁等历史演化的历程，以及各民族之间相互接触和融合的概况，它们既是民族学研究的宝贵材料，又是文献学研究不可或缺的一部分”，“同时具有民族学和文献学的双重价值”，必须建立一门旨在“研究研究中国各民族文献的产生、发展和演进过程及其性质、形态、结构、类型、特点与搜集、整理、保藏、利用的一般规律”的学科——民族文献学，进行专门研究。鉴于苗侗民族山林契约文书数量浩瀚、内涵丰富，必须加以著录整理，才便于各学科领域乃至社会各界研究利用。此外，由于水渍、烟熏、折皱、火灾等原因，导致这些珍贵的文献遗产处于迅速濒危的状态，亟须抢救保护。因此，本书编著者所在的贵州师范学院民族文献遗产抢救保护研究团队，与有关县市档案文献工作人士合作，基于多年来探索实践所形成的上述著录整理原则和操作规程，参考前人著录整理成果，有计划地对贵州省黔东南苗族侗族自治州锦屏等县苗村侗寨民众家藏的契约文书进行抢救性的著录整理，形成系列成果。这本《仁丰侗寨契约文书·张承久家藏卷辑录研究》，就是其中的成果之一，全书收录了胡展耀、谭洪沛等人在锦屏县彦洞乡仁丰侗寨张承久家搜集拍摄的127件山林契约文书(含一份家族分关文书)。通过这些著录整理成果的汇编出版,以及由编著者主持承担的一系列有关苗侗民族山林契约文书抢救整理与修复保护的应用研究课题的配合研究,我们相信,一方面,可有效推动日渐濒危的苗侗民族山林契约文书的抢救保护工作,有效减缓因物质载体的濒危而造成所载苗侗民族文化记忆的消亡。另一方面,可为学术界提供一套可资借鉴的民族文献著录整理规范,为正在建设中的中国民族文献学学科提供一个鲜活的个案,促进这一新兴交叉学科的建设和完善。

凡　例

一、本书收录了编著者在贵州省黔东南苗族侗族自治州锦屏县彦洞乡仁丰村张承久家搜集拍摄的127件山林契约文书（含一份家族分关合同），图片135张。

二、本书所收录的每一件契约文书包括影像图片、释文和题解三项内容。每一张影像图片前加注文书编号和原件物理尺寸，释文前加注以“订立时间+事主+事由”所构成的标题，题解则详细说明了每一件契约文书的订立人、订立时间、事由、文书类型以及文书的保藏地点、编号、内容列数字数、原件濒危度等事项。

三、本书所收录的契约文书一律按照订立时间先后排序。若原文未明确显示订立时间但可从内容信息推断出时间者，则置于相应位置；不可推断出具体时间者，置于最后。

四、为更好地保持文书著录整理的原真性，释文、标题和题解均按照古籍整理的通行惯例及文书原件排列格式，以繁体字从右至左竖排，并按国际通行的古典文献整理研究规范，在正文每一列文字之前加注列序，以便读者查阅。

五、文中地名标注“＝”，人名标注“—”。

六、文中出现计算机无法显示的字，直接改为正字，并标注“()”。

七、文中凡因原件极度残缺或因字迹模糊无法辨认之处，均以“□”标识，一“□”一字。

八、文中已被涂抹的文字，均以“■”标识，一“■”一字。

目　录

编号：ZCJ001（370mm×455mm）

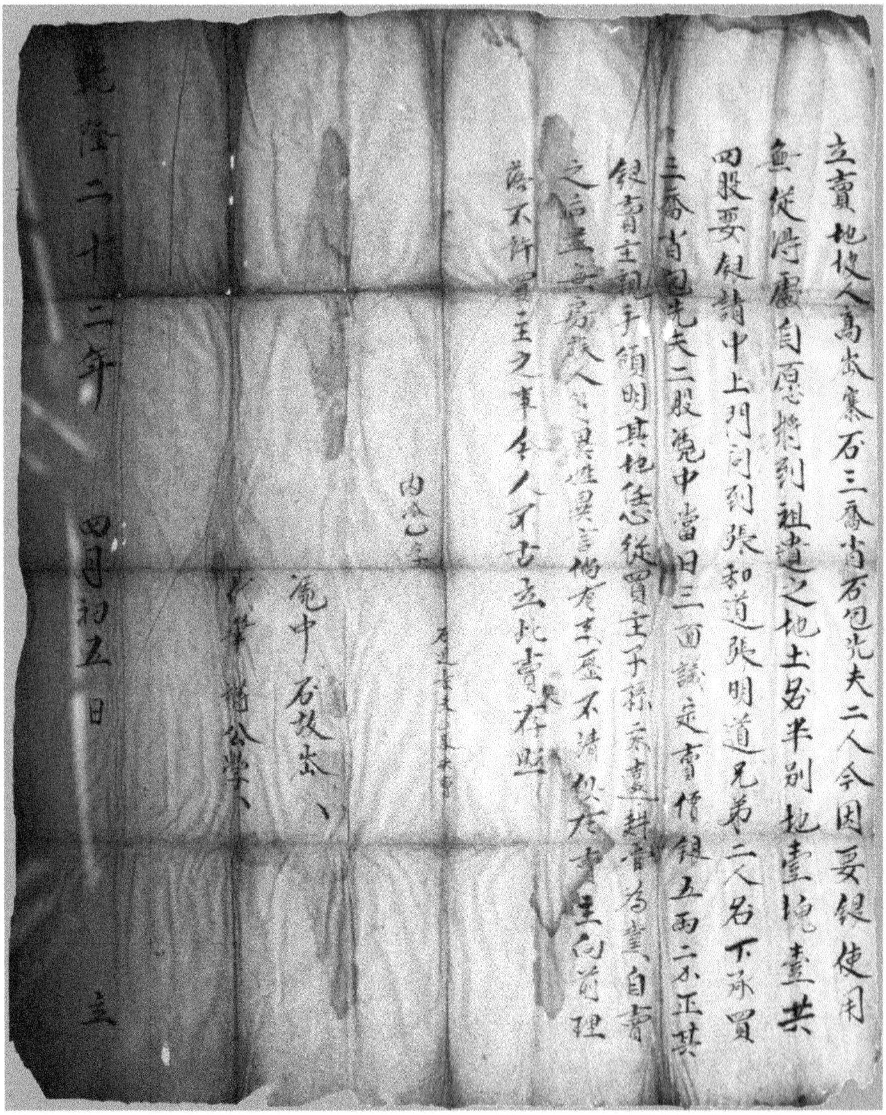

立賣地佐人高岩寨石三喬肖石包先夫二人今因要銀使用
無從得處自愿將到祖遺之地土名半别地壹塊壹共
四股要銀請中上門問到張和道張明道兄弟二人名下承買
三喬肖包先夫二股憑中當日三面議定賣價銀五兩二示正其
銀賣主親手領明其地憑從買主子孫永遠耕管為業自賣
之后立無房族人等異姓異言倘有來歷不清俱在賣主向前理
落不許買主之事今人不古立此賣存照
內添乙字
憑中 石政岩、
代筆 楊公學、
乾隆二十二年 四月初五日 立

ZCJ001　乾隆二十二年四月初五日石三乔等卖地坡契*

一　立賣地坡人高(岑)寨石三喬、肖石包先夫二人，今因要銀使用，

二　(無)(從)得處，自愿將到祖遺之地土名半別地壹塊，壹共

三　四股，要銀，請中上門问到張和道、張明道兄弟二人名下承買。

四　三喬、肖包先夫二股，(凴)中當日三面議定賣價銀五(兩)二(錢)正，其

五　銀賣主親手領明，其地恁(從)買主子孫永遠耕(管)為業。自賣

六　之后，並(無)房族人等異姓異言，倘有來歷不清，俱在賣主向前理

七　落，不許買主之事，今人不古，立此賣契存照。

八　　　　　石近長乙股未賣

九　　　內(添)乙字

十　　　　　(凴)中　石故(岑)

十一　　　　代筆　(蔣)公學

十二　乾隆二十二年四月初五日　　　立

*此为石三桥、肖石包先夫二人乾隆二十二年(1757年)四月初五日卖地坡契约，原件现保藏于张承久家中，原色影像典藏于贵州师范学院『中国山地民族特色文献数据库』，编号为ZCJ001。原件内容共12列192字。原件有明显褶皱和污渍。

编号：ZCJ002（400mm×460mm）

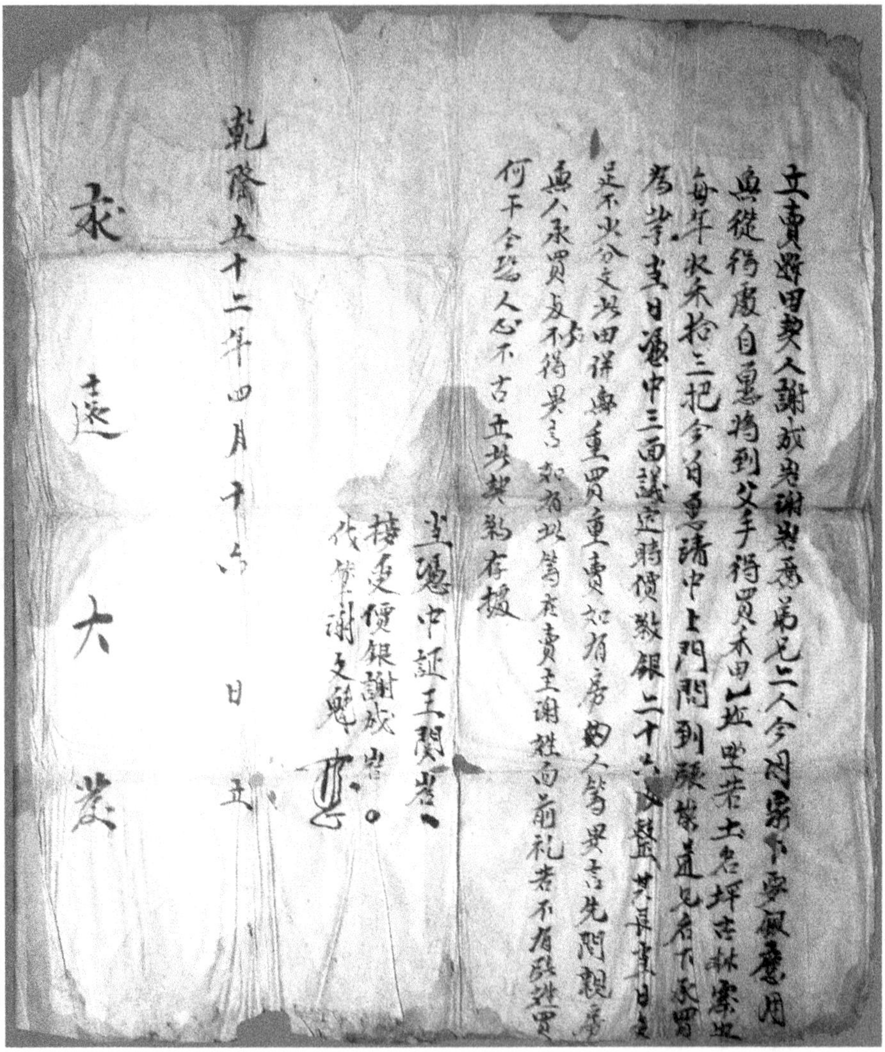

立賣𡉏田契人謝成宗、謝宗秀弟兄二人，今因家下要銀應用，
無從得處，自愿將到父手得買禾田一坵，坐落土名坪吉林，案出
每年收禾拾三把，今自愿請中上門問到本寨張道兄名下承買
為業。當日憑中三面議定價銀二十六兩整，其銀當日親
足，不少分文。其田任與重買重賣。如有房內人等異言，先問親房
無人承買，及不得異言。如有此等，在賣主謝姓面前礼者，不有殊買
何干。今恐人心不古，立此契約存據。

立憑中證王開岩
接受價銀謝成岩
代筆謝文魁 押

乾隆五十二年四月十六日 立

永遠大發

ZCJ002　乾隆五十二年四月十六日谢成岩等卖断田契*

一　立賣断田契人謝成岩、謝岩喬弟兄二人，今因家下要銀應用，

二　（無）從得處，自愿将到父手得買禾田一坵，坐若圡名坪古林寨边，

三　每年（收）禾拾三把，今自愿請中上門問到張能遺兄名下承買

四　為業。当日憑中三面議定時價（紋）銀二十六□整，其艮当日交

五　足，不少分文。此田併（無）重買重賣，如有房内人等異言，先問親房，

六　（無）人承買，（与）后不得異言。如有此等，在賣主謝姓向前礼若，不有張姓買

七　何干。今恐人心不古，立此契（約）存據。

八　　　　当憑中証　王関岩

九　　　　接受價銀　謝成岩

十　　　　代筆　謝文魁

十一　乾隆五十二年四月十六日　立

十二　永　遠　大　（發）

*此为谢成岩、谢岩乔弟兄二人乾隆五十二年（1787年）四月十六日卖断田契约，原件现保藏于张承久家中，原色影像典藏于贵州师范学院『中国山地民族特色文献数据库』，编号为ZCJ002。原件内容共12列199字。原件有明显褶皱和污渍。

编号：ZCJ003（395mm×190mm）

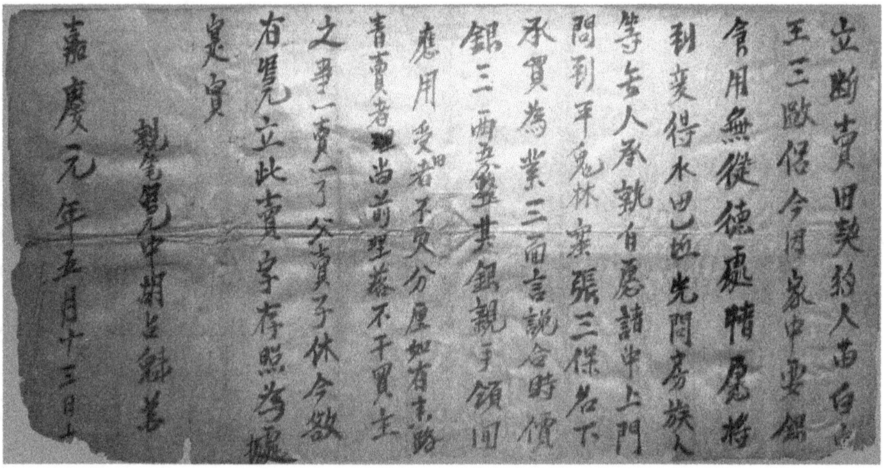
立斷賣田契約人苗白[illegible]
王三歐保今因家中要銀
費用無從德處情愿將
到宴得水巴坵先問房族人
等無人承就自愿請中上門
問到平鬼林寨張三保名下
承買為業三面言議合時價
銀三兩五錢其銀親手領回
應用受者不更分厘如有來路
青賣者[illegible]當前理落不干買主
之事一賣一了父賣子休今欲
有憑立此賣字存照為據
是實
親筆[illegible]中[illegible]
嘉慶元年五月十三日立

ZCJ003　嘉庆元年五月十三日王三等断卖田契*

一　立断賣田契(約)人苗白寨
二　王三、歐侶，今因家中要銀
三　食用，(無)(從)德處，情愿(将)
四　到变得水田乙坵，先問房族人
五　等，(無)人承(就)，自愿請中上門
六　問到平鬼林寨張三保名下
七　承買為業。三面言説，合時價
八　銀三两五(錢)整，其銀親手領回
九　應用，受田者不欠分厘。如有(來)路
十　青，賣者■尚前理落，不干買主
十一　之事，一賣一了，父賣子休。今(欲)
十二　有(凴)，立此賣字存照為(據)
十三　寔實。
十四　　　　　親笔　(凴)中　胡占魁□
十五　嘉慶元年五月十三日立

* 此为王三、欧侣嘉庆元年(1796年)五月十三日断卖田契约，原件现保藏于张承久家中，原色影像典藏于贵州师范学院『中国山地民族特色文献数据库』，编号为ZCJ003。原件内容共15列151字。原件有明显褶皱和污渍，中部和下端边缘有多处缺孔。

编号：ZCJ004（290mm×440mm）

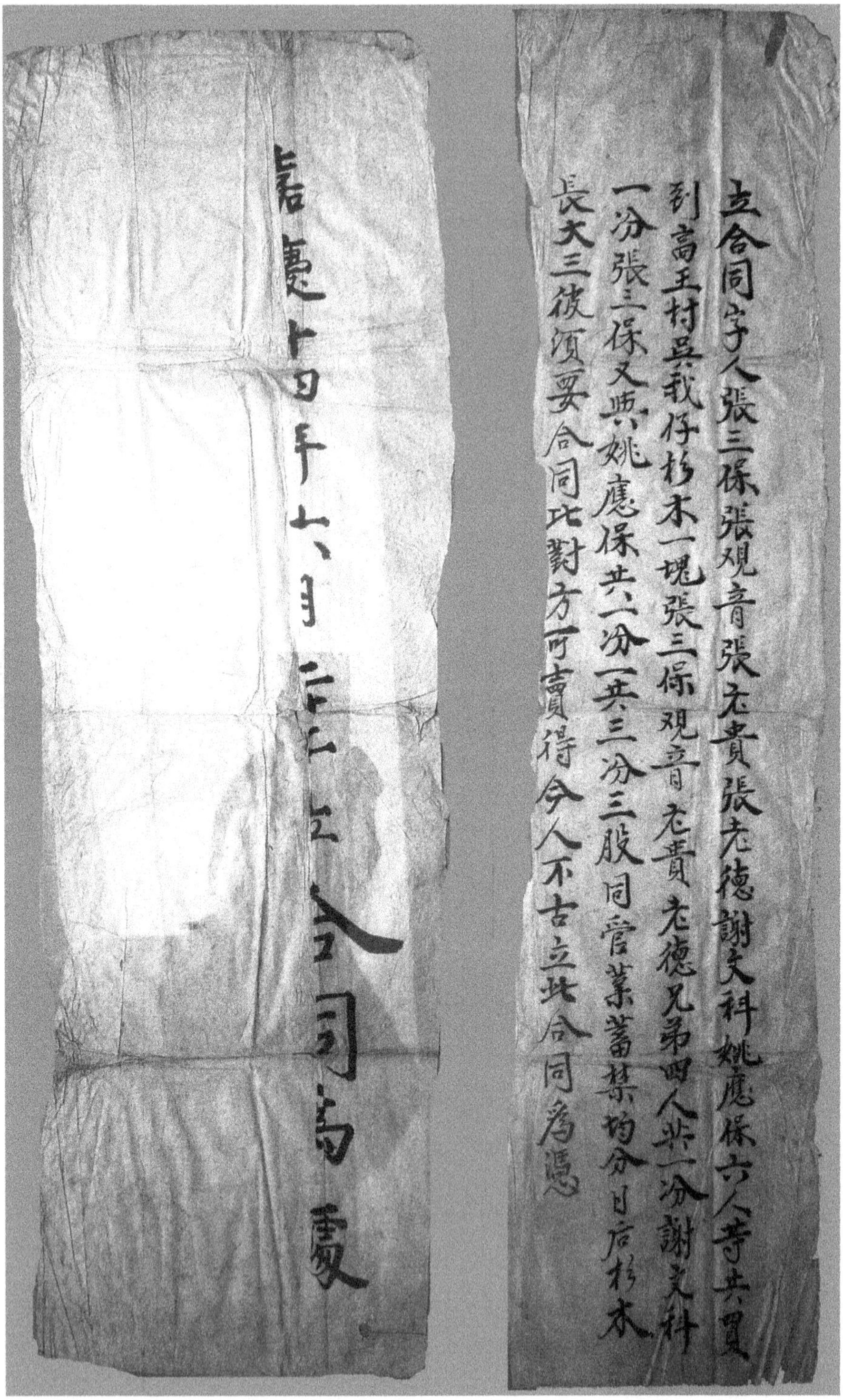

ZCJ004　嘉庆十四年六月二十二日张三保等买杉木合同*

一　立合同字人張三保、張观音、張（老）貴、張（老）德、謝文科、姚應保六人（等），共買

二　到高王村吳我仔杉木一（塊）。張三保、观音、（老）貴、（老）德兄弟四人共一（份），謝文科

三　一（份），張三保又與姚應保共一（份），一共三（份），三股同（管）業蓄禁均分。日后杉木

四　長大，三彼須要合同比對，方可賣得。今人不古，立此合同爲憑。

五　嘉慶十四年六月二十二　立　合同為擄

*此为张三保、张观音、张老贵、张老德、谢文科、姚应保六人嘉庆十四年（1809年）六月二十二日共买杉木合同，原件现保藏于张承久家中，原色影像典藏于贵州师范学院『中国山地民族特色文献数据库』，编号为ZCJ004。原件内容共5列127字。原件已断裂为两片。

编号：ZCJ005（320mm×455mm）

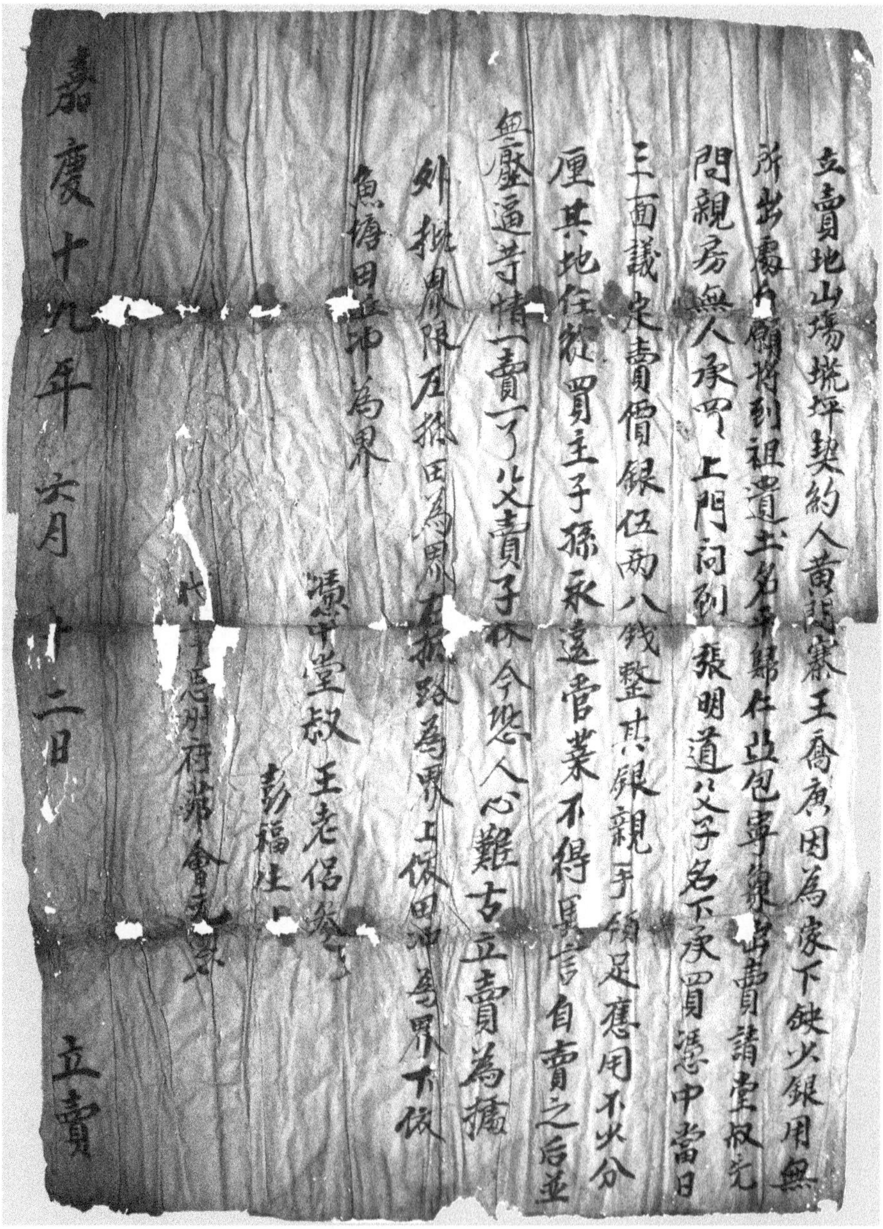
立賣地山場坡坪契約人黄悶寨王喬慶因為家下缺少銀用無
所出處自願將到祖遺土名平歸什丘包寧魚塘出賣請堂叔先
問親房無人承買上門问到張明道父子名下承買憑中當日
三面議定賣價銀伍两八钱整其銀親手領足應用不少分
厘其地任從買主子孫永遠管業不得異言自賣之后並
無壓逼等情一賣一了父賣子休今恐人心難古立賣為據
外批界限左抵田為界右抵路為界上抵田冲為界下抵
魚塘田冲為界
憑中堂叔 王老侶
彭福仕
代筆 思州府蒋會元
嘉慶十九年六月十二日 立賣

ZCJ005　嘉庆十九年六月十二日王乔庚卖地山场塃坪契*

一　立賣地山塲塃坪契約人黄悶寨王喬庚，因為家下缺少銀用，無

二　所出處，自願（将）到祖遺土名平（歸）仁凸包寧象出賣，請堂叔先

三　問親房，無人承買，上門问到張明道父子名下承買。憑中當日

四　三面議定賣價銀伍两八（錢）整，其銀親手領足應用，不少分

五　厘，其地任從買主子孫永遠（管）（業），不得異言。自賣之后，並

六　（無）壓逼（等）情，一賣一了，父賣子休。今恐人心難古，立賣為據。

七　外批：界限左抵田為界，右抵路為界，上依田冲為界，下依

八　魚塘田坵冲為界。

九　　　　憑中　堂叔　王老侶參

十　　　　　　　　　　彭福生☐

十一　　　代筆　思州府茹會元☐

十二　嘉慶十九年六月十二日　立賣

*此为王乔庚嘉庆十九年（1814年）六月十二日卖地山场荒坪契约，原件现保藏于张承久家中，原色影像典藏于贵州师范学院『中国山地民族特色文献数据库』，编号为ZCJ005。原件内容共12列201字。原件因年代久远有明显水渍和多处虫蛀缺孔，并有明显褶皱。

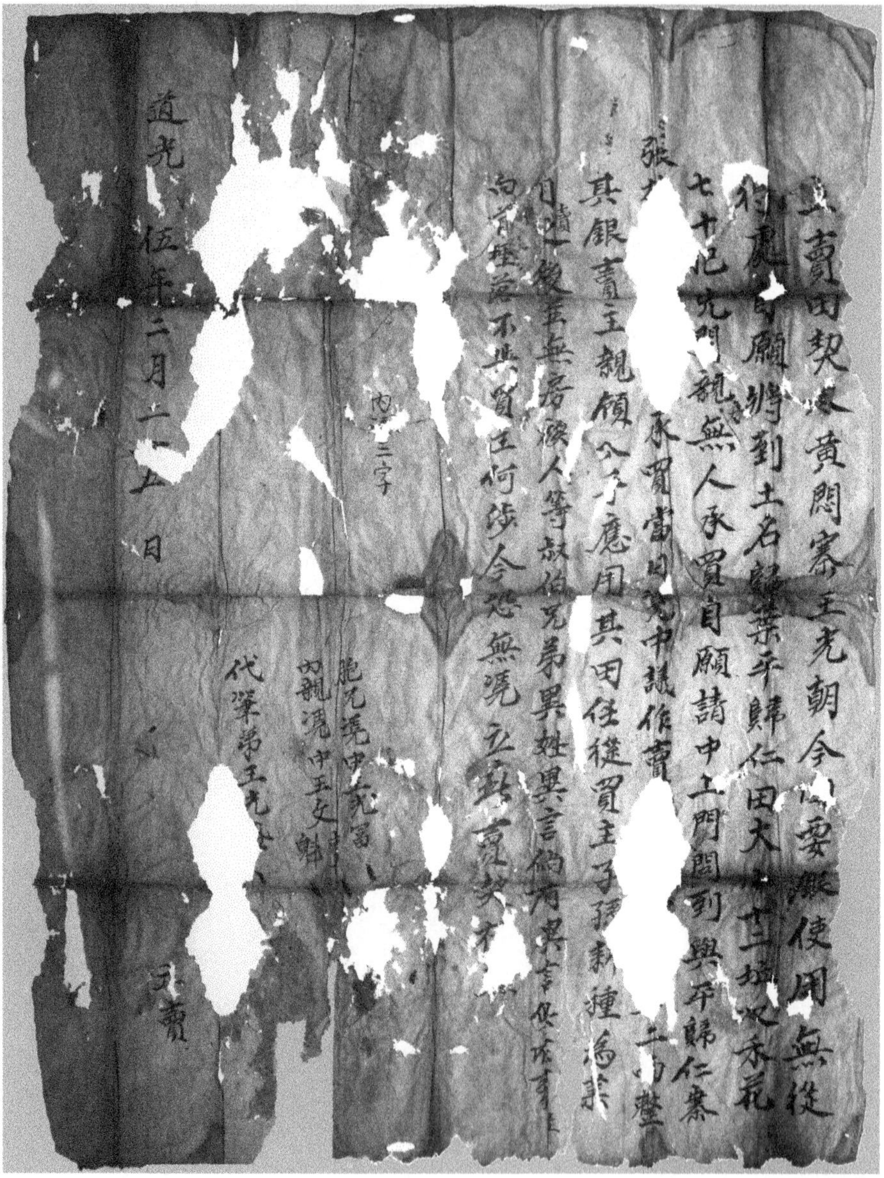
立賣田契人[illegible]黄悶寨王光朝今[illegible]要銀使用無從
得處自願將到土名歸葉平歸仁田大[illegible]十二坵収禾[illegible]
七十[illegible]先問親[illegible]無人承買自願請中上門問到與平歸仁寨
張[illegible]承買當日憑中議作價[illegible]整
其銀賣主親領入手應用其田任從買主子孫耕種為業
自賣之後並無房族人等叔伯兄弟異姓異言倘有異言俱係賣主
向前理落不與買主何涉今恐無憑立此賣契存照
內[illegible]二字
胞兄憑中王光當
內親憑中王文魁
代筆弟王光[illegible]
道光伍年二月二十五日 立賣

编号：ZCJ006（375mm×525mm）

ZCJ006　道光五年二月二十五日王光朝卖田契*

一　立賣田契人黃悶寨王光朝，今因要銀使用，無從

二　得處，自願（將）到土名歸葉平（歸）仁田大小十二坵，（收）禾花

三　七十把，先問親房，無人承買，自願請中上門問到與平（歸）仁寨

四　張□□□□□承買。當日（憑）中議作賣□□□□□二兩整，

五　其銀賣主親領入手應用，其田任從買主子孫耕種為業。

六　自賣之後，並無房族人等叔伯兄弟異姓異言，倘有異言，俱在賣主

七　向前理落，不與買主何涉。今恐無（憑），立此賣契存照。

八　　　　内添二字

九　　　　　　　胞兄（憑）中　王光（富）

十　　　　　　　内親（憑）中　王文亨 魁

十一　　　　　　代筆　弟　王光□

十二　道光伍年二月二十五日　　　立賣

---

*此为王光朝道光五年（1825年）二月二十五日卖田契约，原件现保藏于张承久家中，原色影像典藏于贵州师范学院『中国山地民族特色文献数据库』，编号为ZCJ006。原件内容共12列182字。原件因年代久远有明显水渍和多处虫蚀缺孔。

编号：ZCJ007（420mm×275m）

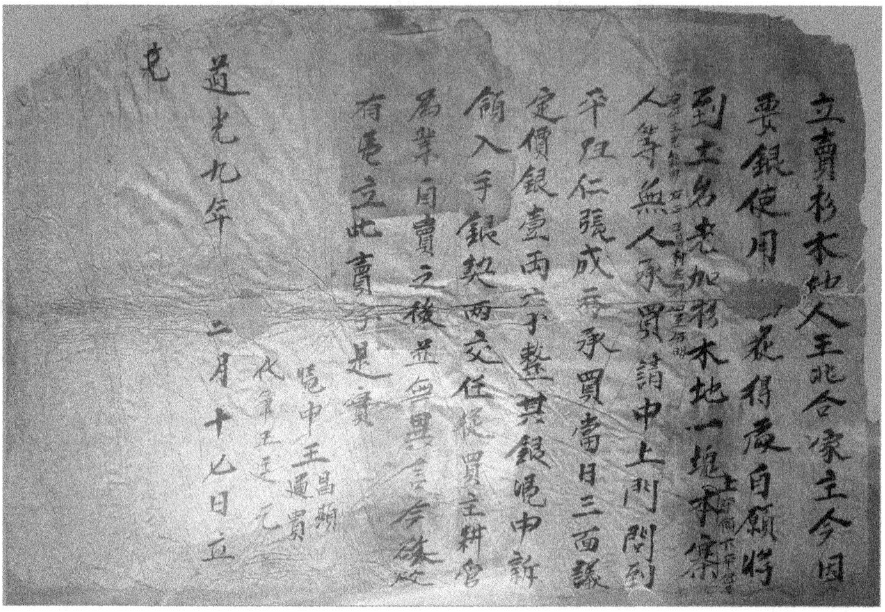
立賣杉木地人王兆合家主今因
要銀使用[illegible]得處自願將
到土名老加杉木地一塊[illegible]
人等無人承買請中上門問到
平江仁張成舜承買當日三面議
定價銀壹兩六錢整其銀親中新
領入手銀契兩交任從買主耕管
爲業自賣之後並無異言今恐無
有憑立此賣字是實
憑中王昌順 遇買
代筆王廷元
道光九年 二月十八日立

ZCJ007　道光九年二月十七日王兆合卖杉木地契*

一　立賣杉木地人王兆合家主，今因

二　要銀使用，□從得處，自願将

三　到土名老加杉木地一塊，本寨 上平領，下平包□，

左平王光能界，右平王昌朝為界，四至分明，

四　人等（無）人承買，請中上門問到

五　平归仁張成喬承買。當日三面議

六　定價銀壹（兩）六（錢）整，其銀凴中新

七　領入手，銀契两交，任（從）買主耕（管）

八　為業。自賣之後，並無異言。今■欲

九　有（凴），立此賣字是實。

十　（凴）中　王昌顯　王通貴

十一　代筆　王廷元

十二　道光九年　二月十七日　立

■

*此为王兆合道光九年（1829年）二月十七日卖杉木地契约，原件现保藏于张承久家中，原色影像典藏于贵州师范学院『中国山地民族特色文献数据库』，编号为ZCJ007。原件内容共12列151字，其中第3列和第4列中分别有后插入内容。原件有多处红色水渍，中部有两处缺孔。

编号：ZCJ008（280mm×240mm）

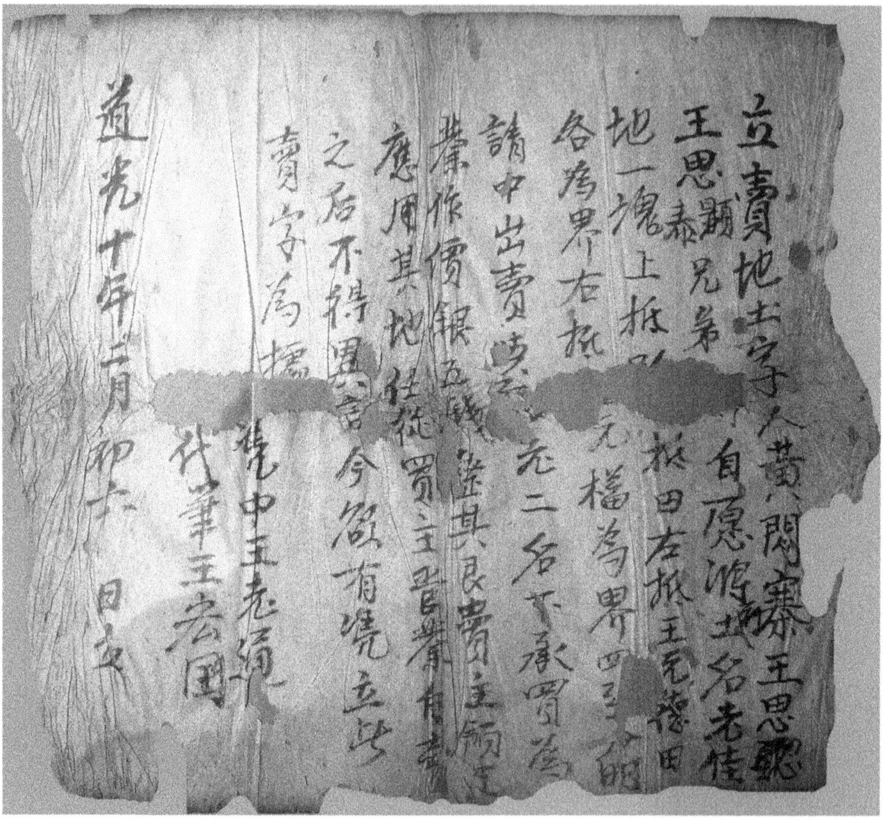
立賣地土字人黄閔寨王思熙
王思顯泰兄弟自愿將到土名老[illegible]
地一塊上抵[illegible]抵田左抵王老德田
各為界右抵[illegible]元檔為界四至分明
請中出賣與[illegible]名下承買為
業作價銀五錢[illegible]其銀賣主領足
應用其地任從買主管業自賣
之后不得異言今欲有憑立此
賣字為據
憑中王老通(?)
代筆王宏國
道光十年二月初十日立

ZCJ008　道光十年二月初六日王思聪等卖地土字*

一　立賣地土字人黄閔寨王思聰、

二　王思顯泰兄弟□□，自愿将到土名老佳

三　地一塊，上抵□，□抵田，左抵王元德田

四　各為界，右抵□元樯為界，四至分明。

五　請中出賣□□□(老)二名下承買為

六　(業)，作價銀五錢整，其艮賣主領足

七　應用，其地任從買主(管)(業)。自賣

八　之后，不得異言。今欲有(凴)，立此

九　賣字為據。

十　　　　(凴)中　王(老)通

十一　　　　代筆　王宏国

十二　道光十年二月初六日　　立

*此为王思聪、王思显、王思泰兄弟道光十年(1830年)二月初六日卖地土字据，原件现保藏于张承久家中，原色影像典藏于贵州师范学院『中国山地民族特色文献数据库』，编号为ZCJ008。原件内容共12列132字。原件中有多处虫蚀缺孔，并有明显褶坡。

编号：ZCJ009（345mm×450mm）

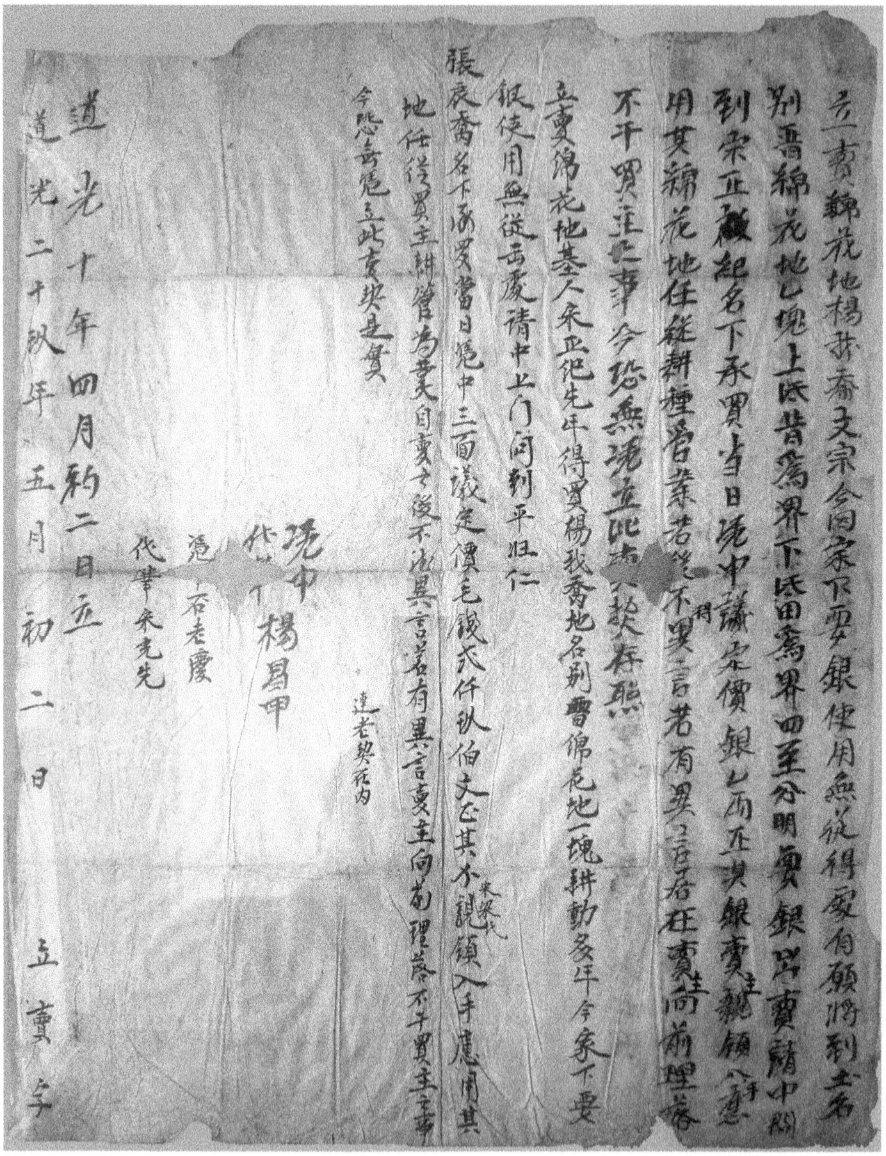

立賣綿花地楊秋喬支宗今因家下要銀使用無從得處自願將到土名
別曹綿花地乙塊上抵背為界下抵田為界四至分明要銀出賣請中問
到宋正榮起名下承買當日憑中議定價銀乙兩五錢其銀賣主親領入手應
用其綿花地任從耕種管業若不異言若有異言在賣主向前理落
不干買主之事今恐無憑立此賣契存照

道光十年四月初二日立

立賣綿花地基人宋正?先年得買楊秋喬地名別曹綿花地一塊耕動多年今家下要
銀使用無從出處請中上門問到平旺仁
張辰喬名下承買當日憑中三面議定價錢弍仟玖伯文正其宋榮武親領入手應用其
地任從買主耕管為業自賣之後不許異言若有異言賣主向前理落不干買主之事
今恐無憑立此賣契是實

連老契在內

憑中
代筆 楊昌甲

憑中 石老慶
代筆 宋光先

道光二十秋年五月初二日 立賣字

ZCJ009　道光十年四月初二日杨我乔等卖棉花地契*

一　立賣(綿)花地楊我喬、文宗，今因家下要銀使用，(無)(從)得處，自願(将)到土名

二　別晋(綿)花地乙塊，上氏肯爲界，下氏田爲界，四至分明。要銀出賣，請中問

三　到宋正■紀名下承買。当日(凴)中議定價銀乙(兩)正，其銀賣主親領入手應

四　用，其(綿)花地任(從)耕種(管)業。若後不得異言，若有異言，居在賣主向前理落，

五　不干買主之事。今恐(無)(凴)，立此賣契存照。

六　立賣绵花地基人宋正纪，先年得買楊我喬地名別晉绵花地一塊耕動多年，今家下要

七　銀使用，(無)(從)(出)處，請中上门问到平归仁

宋梁氏

八　張(衣)(喬)名下承買。當日(凴)中三面(議)定價毛錢(弍)仟玖伯文(正)，其(錢)親領入手應用，其

九　地任(從)買主耕管為(業)。自賣之後，不德異言。若有異言，賣主向前理落，不干買主之事。

十　今恐(無)凴，立此賣契是實。　連老契在內

十一　(凴)中　　楊昌甲
　　　代筆

十二　凴中　石老慶

十三　代筆　宋光先

十四　道光十年四月(初)二日　立

十五　道光二十玖年五月初二日　立賣字

* 此为杨我乔、杨文宗等道光十年(1830年)四月初二日卖棉花地契约，该契中所卖棉花地于道光二十九年五月初二日由原买主宋正纪再次卖与张衣乔，两份卖契书于同一张契纸。原件现保藏于张承久家中，原色影像典藏于贵州师范学院『中国山地民族特色文献数据库』，编号为ZCJ009。原件内容共15列305字。原件中部有两处缺孔。

编号：ZCJ010（340mm×520mm）

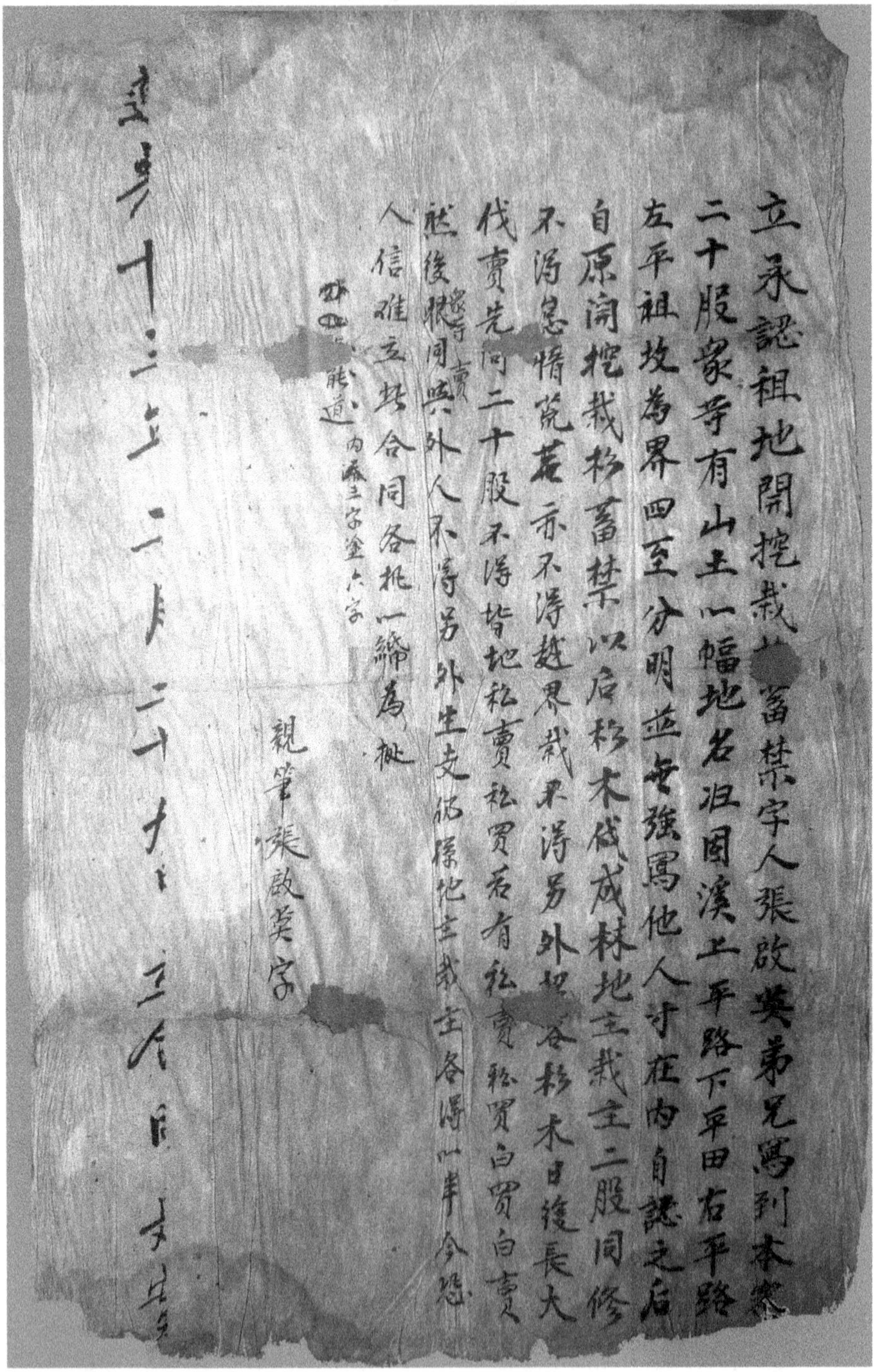

立承認祖地開挖栽[illegible]蓄禁字人張啟英弟兄爲到本寨
二十股衆等有山土一幅地名沮国溪上平路下平田右平路
左平祖坟為界四至分明並無強爲他人寸在內自認之后
自原開挖栽杉蓄禁以后杉木成林地主栽主二股同修
不得怠惰荒蕪亦不得越界栽不得另外[illegible]各杉木日後長大
伐賣先問二十股不得皆地私賣私買若有私賣私買白買白賣
此後憑同與外人不得另外生支保地主栽主各得一半今恐
人信難立此合同各執一紙為據
外四[illegible]能道、內添三字塗六字
親筆張啟英字
[illegible]光十三年二月二十[illegible]立合[illegible]

ZCJ010　道光十三年二月二十九日张启英等承认租地栽杉合同*

一　立承認租地開挖栽□蓄禁字人張啟英弟兄，寫到本寨

二　二十股衆(等)有山土一幅，地名归固溪，上平路，下平田，右平路，

三　左平祖坟為界，四至分明，並(無)強寫他人寸在內。自認之后，

四　自原(開)挖栽杉蓄禁。以后杉木伐成林，地主、栽主二股同修，

五　不得怠惰荒蕪，亦不得越界栽，不得另外□□杉木。日後長大

六　伐賣，先問二十股，不得背地私賣私買。若有私賣私買，白買白賣，

七　(然)後衆等賣眼同與外人，不得另外生支，仍係地主、栽主各得一半。今恐

八　人信難，立此合同，各(执)一(紙)為(拠)。

九　■■　□能道　內(添)三字塗六字

十　　　　　　　親筆　張啟英　字

十一　道光十三年二月二十九日　立合同是實

*此为张启英弟兄道光十三年(1833年)二月二十九日承认租地栽杉合同，原件现保藏于张承久家中，原色影像典藏于贵州师范学院『中国山地民族特色文献数据库』，编号为ZCJ010。原件内容共11列209字。原件有多处水渍和虫蚀缺孔。

编号：ZCJ011（320mm×420mm）

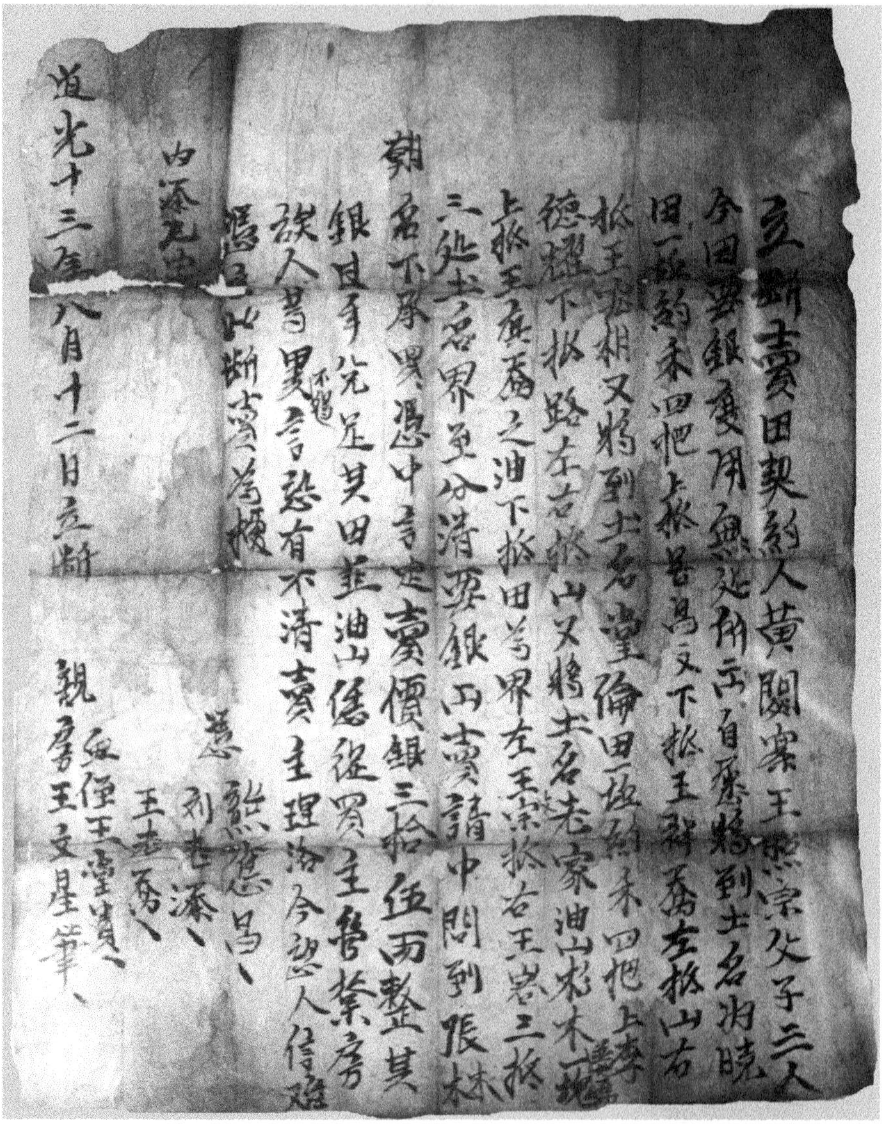

立断賣田契約人黄闕寨王照宗父子二人
今因要银使用無從所出自愿将到土名洞晓
田一坵約禾四把上抵吾高文下抵王祥乔左抵山右
抵王宏相又将到土名塆倫田一坵約禾四把上抵李
德耀下抵路左右抵山又将土名老家油山杉木一塊
上抵王庚乔之油下抵田為界左王宗抵右王岩三抵
三处土名界至分清要銀出賣請中問到張林
朝名下承買憑中言定賣價銀三拾伍両整其
银自手收足其田並油山隨從買主管業房
族人等異言恐有不清賣主理落今恐人信難
憑立此斷賣為據

憑 龍照昌、
劉老漆、
王老乔、
依侄王堂貴、

内添乙字

道光十三年八月十二日立斷

親房王文星筆、

ZCJ011　道光十三年八月十二日王照宗等卖田契*

一　立断賣田契約人黄(悶)寨王照宗父子三人，
二　今因要銀度用，無処所(出)，自愿(將)到土名归曉
三　田一坵，約禾四把，上抵呂昌文，下抵王祥喬，左抵山，右
四　抵王宏相；又(將)到土名堂倫田一坵，約禾四把，上李
並地在内
五　德耀，下抵路，左右抵山；又(將)土名老家油山杉木一塊，
文
六　上抵王(廣)喬之油，下抵田為界，左王宗抵，右王岩三抵。
七　三処土名界至分清，要銀(出)賣，請中問到張林
八　朝名下承買，(憑)中言定賣價銀三拾伍(兩)整。其
九　銀过手兌足，其田(並)油山恁(從)買主管業，房
不得
十　族人(等)異言。恐有不清，賣主理洛。今恐人信难
十一　(憑)，立此断賣為據。
十二　内(添)七字
　　　　　　　　　　　熊應昌
十三　　　　　　(憑)　刘老添
　　　　　　　　　　　王老喬
十四　　　　　　血侄　王堂貴
十五　道光十三年八月十二日立断　親房　王文星　筆

*此为王照宗父子三人道光十三年(1833年)八月十二日卖田契约，原件现保藏于张承久家中，原色影像典藏于贵州师范学院『中国山地民族特色文献数据库』，编号为ZCJ011。原件内容共15列240字。原件有多处污渍，左上角有裂痕。

编号：ZCJ012（380mm×445mm）

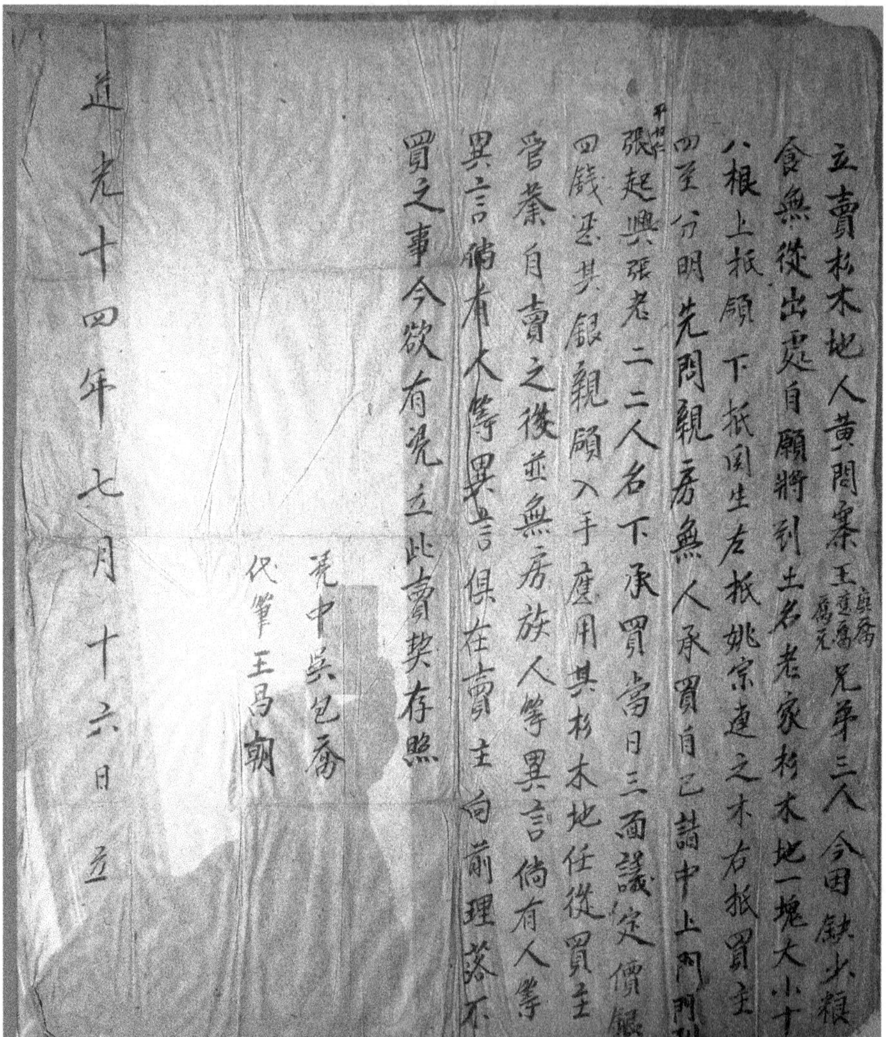

立賣杉木地人黄問案王蓮喬奐喬兄弟三人今因缺少粮
食無從出處自願將到土名老家杉木地一塊大小十
八根上抵領下抵圅生左抵姚宗達之木右抵買主
四至分明先問親房無人承買自己請中上門問到
張起興張老二二人名下承買當日三面議定價銀
四錢正其銀親領入手應用其杉木地任從買主
管業自賣之後並無房族人等異言倘有人等
異言倘有人等異言俱在賣主向前理落不
買之事今欲有憑立此賣契存照
憑中吳包喬
代筆王昌朝
道光十四年七月十六日立

ZCJ012　道光十四年七月十六日王广乔等卖杉木地契*

一　立賣杉木地人黃悶寨王應喬 (廣)喬 喬元 兄弟三人，今因缺少粮

二　食，(無)從出處，自願將到土名老家杉木地一塊，大小十

三　八根，上抵領，下抵(閔)生，左抵姚宗連之木，右抵買主，

四　四至分明。先問親房，(無)人承買，自己請中上門門到

五　平归仁 張起興、張老二二人名下承買。當日三面議定價銀

六　四錢(整)，其銀親領入手應用，其杉木地任從買主

七　(管)(業)。自賣之後，並(無)房族人等異言。倘有人等

八　異言，[redacted]，俱在賣主向前理落，不

九　買之事。今欲有(憑)，立此賣契存照。

十　(憑)中　吳包喬

十一　代筆　王昌朝

十二　道光十四年七月十六日　立

*此为王广乔、王应乔、王乔元兄弟三人道光十四年(1834年)七月十六日卖杉木地契约，原件现保藏于张承久家中，原色影像典藏于贵州师范学院『中国山地民族特色文献数据库』，编号为ZCJ012。原件内容共12列191字。

编号：ZCJ013（385mm×325mm）

ZCJ013　道光十五年八月初二日龙乔清等卖地山场杉木契*

一　立賣地山塲杉木文契人平（歸）仁寨龍喬清、應清、

二　三清，情因鈌少銀用，無從得處，自願（将）到先年（得）

三　捨張林華、張老官土名塘皇禁山一團，栽主一股，地主

四　一股，二股□□□□□□□□□□地山塲，我（等）佔

五　一股。今将我□□□□□□□□張林朝、張啟才、張

六　老五、楊顯宗、石二保五人名下承買為業。（凴）中言定賣

七　價文艮十二（兩）（整），□□□□□□地山塲杉木買主（管）

八　業，若后不得異言。今欲有（凴），立此契賣為據。

九　外批一字　若后龍喬清□□剩半股地晉不得先问

十　張楊石三□　　　　　內（添）三字

十一　張啟聰

十二　□□　張□□

十三　道光十五年八月初二日　立　賣

*此为龙乔清、龙应清、龙三清三人道光十五年（1835年）八月初二日卖地山场杉木契约，原件现保藏于张承久家中，原色影像典藏于贵州师范学院『中国山地民族特色文献数据库』，编号为ZCJ013。原件内容共13列199字。原件有明显污渍和多处断裂缺孔。

编号：ZCJ014（250mm×350mm）

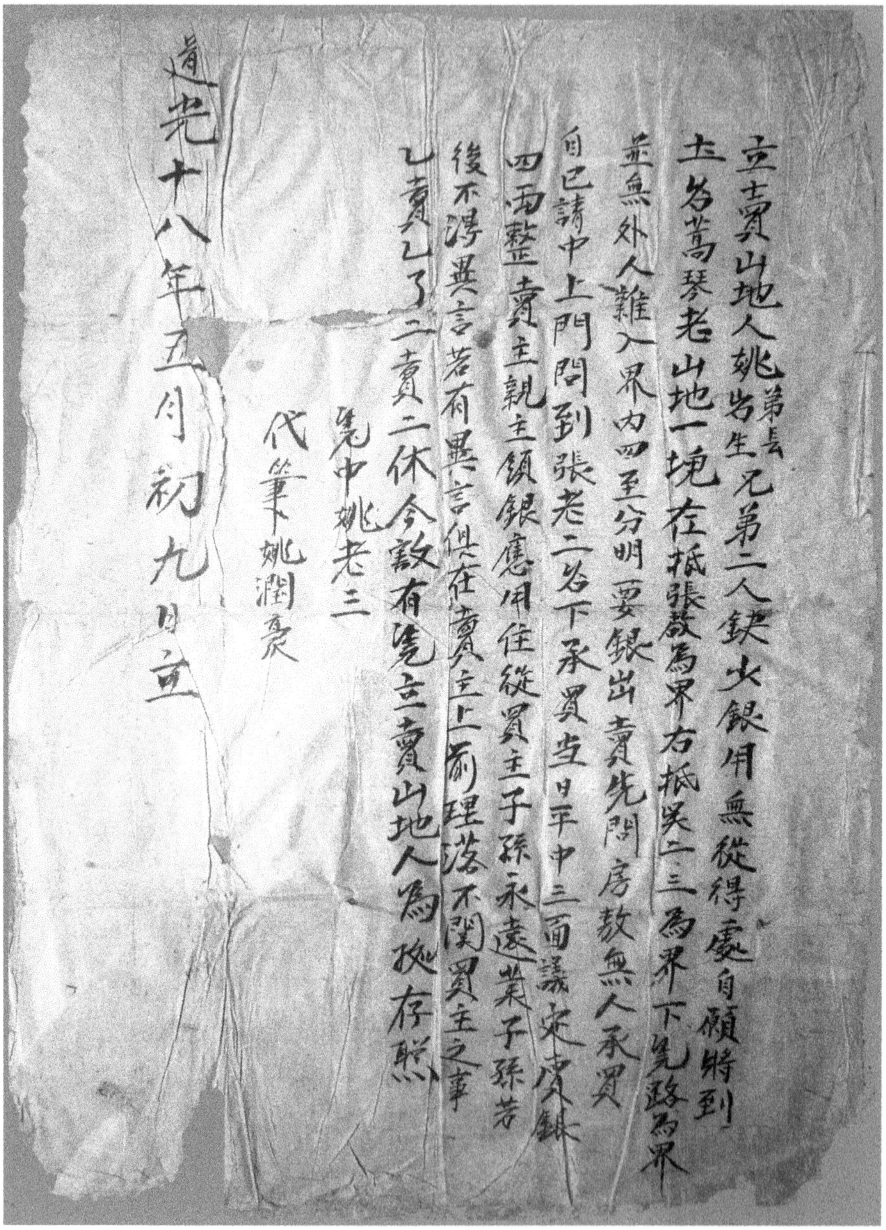

立賣山地人姚岩生第長兄弟二人缺少銀用無從得處自願將到
土名蒿琴老山地一塊在抵張敖為界右抵吳二三為界下憑路為界
並無外人雜入界內四至分明要銀出賣先問房族無人承買
自己請中上門問到張老二名下承買當日平中三面議定價銀
四兩整賣主親主領銀應用任從買主子孫永遠管業子孫若
後不得異言若有異言俱在賣主上前理落不關買主之事
一賣一了二賣二休今欲有憑立賣山地人為據存照
憑中姚老三
代筆姚潤袁
道光十八年五月初九日立

ZCJ014　道光十八年五月初九日姚弟长等卖山地契*

一　立賣山地人姚弟長岩生兄弟二人，鈌少銀用，無從得(處)，自願將到

二　土(名)蒿琴老山地一塊，左抵張啟為界，右抵吳二三為界，下(滘)路為界，

三　並無外人雜入界內，四至分明。要銀出賣，先問房敖，無人承買，

四　自己請中上門問到張老二名下承買，当日平中三面議定(價)銀

五　四(兩)整，賣主親主領銀應用，住從買主子孫永遠業。子孫若

六　後不得異言，若有異言，俱在賣主上前理落，不関買主之事。

七　乙賣乙了，二賣二休。今(欲)有(滘)，立賣山地人為抰存照。

八　　　　(滘)中　姚老三

九　　　　代筆　　姚潤豪

十　道光十八年五月初九日立

*此为姚弟长、姚岩生兄弟二人道光十八年(1838年)五月初九日卖山地契约，原件现保藏于张承久家中，原色影像典藏于贵州师范学院『中国山地民族特色文献数据库』，编号为ZCJ014。原件内容共10列190字。原件左侧有三处缺孔。

编号：ZCJ015（450mm×270mm）

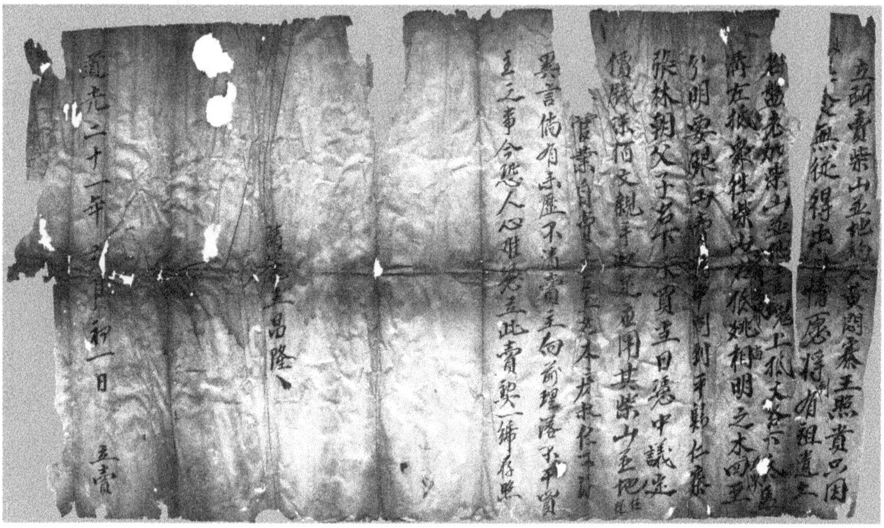

ZCJ015 道光二十一年六月初一日王照貴卖柴山并地约*

一 立断賣柴山並地約人黄悶寨王照貴，只因

二 □□□，無（從）得出，自情愿（将）到有祖遺土

三 名盤老加柴山並地壹塊，上抵大路，下抵盤

分領為界（尚） 為界

四 溝，左抵眾徃柴山，右抵姚相明之木，四至

五 分明。要銀（出）賣，請中問到平（歸）仁寨

六 張林朝父子名下承買。当日憑中議定

七 價錢柒佰文，親手（收）足应用，其柴山並地任從

八 □□管業。自賣之后，土名本房叔侄不得

九 異言，倘有（來）歷不清，賣主向前理落，不干買

十 主之事。今恐人心难憑，立此賣契一（紙）存照。

十一 請筆 王昌隆

十二 道光二十一年六月初一日 立賣

*此为王照贵道光二十一年（1841年）六月初一日卖柴山并地契约，原件现保藏于张承久家中，原色影像典藏于贵州师范学院『中国山地民族特色文献数据库』，编号为ZCJ015。原件内容共12列188字。原件有多处裂痕和虫蚀缺孔。

编号：ZCJ016（340mm×445mm）

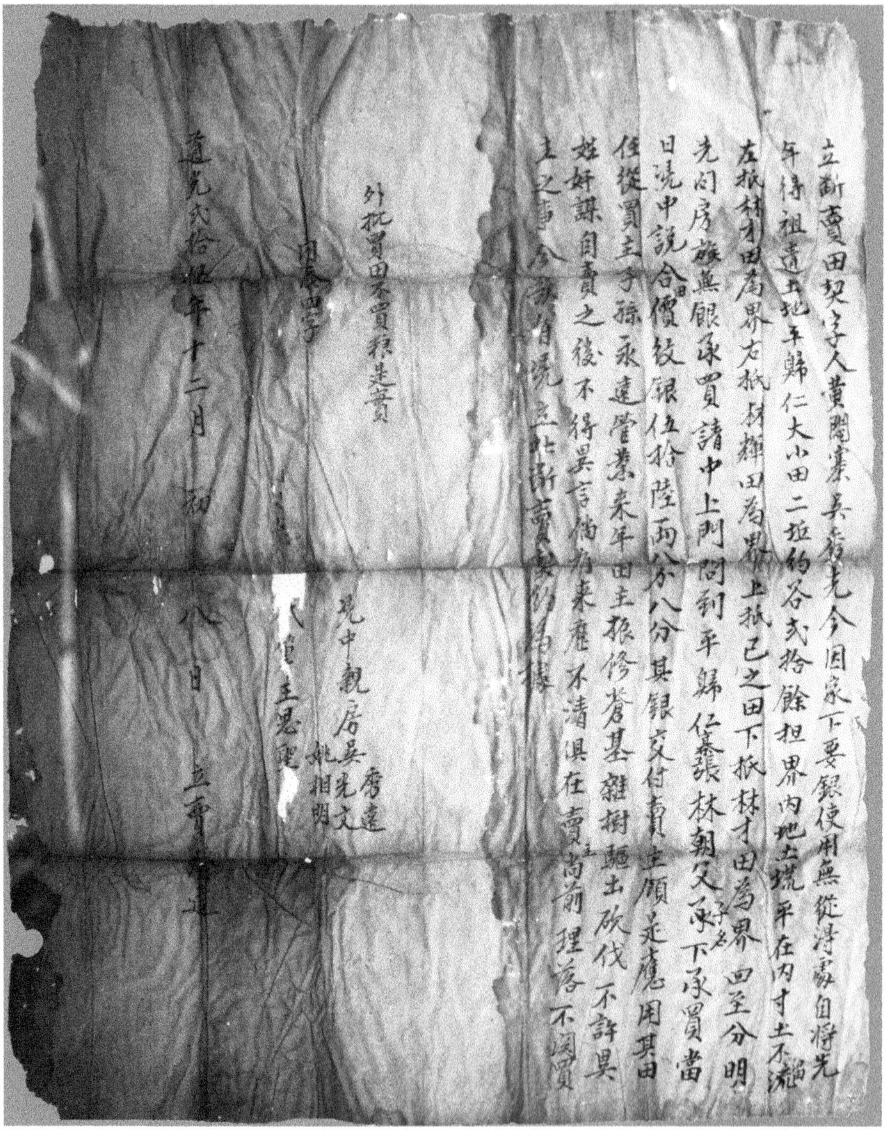
立断賣田契字人黄閣棠 吴廷光今因家下要銀使用無從得處自將先
年得祖遺土地平歸仁大小田二坵约谷贰拾餘担界内地土坑平在内寸土不留
左抵林才田為界右抵林輝田為界上抵己之田下抵林才田為界 四至分明
先問房族無銀承買請中上門問到平歸仁寨張林朝父子名下承買當
日憑中説合價紋銀伍拾陸两八分 其銀交付賣主親手足應用其田
任從買主子孫永遠管業耒平田主振修蒼基雜樹聽出砍伐不許異
姓奸謀自賣之後不得異言倘有來歷不清俱在賣主當前理落不閡買
主之事今欲有憑立此斷賣契約為據
外批買田不買積是實
内添四字
憑中 親房 吴唐達 姚光文 姚相明
代筆 王思連
道光贰拾伍年十二月初八日 立斷

ZCJ016　道光二十五年十二月初八日吴秀光卖田契*

一　立断賣田契字人黃閟寨吳秀光，今因家下要銀使用，無從得處，自(将)先

二　年得祖遺圡地平(歸)仁大小田二坵，约谷(弍)拾餘担，界内地圡墲平在内，寸圡不■(留)，

三　左抵林才田為界，右抵林輝田為界，上抵己之田，下抵林才田為界，四至分明。

四　先问房族，(無)(銀)承買，請中上門問到平(歸)仁寨張林朝父■(子名)下承買。當

五　日(凴)中説合(田)價纹銀伍拾陸(兩)八(錢)八分，其銀交付賣主領(足)應用，其田

六　任從買主子孫永遠管業。来年田主振修蒼基雜(樹)驅出砍伐，不許異

七　姓奸謀。自賣之後，不得異言。倘有来歷不清，俱在賣(主)尚前理落，不(関)買

八　主之事。今欲有(凴)，立此断賣契约為據。

九　外批買田不買粮是實　　(凴)中　親房吳光文　秀遠　姚相明

十　內(添)四字

十一　代筆　王思聖

十二　道光(弍)拾伍年十二月初八日　立賣　發達

---

*此为吴秀光道光二十五年(1845年)十二月初八日卖田契约，原件现保藏于张承久家中，原色影像典藏于贵州师范学院『中国山地民族特色文献数据库』，编号为ZCJ016。原件内容共12列265字。原件有多处污渍和虫蚀缺孔。

编号：ZCJ017（355mm×445mm）

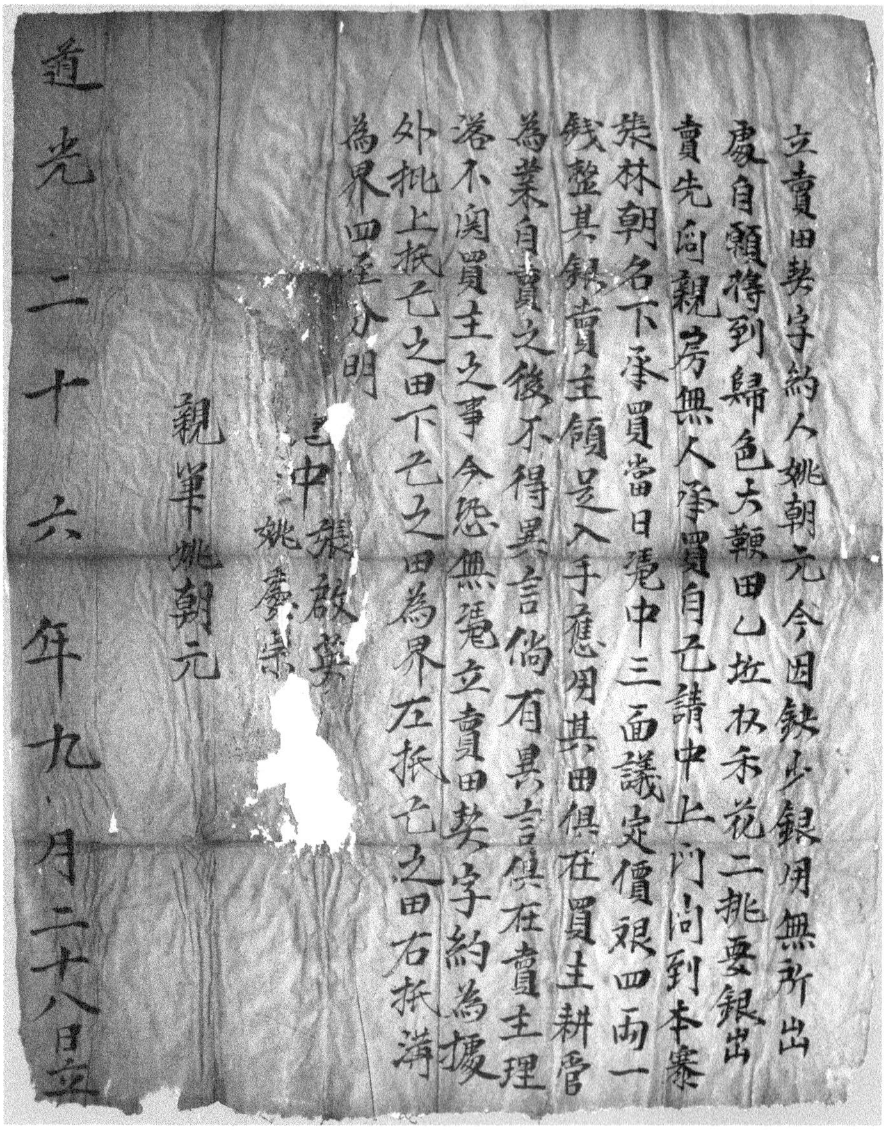

立賣田契字約人姚朝元今因缺少銀用無所出
處自願將到歸色大鞭田乙坵收禾花二挑要銀出
賣先問親房無人承買自己請中上門問到本寨
張林朝名下承買當日憑中三面議定價銀四兩一
錢整其銀賣主領足入手應用其田俱在買主耕管
為業自賣之後不得異言倘有異言俱在賣主理
落不關買主之事今恐無憑立賣田契字約為據
外批上抵乙之田下乙之田為界左抵乙之田右抵溝
為界四至分明
憑中 張啟學
　　 姚夢宗
親筆姚朝元
道光二十六年九月二十八日立

ZCJ017　道光二十六年九月二十八日姚朝元卖田契*

一　立賣田契字約人姚朝元，今因鈌少銀用，無所出

二　處，自願(将)到(歸)色大鞭田乙坵，(收)禾花二挑，要銀出

三　賣，先問親房，無人承買，自己請中上門問到本(寨)

四　張林朝名下承買。當日(凴)中三面議定價(銀)四(兩)一

五　錢整，其銀賣主領足入手應用，其田俱在買主耕(管)

六　為業。自賣之後，不得異言。倘有異言，俱在賣主理

七　落，不(関)買主之事。今恐無(凴)，立賣田契字約為摅。

八　外批：上抵己之田，下己之田為界，左抵己之田，右抵溝

九　為界，四至分明。

十　(凴)中　張啟英　姚慶宗

十一　親筆　姚朝元

十二　道光二十六年九月二十八日　立

*此为姚朝元道光二十六年(1846年)九月二十八日卖田契约，原件现保藏于张承久家中，原色影像典藏于贵州师范学院『中国山地民族特色文献数据库』，编号为ZCJ017。原件内容共12列189字。原件有多处虫蚀缺孔和明显水渍。

编号：ZCJ018（190mm×380mm）

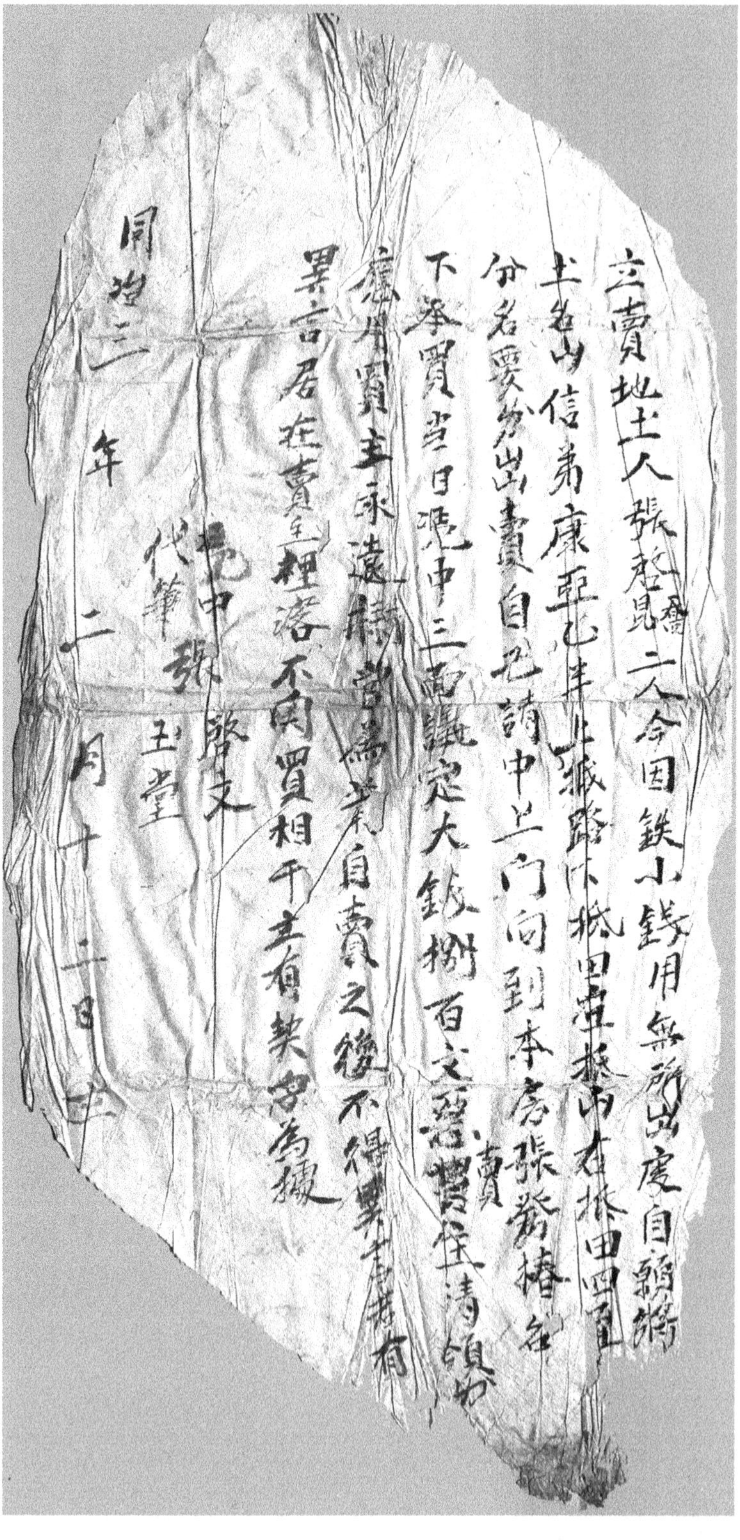

立賣地土人張老昆（喬）二人今因缺少錢用無所出處自願將
土名山信弟康亞乙丰上抵路下抵田左抵田右抵田四至
分名要分出賣自己請中上门问到本房張發椿名
下承買當日憑中三面議定大錢捌百文整賣價任清領訖
應買主永遠耕管為業自賣之後不得異言若有
異言居在賣主理落不與買主相干立有契字為據
憑中 張啓文
代筆 張玉堂
同治三年 二月十二日 立

ZCJ018　同治三年二月十二日张启乔等卖地土契*

一　立賣地土人張啓喬昆二人，今因鉄小錢用，無所出(處)，自願將

二　圡名山信弟康亞乙半，上抵路，下抵田，左抵山，右抵田，四至

三　分名。要(錢)出賣，自己請中上门问到本房張發椿名

四　下承買，当日(凴)中三面議定大錢捌百文(整)，■[賣]主清領(錢)

五　應用，買主永遠耕(管)為業。自賣之後，不得異言。若有

六　異言，居在賣主理落，不(関)買相干，立有契字為攄。

七　　　　(凴)中　張啟文

八　　　　代筆　張玉堂

九　同治三年二月十二日　立

*此为张启乔、张启昆兄弟二人同治三年(1864年)二月十二日卖地土契约，原件现保藏于张承久家中，原色影像典藏于贵州师范学院『中国山地民族特色文献数据库』，编号为ZCJ018。原件内容共9列147字。原件有明显折痕和缺损。

编号：ZCJ019（330mm×230mm）

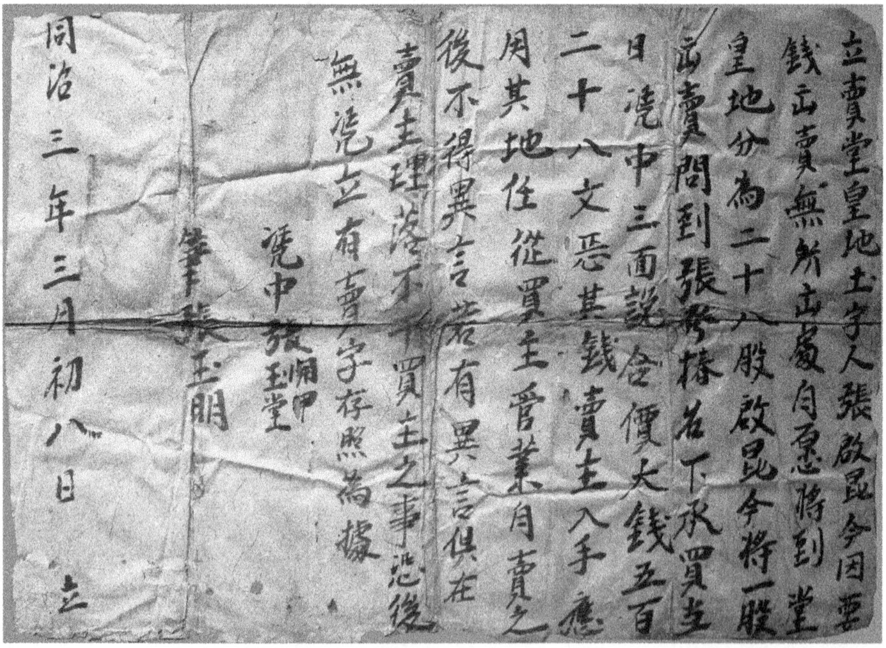
立賣堂皇地土字人張啟昆今因要
錢出賣無所出處自愿將到堂
皇地分為二十八股啟昆今將一股
出賣問到張發棒名下承買當
日憑中三面議合價大錢五百
二十八文悉其錢賣主入手應
用其地任從買主管業自賣之
後不得異言若有異言俱在
賣主理落不干買主之事恐後
無憑立有賣字存照為據
憑中 張玉堂 峒甲
筆 張玉朋
同治三年三月初八日 立

ZCJ019　同治三年三月初八日张启昆卖地土字*

一　立賣堂皇地土字人張啟昆，今因要
二　錢（出）賣，無所（出）處，自願（将）到堂
三　皇地分為二十八股，啟昆今（将）一股
四　（出）賣，問到張（發）椿名下承買。当
五　日（凴）中三面説合價大錢五百
六　二十八文（整），其錢賣主入手應
七　用，其地任從買主（管）業。自賣之
八　後，不得異言。若有異言，俱在
九　賣主理落，不干買主之事。恐後
十　無（凴），立有賣字存照為據。
十一　　（凴）中　張（開）甲 玉堂
十二　　筆　張玉明
十三　同治三年三月初八日　　立

*此为张启昆同治三年（1864年）三月初八日卖地土字据，原件现保藏于张承久家中，原色影像典藏于贵州师范学院『中国山地民族特色文献数据库』，编号为ZCJ019。原件内容共13列142字。原件中部有明显折痕。

编号：ZCJ020（350mm×260mm）

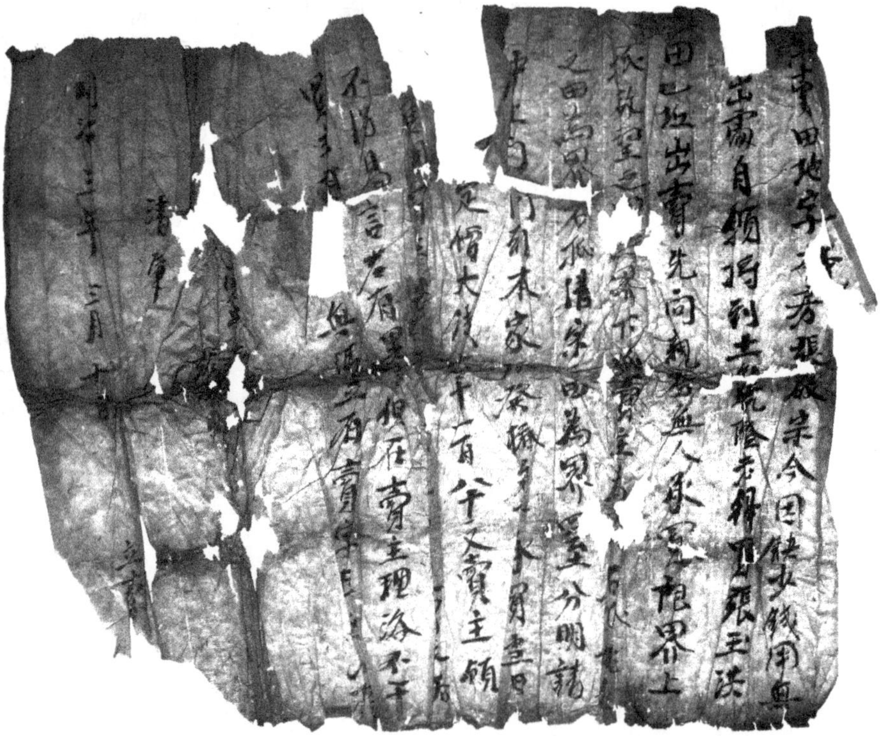

ZCJ020　同治三年三月十一日张启宗卖田地字*

一　立賣田地字本房張啟宗，今因缺少錢用，無
二　□出處，自願（将）到土□隥老得買張玉洪
三　田乙坵出賣，先问親房，無人承買。限界上
四　抵啟望之田為界，下抵賣主為界，左抵姚姓
五　之田為界，右抵清宗田為界，四至分明。請
六　中上门问到本家族（發）椿名下承買，当日
七　□□□定價大錢六千一百八十文，賣主領
八　足應用，買主□□□□□□□□□□□□
九　不得易言。若有異言，俱在賣主理洛，不干
十　買主□□。□□□無憑，立有賣字□□。
十一　　　　憑中　□□□
十二　　　　清筆　張□□
十三　同治三年三月十一日　　　　立賣

*此为张启宗同治三年（1864年）三月十一日卖田地字据，原件现保藏于张承久家中，原色影像典藏于贵州师范学院『中国山地民族特色文献数据库』，编号为ZCJ020。原件内容共13列184字。原件有多处折痕和缺孔，破损严重。

编号：ZCJ021（270mm×325mm）

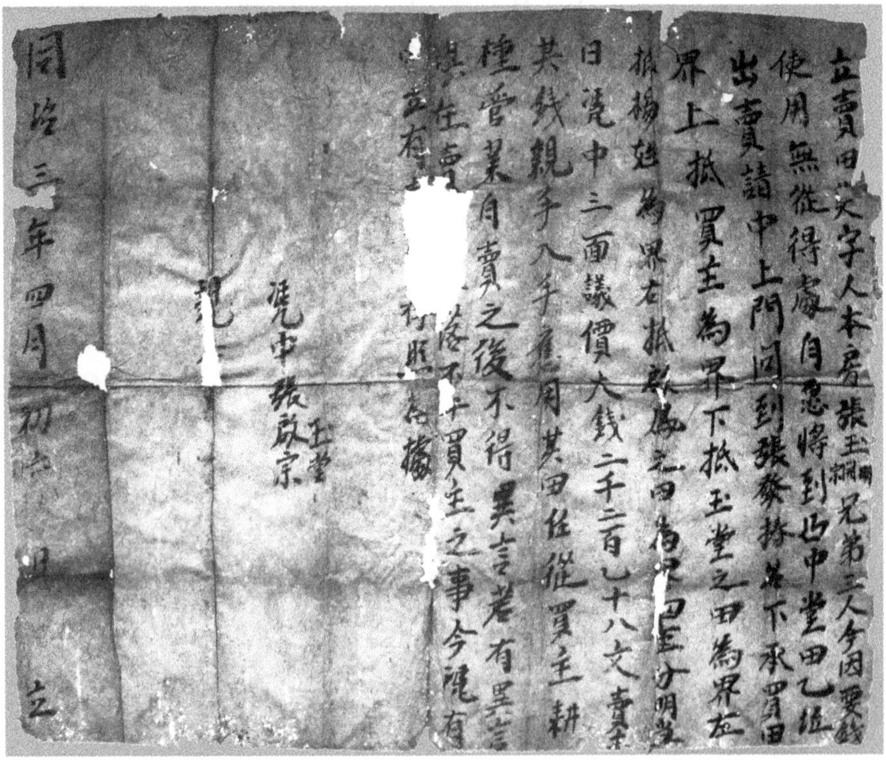
立賣田[illegible]字人本房張玉[illegible]兄弟三人今因要錢
使用無從得處自愿將到也中堂田乙坵
出賣請中上門問到張參務名下承買田
界上抵買主為界下抵玉堂之田為界左
抵楊姓為界右抵[illegible]之田為界四至分明當
日憑中三面議價大錢二千二百乙十八文[illegible]
其錢親手入手應用其田任從買主耕
種管業自賣之後不得異言若有異言
具在賣[illegible]落不干買主之事今恐有
[illegible]立有[illegible]存照為據
憑中張啟宗 玉堂
親筆
同治三年四月初六日 立

ZCJ021 同治三年四月初六日张玉明等卖田契*

一 立賣田契字人本房張玉明/(開)/宗兄弟三人，今因要錢
二 使用，無從得處，自愿(将)到凸中堂田乙坵
三 出賣，請中上門问到張發椿名下承買。田
四 界上抵買主為界，下抵玉堂之田為界，左
五 抵楊姓為界，右抵啟鳳之田為界，四至分明。当
六 日(凴)中三面議價大錢二千二百乙十八文，賣主
七 其錢親手入手應用，其田任從買主耕
八 種(管)業。自賣之後，不得異言。若有異言，
九 俱在賣□□□□落，不干買主之事。今(凴)有
十 □，立有□□□存照為攄。
十一 玉堂
十二 (凴)中 張啟宗
十三 親筆
十四 同治三年四月初六日 立

*此为张玉明、张玉开、张玉宗兄弟三人同治三年(1864年)四月初六日卖田契约，原件现保藏于张承久家中，原色影像典藏于贵州师范学院『中国山地民族特色文献数据库』，编号为ZCJ021。原件内容共14列182字。原件有多处虫蚀缺孔和明显折痕。

编号：ZCJ022（130mm×250mm）

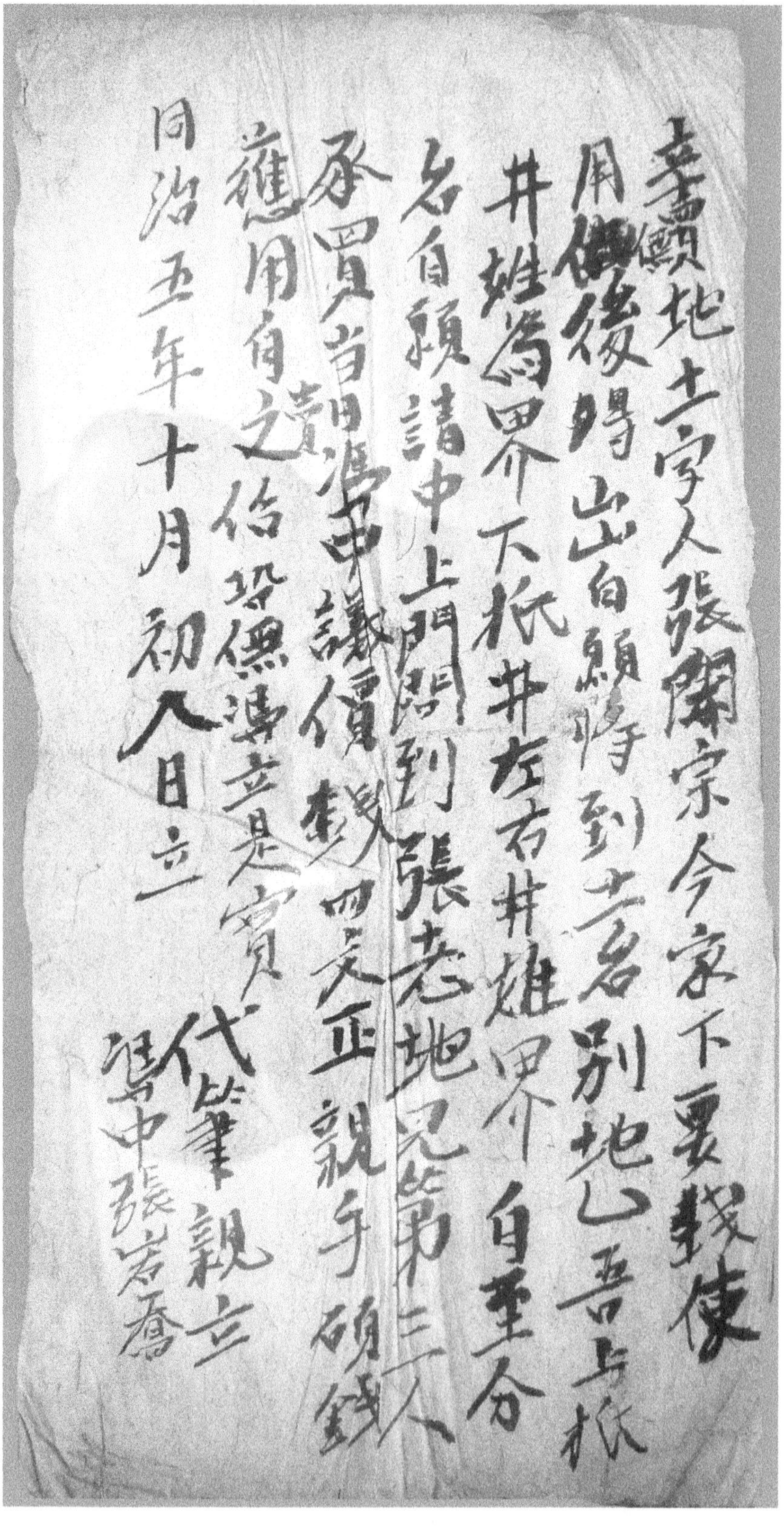
立賣地土字人張闕宗今家下要錢使
用無從得出自願將到土名別地已吾與抵
井姓爲界下抵井左右井姓界自至分
名自願請中上門問到張老地兄弟二人
承買當日憑中議價錢四文正親手領錢
應用自賣之後恐無憑立是實
代筆親立
憑中張岩喬
同治五年十月初八日立

ZCJ022 同治五年十月初八日张开宗卖地土字*

一　立賣地土字人張開宗，今家下要錢使

二　用，■(無)後得出，自願(将)到土名別地乙吾，上抵

三　井姓為界，下抵井，左右井姓界，自至分

四　名。自願請中上門問到張老地兄第三人

五　承買。当日(憑)中議價錢四文正，親手(領)錢

六　應用。自賣之(後)，恐(無)(憑)，立是實。

七　　　　　　　　　　　代筆親立

八　　　　　　　　　　(憑)中　張岩喬

九　同治五年十月初八日　立

---

*此为张开宗同治五年（1866年）十月初八日卖地土字据，原件现保藏于张承久家中，原色影像典藏于贵州师范学院『中国山地民族特色文献数据库』，编号为ZCJ022。原件内容共9列110字。原件有明显折痕。

编号：ZCJ023（200mm×490mm）

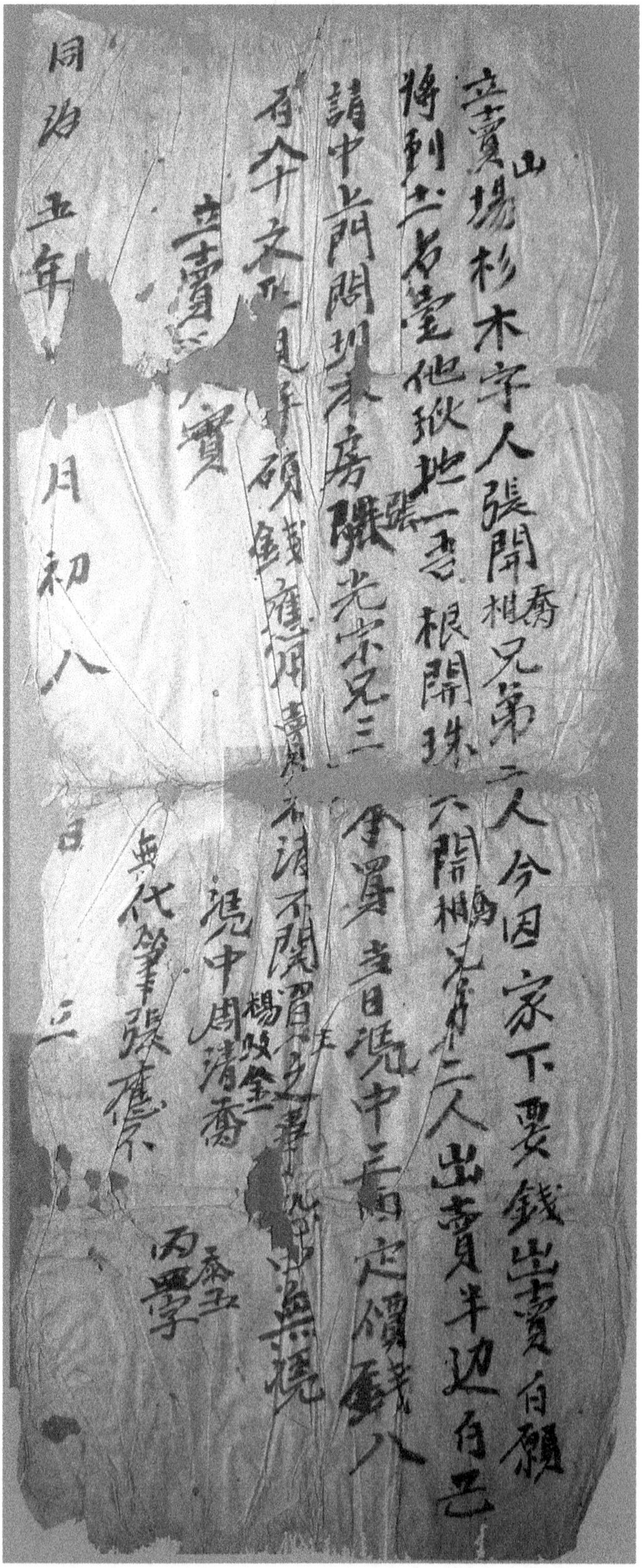

立賣山場杉木字人張開相秀兄弟二人今因家下要錢出賣自願
將到土名堂他敓地一團根開珠六開楊光宗二人出賣半边自己
請中上門問到本房張光宗兄三人承買當日憑中言定價錢八
百八十文亲手領錢應用[illegible]賣不清不関買主之事[illegible]無憑
立賣人[illegible]實
憑中周清秀 楊攸金
代筆張應[illegible]
秦玉 丙四學
同治五年[illegible]月初八日立

ZCJ023　同治五年□月初八日张开乔等卖山场杉木字*

一　立賣場（山）杉木字人張開喬、張開相兄弟二人，今因家下要錢出賣，自願

二　（将）到土名毫他湫地一吾，根開珠共，開喬、開相兄弟二人出賣半边。自己

三　請中上門問到本房■光宗（張）兄三□承買，当日（凴）中三面定價錢八

四　百八十文（整），親手（領）錢應用。賣□不清，不関買（主）之事。恐口無（凴），

五　立賣□實。　　（凴）中　楊政金　周清喬

六　　　　（忝）五　内■字

七　　　　無代筆　張應不

八　同治五年□月初八日　立

* 此为张开乔、张开相兄弟二人同治五年（1866年）□月初八日卖山场杉木字据，原件现保藏于张承久家中，原色影像典藏于贵州师范学院『中国山地民族特色文献数据库』，编号为ZCJ023。原件内容共8列136字。原件有多处裂痕和虫蚀缺孔，破损严重。

编号：ZCJ024（260mm×490mm）

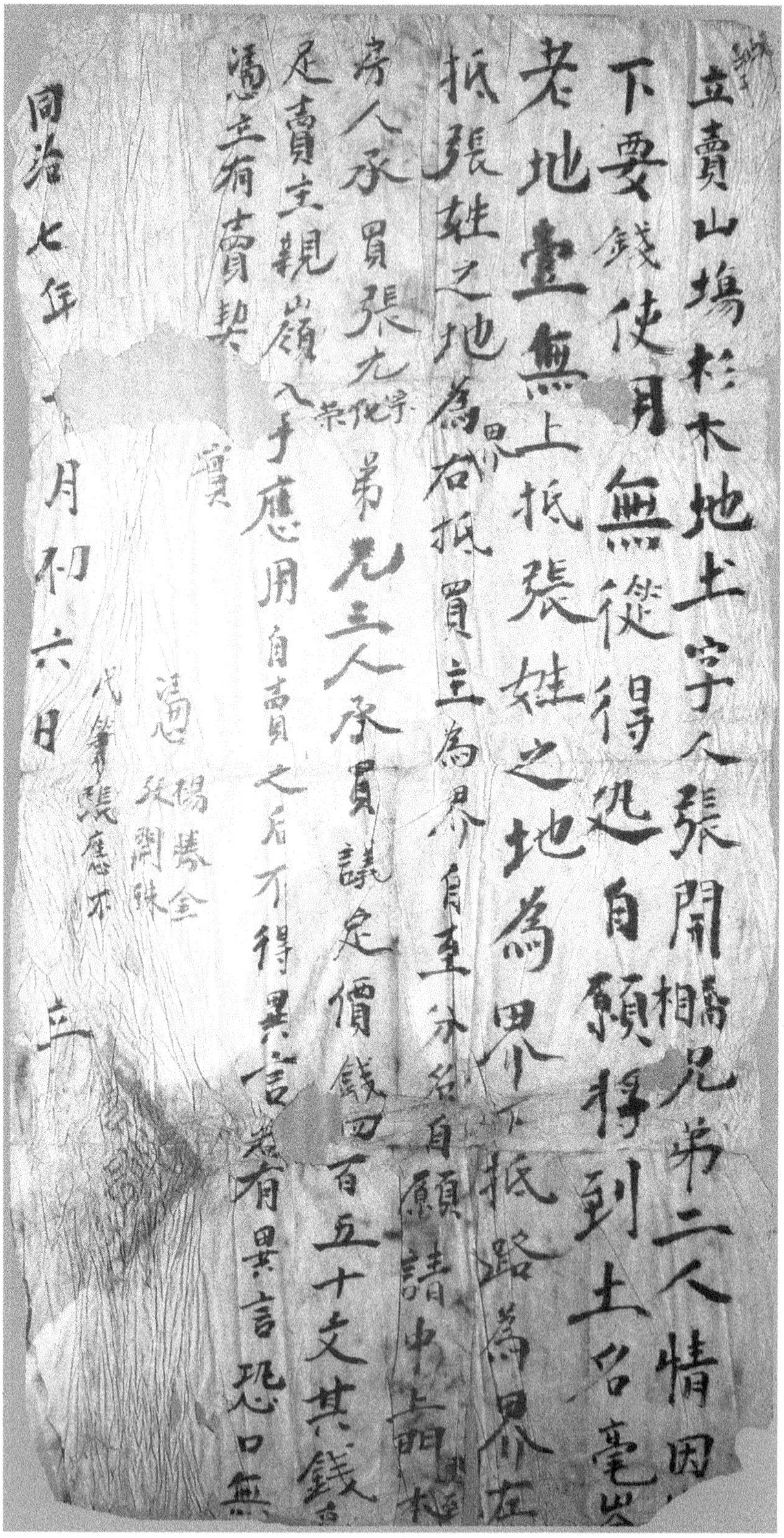
立賣山塲杉木地土字人張開相、開喬兄弟二人情因
下要錢使用無從得出自願將到土名毫岑
老地壹無上抵張姓之地為界下抵路為界左
抵張姓之地為界右抵買主為界四至分明自願請中上門
房人承買張九榮、九化字弟兄二人承買議定價錢四百五十文其錢
足賣主親領入手應用自賣之后不得異言若有異言恐口無
憑立有賣契 實
憑中 楊勝全 劉開珠
代筆 張應本
同治七年 月初六日 立

ZCJ024　同治七年□月初六日张开乔等卖山场杉木地土字*

一　立賣山場杉木地土字人張開喬相兄弟二人，情因□

二　下要錢使用，無(從)得(処)，自願(将)到土名毫岑

三　老地壹無，上抵張姓之地為界，下抵路為界，左

四　抵張姓之地為界，右抵買主為界，自至分名。自願請中上門問到本

五　房人承買，張(光)化宗荣弟兄三人承買。議定價錢四百五十文，其錢□

六　足，賣主親嶺入手應用。自賣之后，不得異言。若有異言，恐口無

七　憑，立有賣契□實。

八　　　　憑　楊勝金　張開珠

九　　　　代筆　張應不

十　同治七年□月初六日　立

*此为张开乔、张开相兄弟二人同治七年(1868年)□月初六日卖山场杉木地土字据，原件现保藏于张承久家中，原色影像典藏于贵州师范学院『中国山地民族特色文献数据库』，编号为ZCJ024。原件内容共10列162字。原件有多处缺孔，左下方有一处红色印章，为仁丰侗寨少见的红契之一。

编号：ZCJ025（490mm×200mm）

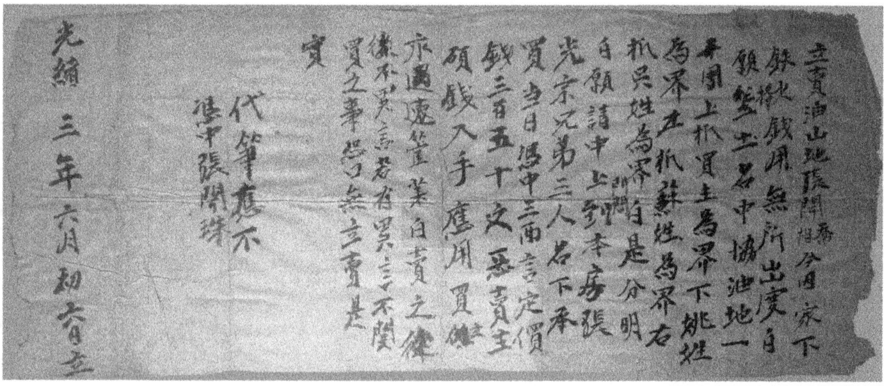
立賣油山地張開榜今因家下
缺少錢用無所出處自
願將土名中協油地一
塊上抵買主為界下姚姓
為界左抵蘇姓為界右
抵吳姓為界自是分明
自願請中上門問到本房張
光宗兄弟三人名下承
買當日憑中三面言定價
錢三百五十文其賣主
領錢入手應用買主
永遠管業自賣之
後不得異言若有異言不關
買主之事恐口無憑立賣是
實
代筆應不
憑中張開榜
光緒三年六月初六日立

ZCJ025　光绪三年六月初六日张开乔等卖油山地契*

一　立賣油山地張開喬相，今因家下
二　鈌少錢用，無所出度，自
三　願(坐)将圡名中協油地一
四　■團，上抵買主為界，下姚姓
五　為界，左抵蘇姓為界，右
六　抵吴姓為界，自是分明，
七　自願請中上門問到本房張
八　光宗兄弟三人名下承
九　買。当日(憑)中三面言定價
十　錢三百五十文(整)，賣主
十一　硕錢入手應用，買■主
十二　永■遠管業。自賣之■
十三　後，不異言。若有異言，不関
十四　買之事。恐口無，立賣是
十五　實。
十六　　　代筆　　應不
十七　　　(憑)中　張開珠
十八　光緒三年六月初六日　立

* 此为张开乔、张开相光绪三年(1877年)六月初六日卖油山地契约，原件现保藏于张承久家中，原色影像典藏于贵州师范学院『中国山地民族特色文献数据库』，编号为ZCJ025。原件内容共18列153字。原件有明显折痕。

编号：ZCJ026（130mm×145mm）

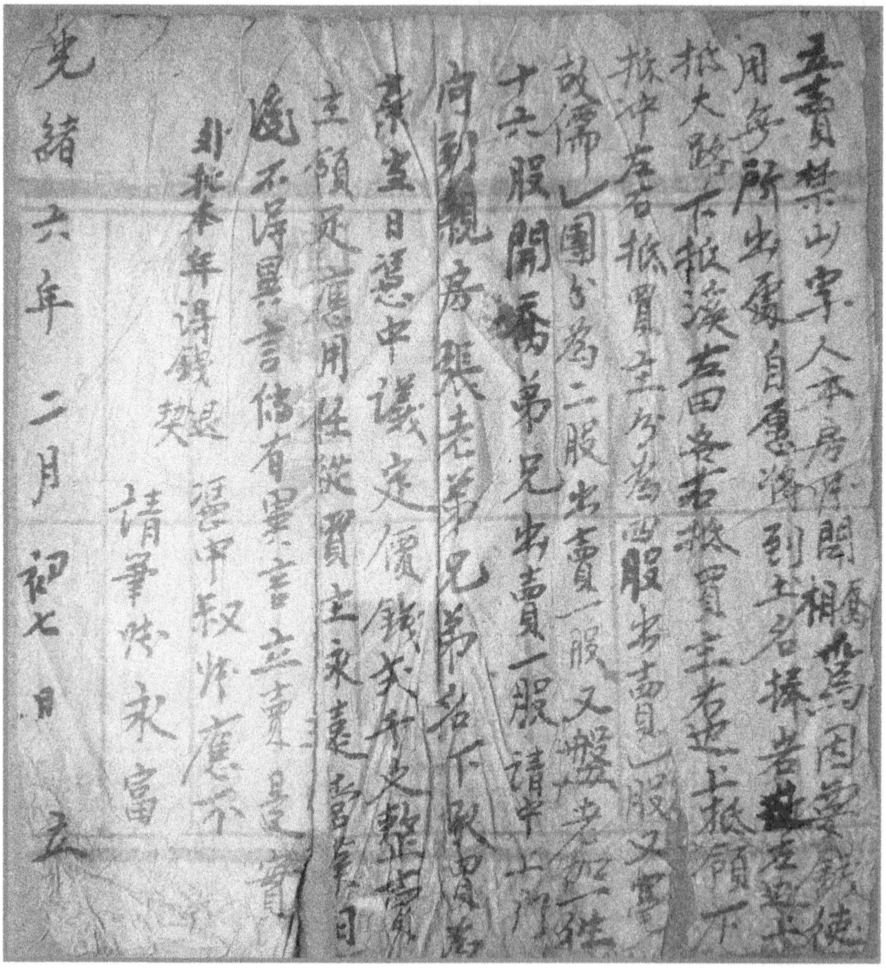
立賣禁山字人本房開相為因要錢使
用無所出處自愿將到土名棒若基左邊上
抵大路下抵溪右田登岩坡買主右邊上抵領下
抵冲左右抵買主分為四股出賣一股又賣
故儒山團分為二股出賣一股又盤老加一莊
十六股開橋弟兄出賣一股請中上門
問到親房張老弟兄弟名下承買為
業當日憑中議定價錢艾千文整其錢
主領足應用無從買主永遠管業日
後不得異言倘有異言立賣是實
外批本年得錢退
憑中叔炸應
請筆炸永富
光緒六年二月初七日 立

ZCJ026　光绪六年二月初七日张开乔等卖禁山字*

一　立賣禁山字人本房(張)開喬/相，爲因要錢使

二　用，無所出處，自愿将到土名捧岩■，左边上

三　抵大路，下抵溪，左田各，右抵買主；，右边上抵領，下

四　抵冲，左右抵買主。分為四股，出賣一股。又毫

五　故儒乙團，分為二股，出賣一股。又盤老加一往

六　十六股，開喬弟兄出賣一股。請中上门

七　问到親房張老弟兄弟名下承買為

八　業，当日憑中(議)定價錢(弍)千文整，賣

九　主領足應用，任從買主永遠(管)業，日

十　後不得異言。倘有異言，立賣是實。

十一　外批：本年得錢退契

十二　　　　　憑中叔(張)應不

十三　　　　　请筆　(張)永富

十四　光緒六年二月初七日　立

*此为张开乔、张开相二人光绪六年(1880年)二月初七日卖禁山字据，原件现保藏于张承久家中，原色影像典藏于贵州师范学院『中国山地民族特色文献数据库』，编号为ZCJ026。原件内容共14列186字。原件有明显褶皱和撕裂痕迹，契纸上印有蓝色表格。

编号：ZCJ027（372mm×270mm）

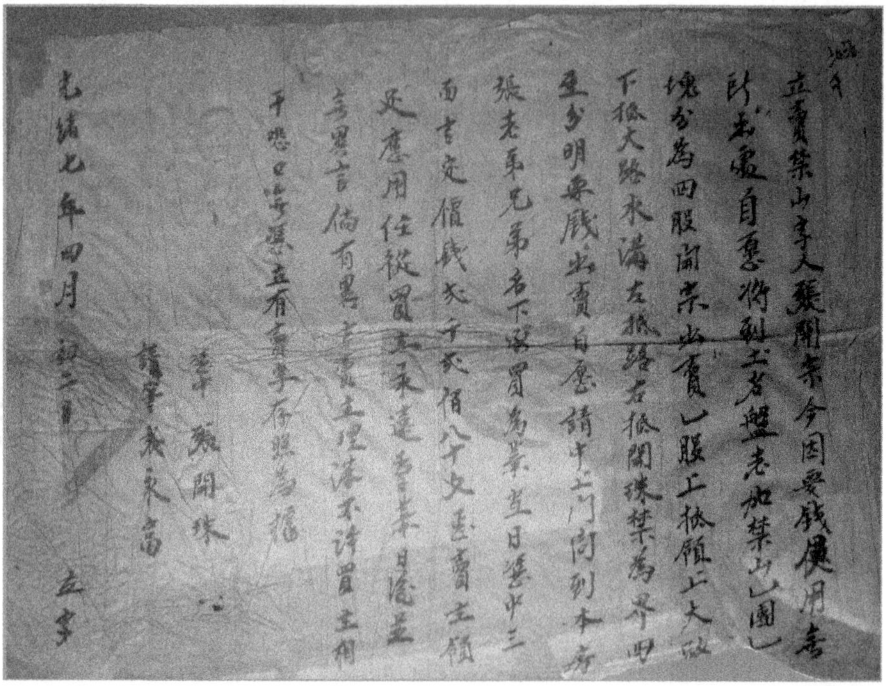
立賣禁山字人張開宗今因要錢使用無
所出處自愿將到土名盤老加禁山山園山
塊分為四股開宗出賣一股上抵嶺上大路
下抵大路水溝左抵路右抵開珠禁為界四
至分明要錢出賣自愿請中上門問到本房
張老吳兄弟名下承買為業當日憑中三
面言定價錢叁千貳佰八十文其賣主領
足應用任從買主永遠管業日後並
無異言倘有異言賣主理落不許買主相
干恐口無憑立有賣字存照為據
憑中　張開珠
請筆　吳永富
光緒七年四月初二日　立字

ZCJ027　光绪七年四月初二日张开宗卖禁山字*

一　立賣禁山字人張開宗，今因要銭使用，(無)

二　所出處，自愿将到土名盤老加禁山乙團，乙

三　塊分為四股，(開)宗出賣乙股。上抵領上大路，

四　下抵大路水溝，左抵路，右抵開珠禁為界，四

五　至分明。要銭出賣，自愿請中上门问到本房

六　張老弟兄弟名下承買為業。当日憑中三

七　面言定價銭(弍)千(弍)佰八十文(整)，賣主領

八　足應用，任從買主永遠(管)業，日後並

九　(無)異言。倘有異言，賣主理落，不許買主相

十　干。恐口(無)憑，立有賣字存照為據。

十一　　　憑中　張開珠

十二　　　請筆　張永富

十三　光绪七年四月初二日　　　立字

*此为张开宗光绪七年(1881年)四月初二日卖禁山字据，原件现保藏于张承久家中，原色影像典藏于贵州师范学院『中国山地民族特色文献数据库』，编号为ZCJ027。原件内容共13列180字。原件有一处红色印章，为仁丰侗寨少见的红契之一。原件中部有明显褶皱。

编号：ZCJ028（400mm×270mm）

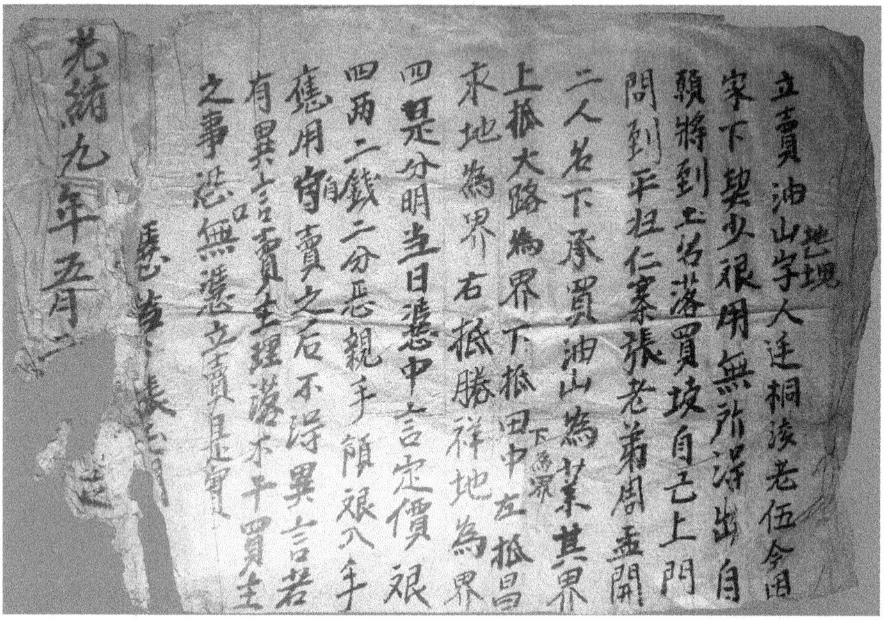
立賣油山地塊字人廷桐孩老伍今因
家下缺少艮用無所得出自
願將到土名落買坡自己上門
問到平坦仁寨張老弟周孟開
二人名下承買油山為業其界
上抵大路為界下抵田中左抵昌
求地為界右抵滕祥地為界
四至分明當日憑中言定價艮
四兩二錢二分正親手領艮入手
應用自賣之后不得異言若
有異言賣主理落不干買主
之事恐口無憑立賣字是實
憑中 張……
光緒九年五月二……

ZCJ028　光绪九年五月二□□滚老伍卖油山地字*

一　立賣油山地乙塊字人（廷）桐滚老伍，今因
二　家下契少（銀）用，無所得出，自
三　願（將）到土名落買（坡），自己上門
四　問到平（归）仁寨張老弟、周孟開
五　二人名下承買油山為（業）。其界
六　上抵大路為界，下抵田，中下為界左抵昌
七　永地為界，右抵勝祥地為界，
八　四是分明。当日憑中言定價（銀）
九　四两二錢二分（整），親手領（銀）入手
十　應用。■自賣之后，不得異言。若
十一　有異言，賣主理落，不干買主
十二　之事。恐口無憑，立賣是實。
十三　　憑筆　張玉□
十四　光緒九年五月二□□　　立

*此为滚老伍光绪九年（1883年）五月二□□卖油山地字据，原件现保藏于张承久家中，原色影像典藏于贵州师范学院『中国山地民族特色文献数据库』，编号为ZCJ028。原件内容共14列161字。原件左侧严重破损，部分内容无法辨识。

编号：ZCJ029（380mm×370mm）

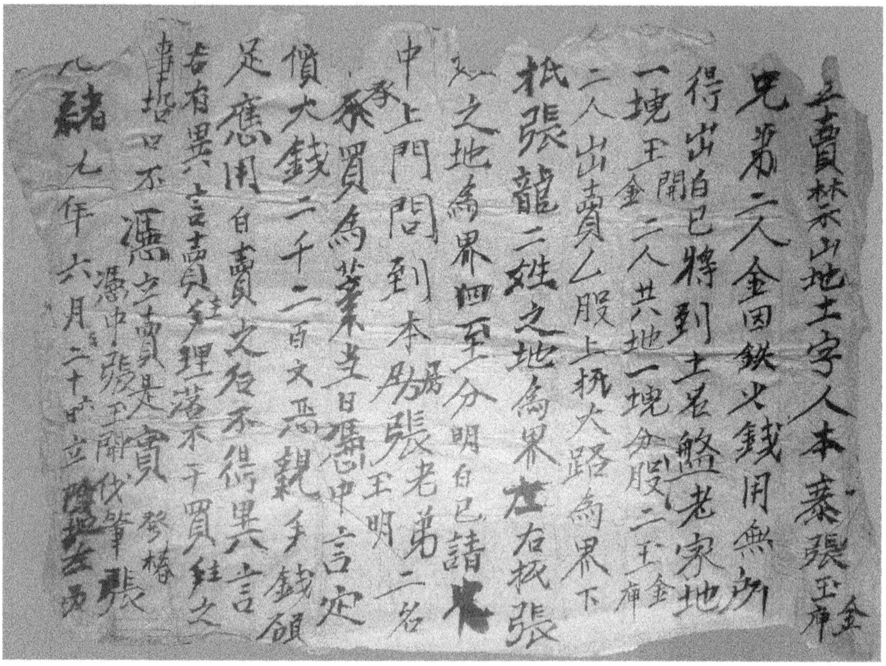
立賣禁山地土字人本寨張玉金 玉庫
兄弟二人今因缺少錢用無所
得出自己將到土名盤遶老家地
一塊玉金 玉開二人共地一塊分股二 玉庫 玉金
二人出賣乙股上抵大路為界下
抵張龍二姓之地為界左右抵張
玉之地為界四至分明自己請
中上門問到本房張老弟玉明二名
孝承買為業當日憑中言定
價大錢二千二百文焉親手錢領
足應用自賣之后不得異言
若有異言賣主理落不干買主之
事恐口不憑立賣是實 參椿
憑中張玉開代筆張
光緒九年六月二十六日立 [illegible]

ZCJ029　光绪九年六月二十六日张玉金等卖禁山地土字*

一　立賣禁山地土字人本寨張玉金/庳
二　兄弟二人，金因鉄少錢用，無所
三　得出，白巳(將)到土名盤老家地
四　一塊，玉開/金二人共地一塊，分股二，玉金/庳
五　二人出賣乙股。上抵大路為界，下
六　抵張、龍二姓之地為界，左右抵張
七　姓之地為界，四至分明。白巳請■
八　中上門問到本■[房]張老弟/玉明二名
九　□■[承]買為(業)，当日憑中言定
十　價大錢二千二百文(整)，親手錢領
十一　足應用。白賣之后，不得異言。
十二　若有異言，賣■[主]理落，不干買■[主]之
十三　事。(恐)口不憑，立賣是實。
十四　憑中　張玉開　伐筆　張(發)椿
十五　光(緒)九年六月二十[六]日　立　陰地在内

*此为张玉金、张玉庳光绪九年(1883年)六月二十六日卖禁山地土字据，原件现保藏于张承久家中，原色影像典藏于贵州师范学院『中国山地民族特色文献数据库』，编号为ZCJ029。原件内容共15列189字。原件上部边缘破损严重，有多处缺孔。

编号：ZCJ030（445mm×450mm）

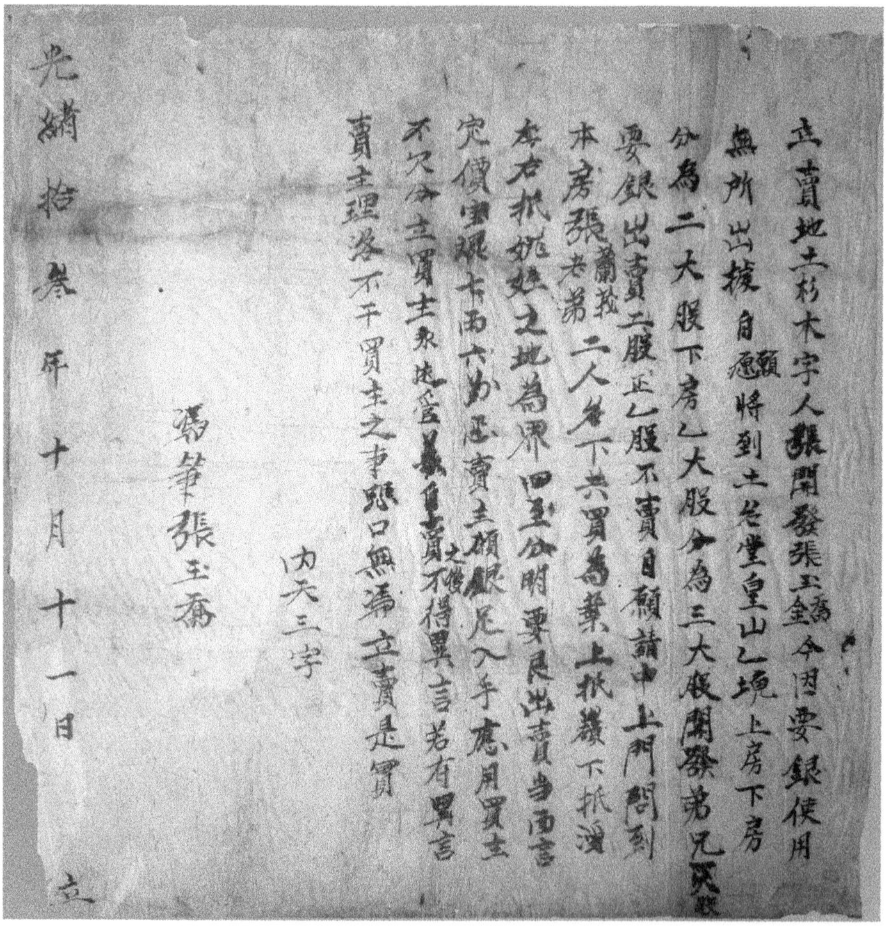
立賣地土杉木字人張開發張玉金喬今因要銀使用
無所出據自願將到土名堂皇山乙塊上房下房
分為二大股下房乙大股分為三大股開發弟兄叁股
要銀出賣二股正乙股不賣自願請中上門問到
本房張蘭救老弟二人名下共買為業上抵嶺下抵溪
左右抵姚姓之地為界四至分明要銀出賣當面言
定價銀七两六錢正賣主領銀足入手應用買主
不欠分文買主來地登業管業之後不得異言若有異言
賣主理落不干買主之事恐口無憑立賣是實

內添三字

憑筆張玉喬

光緒拾叁年十月十一日　立

ZCJ030 光绪十三年十月十一日张开发等卖地土杉木字*

一　立賣地土杉木字人張開發、張玉喬、金，今因要銀使用，

二　無所出擄，自愿顧(将)到土名堂皇山乙塊，上房下房

三　分為二大股，下房乙大股分為三大股，開發弟兄天股

四　要銀出賣二股，正乙股不賣。(自)願請中上門問到

五　本房張蘭莪、老弟二人名下共買為(業)。上抵嶺，下抵溪，

六　左右抵姚姓之地為界，四至分明。要艮出賣，当面言

七　定價宝(銀)七(兩)六(錢)(整)，賣主領銀足入手應用，買主

八　不欠分立，買主永(遠)(管)業。自賣之後，不得異言。若有異言，

九　賣主理落，不干買主之事。恐口無(憑)，立賣是實。

十　内夭三字

十一　(凴)筆　張玉喬

十二　光緒拾叁年十月十一日　立

*此为张开发、张玉乔、张玉金光绪十三年(1887年)十月十一日卖地土杉木字据，原件现保藏于张承久家中，原色影像典藏于贵州师范学院『中国山地民族特色文献数据库』，编号为ZCJ030。原件内容共12列202字。原件有轻微褶皱。

编号：ZCJ031（250mm×420mm）

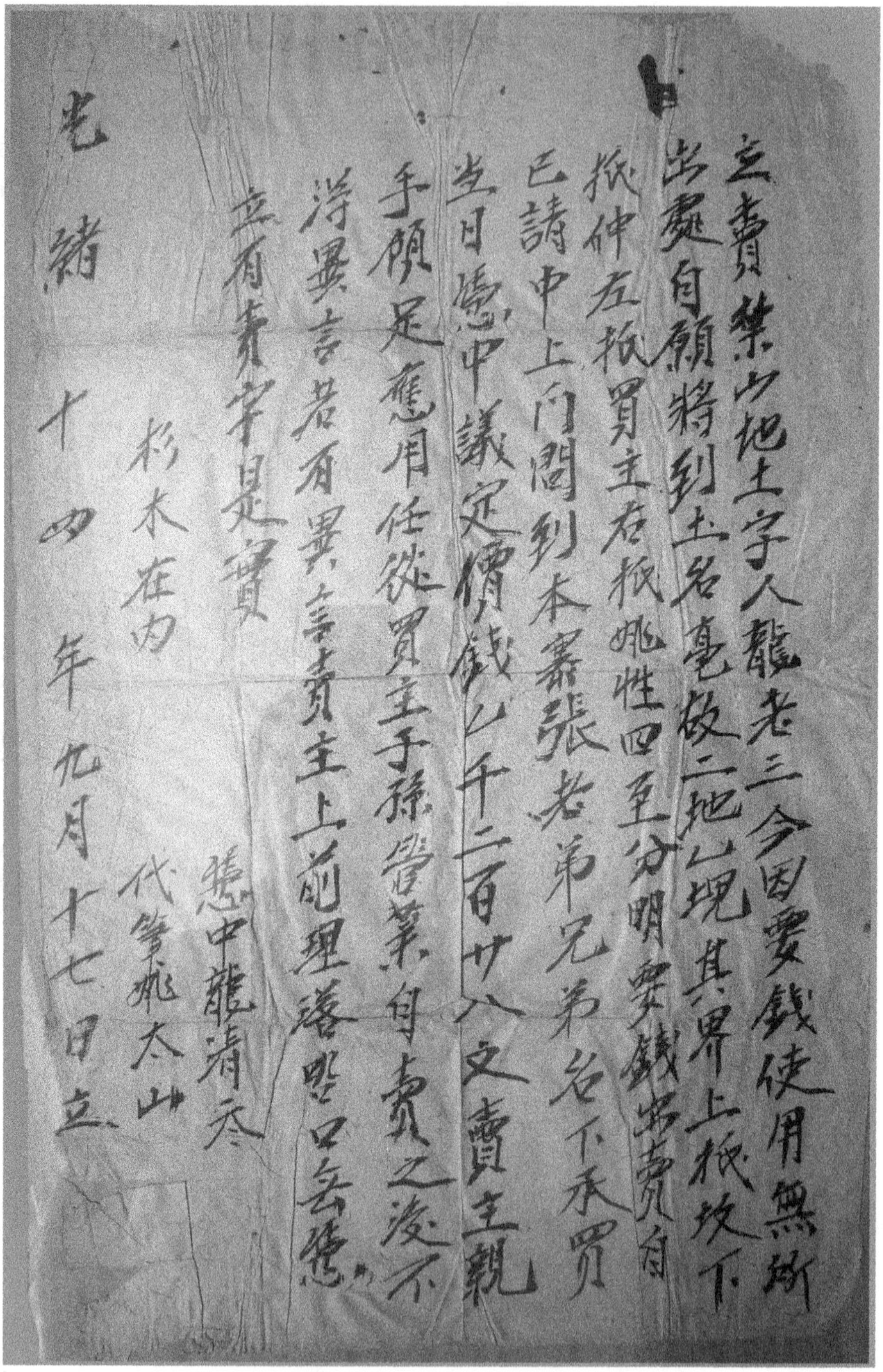

立賣禁山地土字人龍老三今因要錢使用無所
出處自願將到土名高敀二地山塊其界上抵坟下
抵仲左抵買主右抵姚性四至分明要錢出賣自
己請中上门問到本寨張老弟兄弟名下承買
當日憑中議定價錢乙千二百廿八文賣主親
手領足應用任從買主子孫管業自賣之後不
得異言若有異言賣主上前理落恐口無憑
立有賣字是實　憑中龍清秀
杉木在内　代筆姚太山
光緒十四年九月十七日立

ZCJ031 光绪十四年九月十七日龙老三卖禁山地土字*

一 立賣禁山地土字人龍老三，今因要錢使用，無所

二 出處，自願(將)到土名毫故二地乙(塊)，其界上抵墳，下

三 抵仲，左抵買主，右抵姚性，四至分明。要錢出賣，自

四 己請中上门問到本寨張老弟兄弟名下承買。

五 當日憑中議定價錢乙千二百廿八文，賣主親

六 手領足應用，任從買主子孫管業。自賣之後，不

七 淂異言。若有異言，賣主上前理落。(恐)口(無)憑，

八 立有賣字是實。

九 憑中 龍清(喬)

十 杉木在内 代筆 姚太山

十一 光(緒)十四年九月十七日 立

* 此为龙老三光绪十四年(1888年)九月十七日卖禁山地土字据，原件现保藏于张承久家中，原色影像典藏于贵州师范学院『中国山地民族特色文献数据库』，编号为ZCJ031。原件内容共11列160字。原件有明显折痕。

编号：ZCJ032（460mm×360mm）

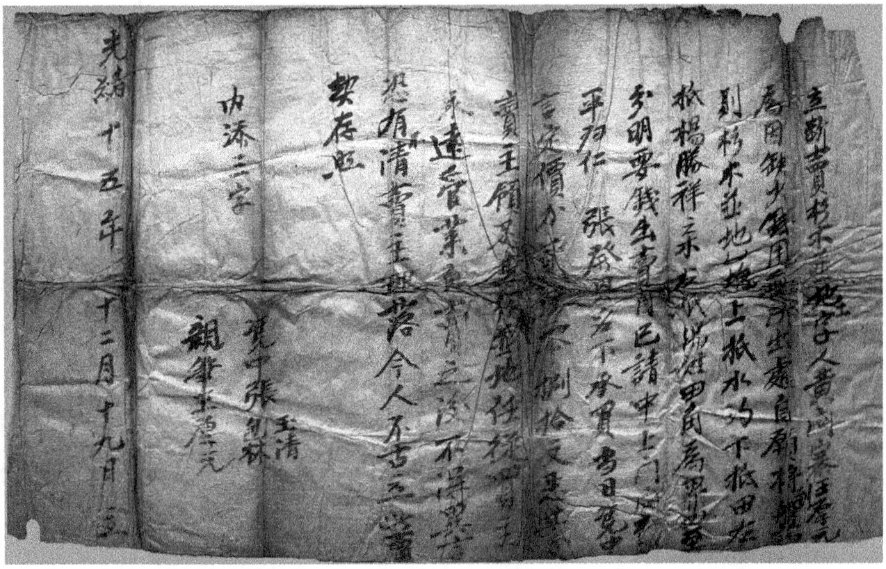
立断賣杉木並地字人黄[illegible]
為因缺少銀用無所出處自願將[illegible]
到杉木並地一塊上抵水溝下抵田左[illegible]
抵楊勝祥[illegible]抵[illegible]田氏為界[illegible]
分明要錢出賣[illegible]請中上門[illegible]
平均仁 張發[illegible]名下承買當日憑中
言定價[illegible]銅[illegible]拾文[illegible]
賣主領[illegible]杉木並地任從[illegible]
永遠管業[illegible]不得異[illegible]
恐有清書[illegible]今人不古立[illegible]賣
契存照
内添三字
憑中 張玉清 張朝林
親筆[illegible]
光緒廿五年十二月十九日立

ZCJ032　光绪十五年十二月十九日王厚元卖杉木并地土字*

一　立断賣杉木並地土字人黃闷寨王厚元，
二　為因缺少錢用，無所出處，自願将到盤白
三　則杉木並地乙塊，上抵水沟，下抵田，左
四　抵楊勝祥之木，右抵楊姓田角為界，四至
五　分明。要錢出賣，自己請中上门问到
六　平归仁張(發)(興)名下承買。当日凴中
七　言定價(錢)貳仟零捌拾文(整)，其(錢)
八　賣主領足，其杉木並地任(從)買主
九　永遠(管)業。自賣之後，不得異言。
十　恐有不清，賣主理落。今人不古，立此賣
十一　契存照。
十二　內(添)三字　　凴中　張玉清　張包林
十三　　　　　　　　親筆　王厚元
十四　光绪十五年十二月十九日　立

---

*此为王厚元光绪十五年(1889年)十二月十九日卖杉木并地土字据，原件现保藏于张承久家中，原色影像典藏于贵州师范学院『中国山地民族特色文献数据库』，编号为ZCJ032。原件内容共14列175字。原件有严重的褶皱和折痕，并有明显水渍。

编号：ZCJ033（200mm×245mm）

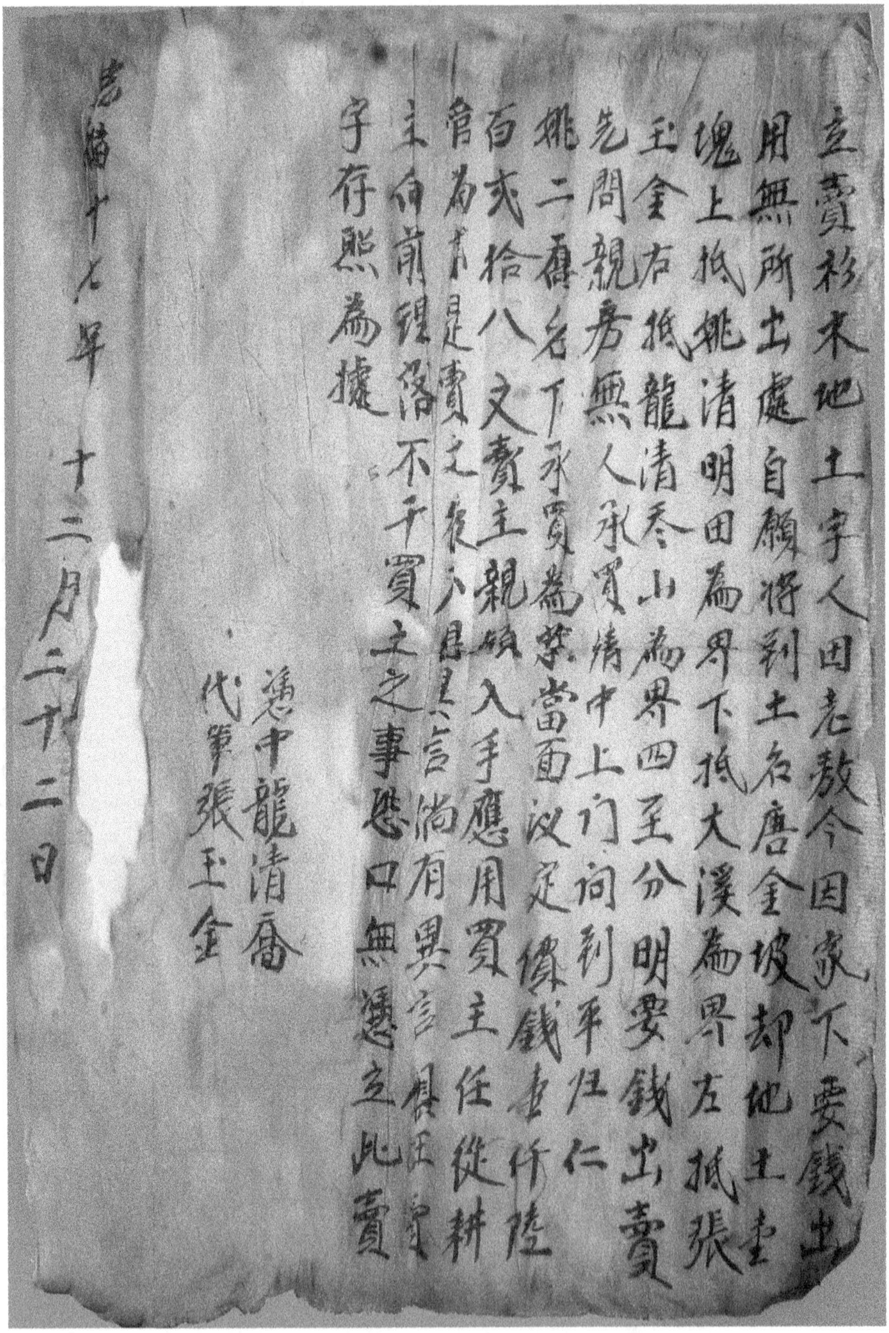
立賣杉木地土字人因老敖今因家下要錢出
用無所出處自願將到土名唐金坡却地土壹
塊上抵姚清明田爲界下抵大溪爲界左抵張
玉金右抵龍清秀山爲界四至分明要錢出賣
先問親房無人承買請中上门問到平任仁
姚二存名下承買爲業當面议定價錢壹仟陸
百貳拾八文賣主親領入手應用買主任從耕
管爲業自賣之後不得異言倘有異言俱在賣
主向前理落不干買主之事恐口無憑立此賣
字存照爲據

憑中龍清爵
代筆張玉金

光緒十七年 十二月二十二日

ZCJ033　光绪十七年十二月二十二日田老敖卖杉木地土字*

一　立賣杉木地土字人田老敖，今因家下要錢出

二　用，無所出處，自願将到土名唐金坡却地土壹

三　塊，上抵姚清明田為界，下抵大溪為界，左抵張

四　玉金，右抵龍清(喬)山為界，四至分明。要錢出賣，

五　先問親房，無人承買，请中上门问到平归仁

六　姚二喬名下承買為業。當面议定價錢壹仟陸

七　百(弍)拾八文，賣主親領入手應用，買主任從耕

八　(管)為業。是賣之後，不得異言。倘有異言，俱在賣

九　主向前理落，不干買主之事。恐口無憑，立此賣

十　字存照為據。

十一　憑中　龍清喬

十二　代筆　張玉金

十三　光緒十七年十二月二十二日

*此为田老敖光绪十七年(1891年)十二月二十二日卖杉木地土字据，原件现保藏于张承久家中，原色影像典藏于贵州师范学院『中国山地民族特色文献数据库』，编号为ZCJ033。原件内容共13列188字。原件左侧有一处条状缺孔，中部有明显纵向褶皱。

编号：ZCJ034（330mm×520mm）

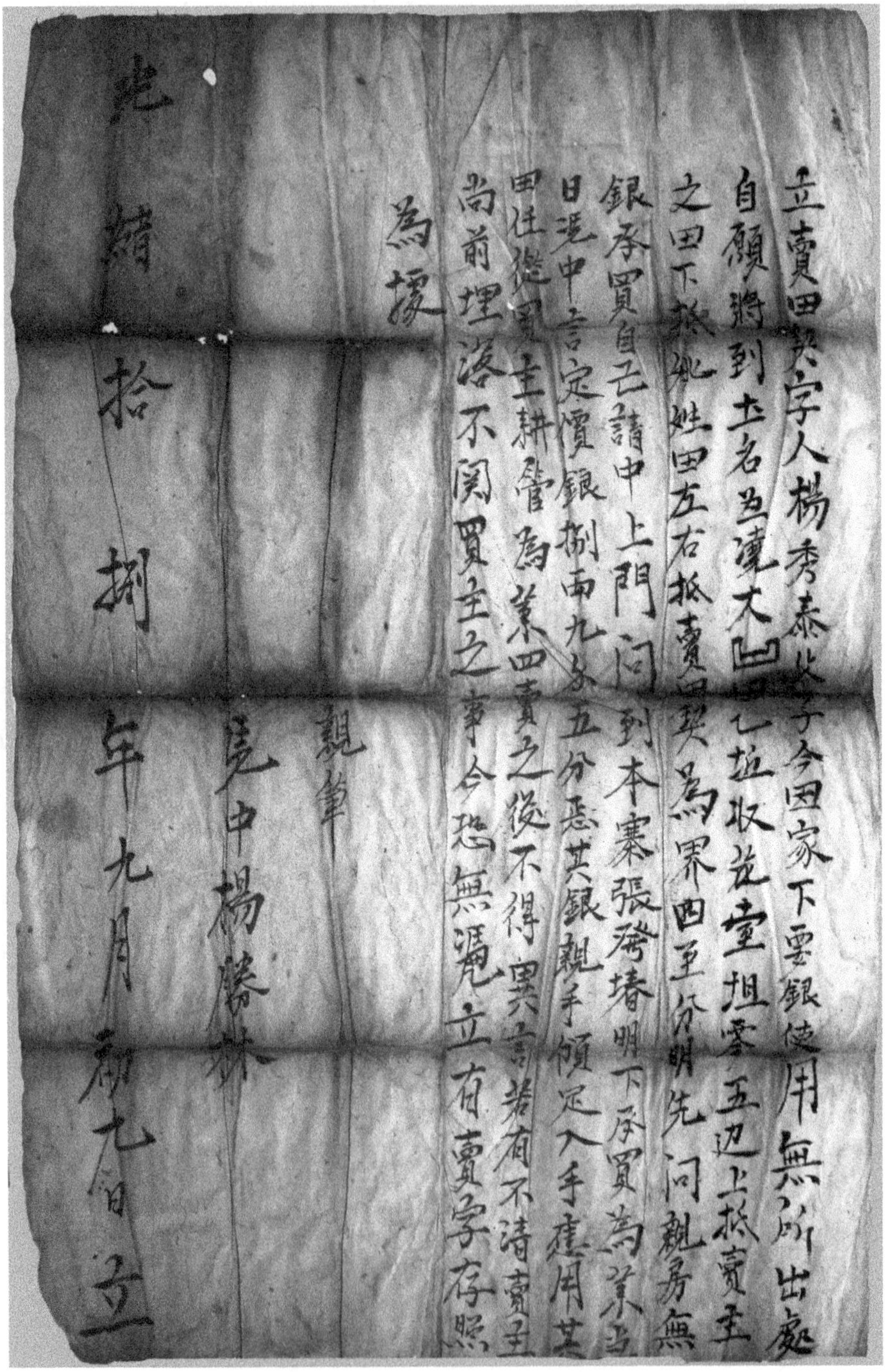

立賣田契字人楊秀泰父子今因家下要銀使用無所出處
自願將到土名岜達大山乙坵取名塘坦零五边上抵賣主
之田下抵姚姓田左右抵賣田契為界四至分明先问親房無
銀承買自己請中上門问到本寨張登堵明下承買為業當
日憑中言定價銀捌両九钱五分恶其銀親手領足入手應用其
田任從買主耕管為業四賣之後不得異言若有不清賣主
尚前理落不関買主之事今恐無憑立有賣字存照
為據

親筆

憑中楊勝林

光緒拾捌年九月初九日 立

ZCJ034　光绪十八年九月初九日杨秀泰等卖田契*

一　立賣田契字人楊秀泰父子，今因家下要銀使用，無所出處，

二　自願將到土名归澆大凹田乙坵，（收）花壹坦零五边，上抵賣主

三　之田，下抵姚姓田，左右抵賣田契為界，四至分明。先问親房，無

四　銀承買，自己請中上門问到本寨張（發）埼明下承買為業。当

五　日（凴）中言定價銀捌（兩）九（錢）五分（整），其銀親手領足入手應用，其

六　田任從買主耕管為業。四賣之後，不得異言。若有不清，賣主

七　尚前埋落，不（関）買主之事。今恐無（凴），立有賣字存照

八　為（據）。

九　　　　　親筆

十　　　　　（凴）中　楊勝林

十一　光緒拾捌年九月初九日　立

*此为杨秀泰父子光绪十八年（1892年）九月初九日卖田契约，原件现保藏于张承久家中，原色影像典藏于贵州师范学院『中国山地民族特色文献数据库』，编号为ZCJ034。原件内容共11列203字。原件上有明显折痕，并有虫蚀缺孔。

编号：ZCJ035（300mm×500mm）

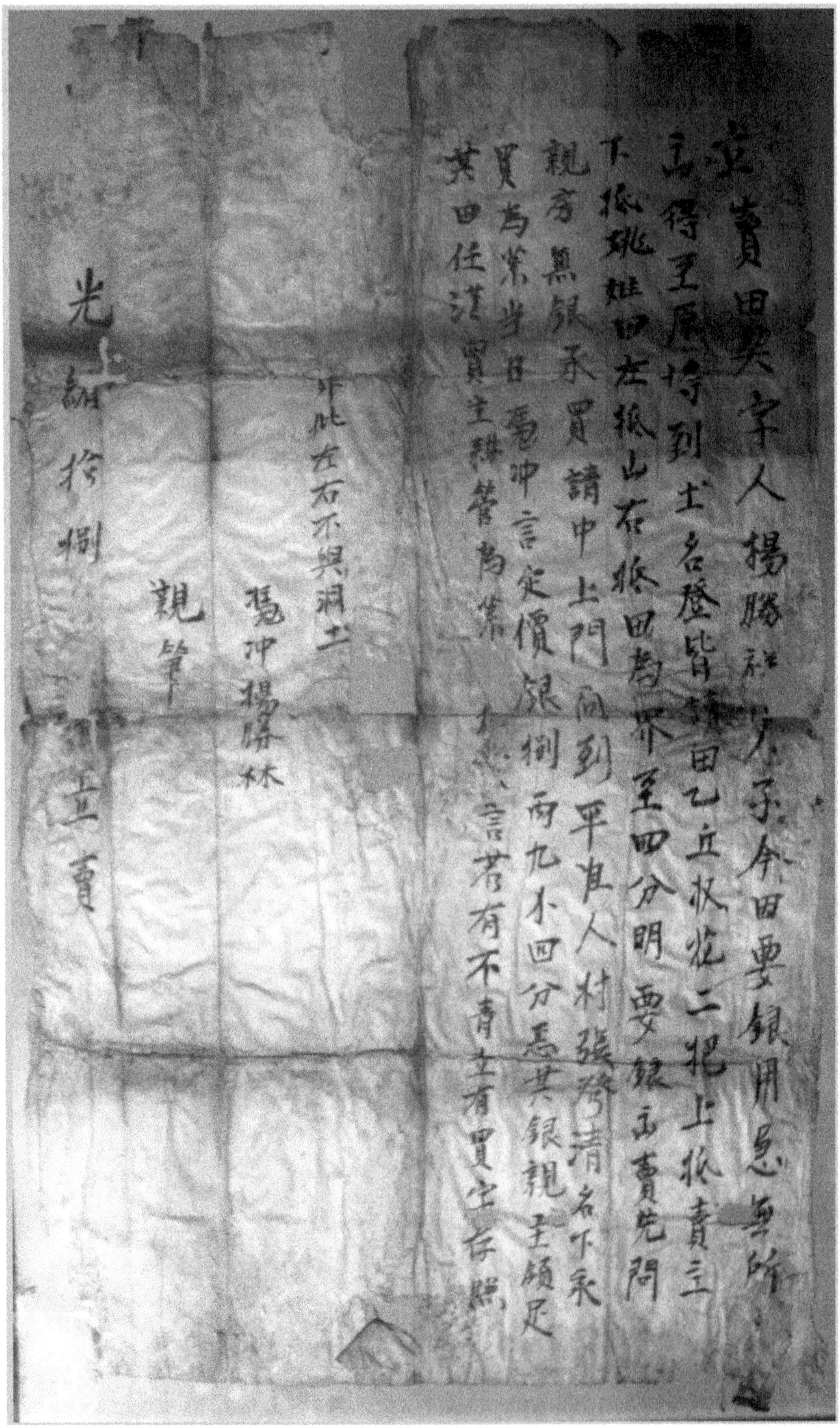
立賣田契字人楊勝林父子今田要銀用急無所
出得至廊持到土名登皆猜田乙丘收花二把上抵責主
下抵砒蛙田左抵山右抵田為界至四分明要銀出賣先問
親房無銀承買請中上門問到平宜人村張秀清名下承
買為業當日憑中言定價銀捌兩九不四分其銀親手領足
其田任從買主耕管為業　恐後無憑言若有不青立有買字存照
外批左右不與洞土
憑中楊勝林
親筆
光緒拾捌　立賣

ZCJ035　光绪十八年杨胜祥等卖田契*

一　立賣田契字人楊勝祥父子，今因要（銀）用急，（無）所

二　（出）得，至原（将）到圡名登皆讀田乙丘，（收）花二把，上抵賣主，

三　下抵姚姓田，左抵山，右抵田爲界，至四分明。要銀（出）賣，先問

四　親房，無銀承買，請中上門问到平归人村張（發）清名下承

五　買為業。当日（凴）冲言定價銀捌（兩）九（錢）四分（整），其銀親主領足，

六　其田任（從）買主耕管為業。□□□言，若有不青，立有買字存照。

七　　　　　外批左右不與洞圡

八　　　　　　　（凴）冲　楊勝林

九　　　　　　　親筆

十　光緒拾捌□□□□立賣

*此为杨胜祥父子光绪十八年（1892年）卖田契约，原件现保藏于张承久家中，原色影像典藏于贵州师范学院『中国山地民族特色文献数据库』，编号为ZCJ035。原件内容共10列159字。原件内破损一处，有多处虫蚀缺孔，并有大面积水渍。

编号：ZCJ036（340mm×450mm）

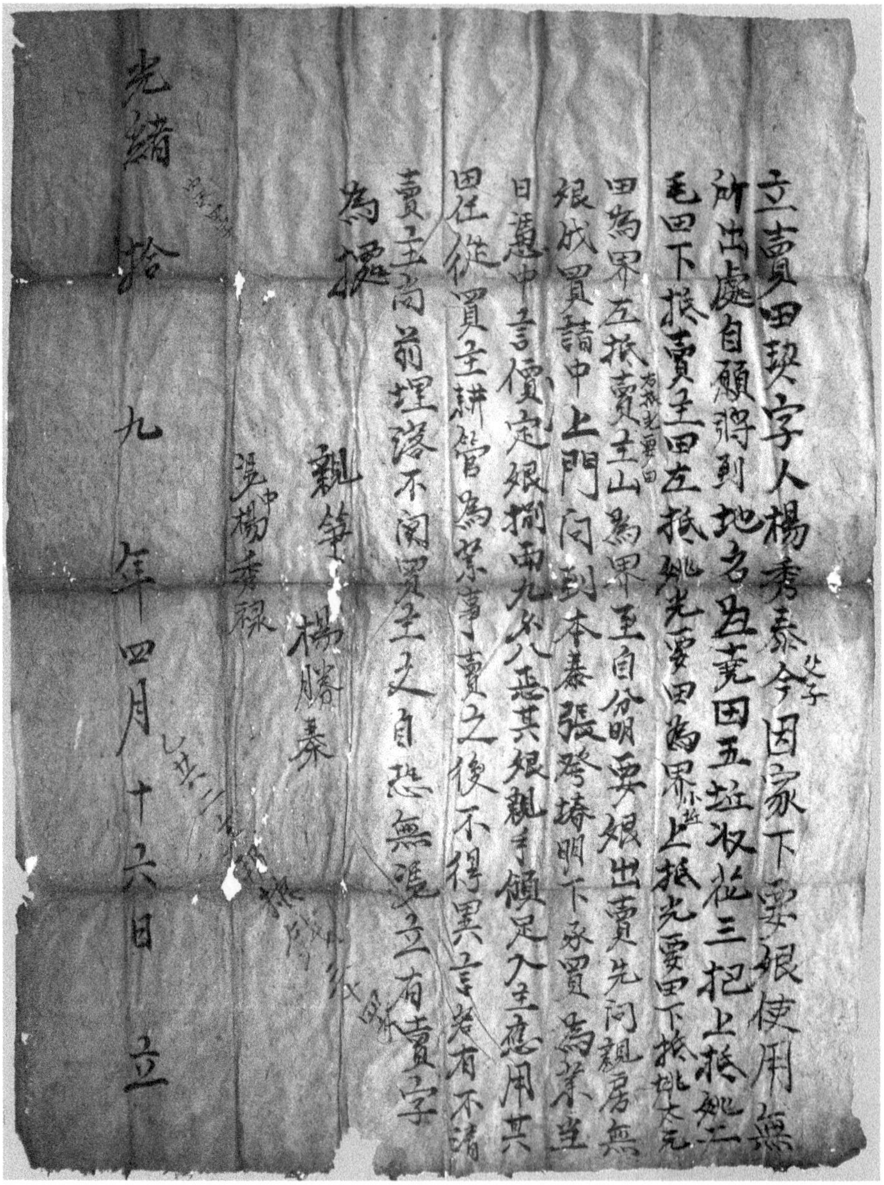
立賣田契字人楊秀泰之子今因家下要銀使用無
所出處自願將到地名丑蒐田五坵收花三把上抵姚二
毛田下抵賣主田左抵姚光要田為界小坵上抵光要田下抵姚太元
田為界右抵賣主山為界右抵光要田至自分明要銀出賣先問親房無
銀成買請中上門問到本寨張發琦明下承買為業当
日憑中言價定銀捌兩九分八惡其銀親手領足入主應用其
田任從買主耕管為業事賣之後不得異言若有不清
賣主向前理落不関買主之自恐無憑立有賣字
為據
親筆 楊勝泰
憑中 楊秀祿
光緒拾九年四月十六日 立

ZCJ036　光绪十九年四月十六日杨秀泰等卖田契*

一　立賣田契字人楊秀泰,父子今因家下要(銀)使用,無

二　所出處,自願將到地名归堯田五坵,(收)花三把,上抵姚二

三　毛田,下抵賣主田,左抵姚光要田為界;小坵上抵光要田,下抵姚太元

右抵光要田,

四　田為界,左抵賣主山為界,至自分明。要(銀)出賣,先问親房,無

五　(銀)成買,請中上門问到本寨張(發)堎明下承買為業。当

六　日憑中言價定(銀)捌(兩)九(錢)八(整),其(銀)親手領足入主應用,其

七　田任從買主耕管為業。事賣之後,不得異言。若有不清,

八　賣主尚前埋落,不(関)買主之自。恐無(凴),立有賣字

九　為攄。

十　　　　　　親筆　楊勝泰

十一　　　　　中(凴)　楊秀禄

十二　内添四字　乙共二主邦粮錢三十四文

十三　光緒拾九年四月十六日　　立

---

*此为杨秀泰父子光绪十九年(1893年)四月十六日卖田契约,原件现保藏于张承久家中,原色影像典藏于贵州师范学院『中国山地民族特色文献数据库』,编号为ZCJ036。原件内容共13列220字。原件有多处虫蚀缺孔,纸张已经开始絮化。

编号：ZCJ037（370mm×380mm）

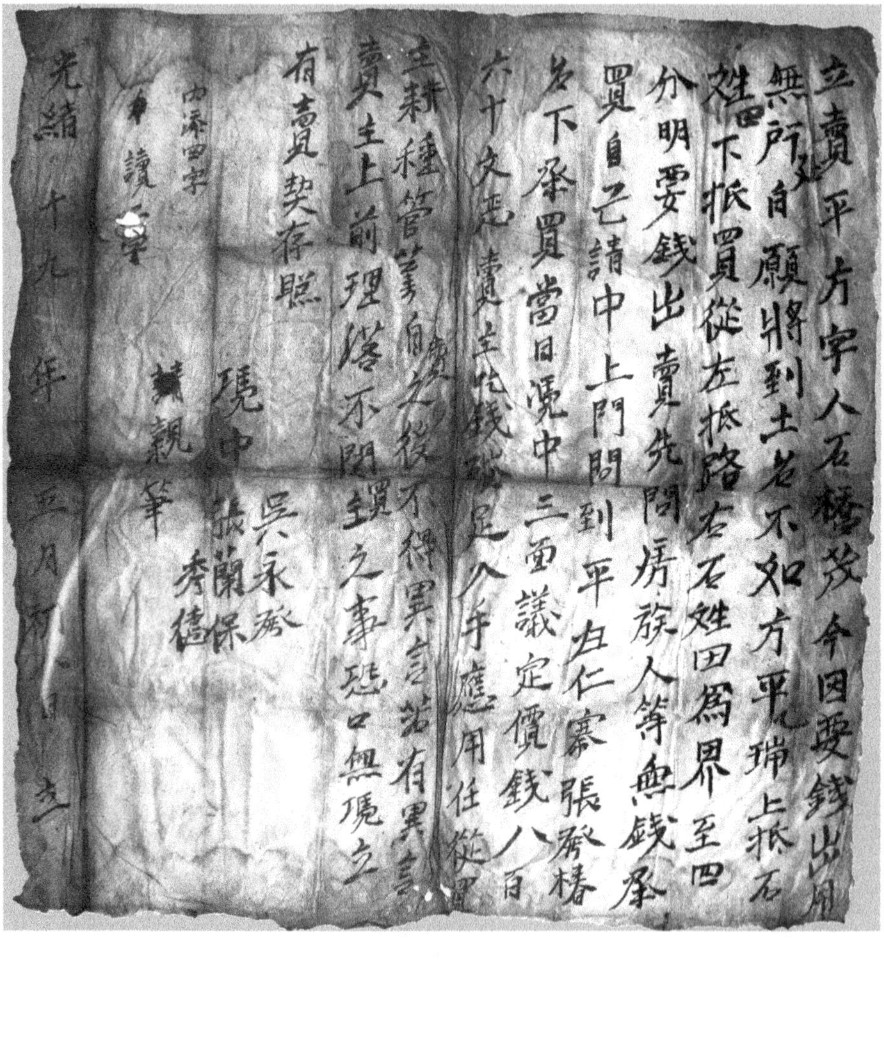
立賣平方字人石椿茂今因要錢出用
無所出自願將到土名不知方平瑞上抵石
姓田下抵買從左抵路右石姓田爲界至四
分明要錢出賣先問房族人等無錢承
買自己請中上門問到平白仁寨張發椿
名下承買當日憑中三面議定價錢八百
六十文正賣主收錢足入手應用任從買
主耕種管業自賣之後不得異言若有異言
賣主上前理落不關買主之事恐口無憑立
有賣契存照
内添田字
[illegible]讀[illegible]筆
憑中 張蘭保 吳永發
秀德
[illegible]親筆
光緒十九年五月初[illegible]日 立

ZCJ037 光绪十九年五月初八日石桥茂卖荒坪字*

一 立賣平方字人石橋茂，今因要錢出用，

二 無所[处]，白願將到土名不如方平乙（瑞），上抵石

三 姓，[田]下抵買從，左抵路，右石姓田爲界，至四

四 分明。要錢出賣，先問房族人等，無錢承

五 買，自己請中上門問到平归仁寨張（發）椿

六 名下承買。當日（凴）中三面議定價錢八百

七 六十文（整），賣主吃錢（領）足入手應用，任從買

八 主耕種管業。自[賣]之後，不得異言。若有異言，

九 賣主上前理落，不関[買]主之事。恐口無（凴），立

十 有賣契存（照）。

十一 吳永（發）

十二 （凴）中 張蘭保 秀德

十三 内（添）四字 ■親筆

十四 ■讀二字

十五 光緒十九年五月初八日立

*此为石桥茂光绪十九年（1893年）五月初八日卖荒坪字据，原件现保藏于张承久家中，原色影像典藏于贵州师范学院『中国山地民族特色文献数据库』，编号为ZCJ037。原件内容共15列183字。原件有明显折痕，并有缺孔。

编号：ZCJ038（400mm×430mm）

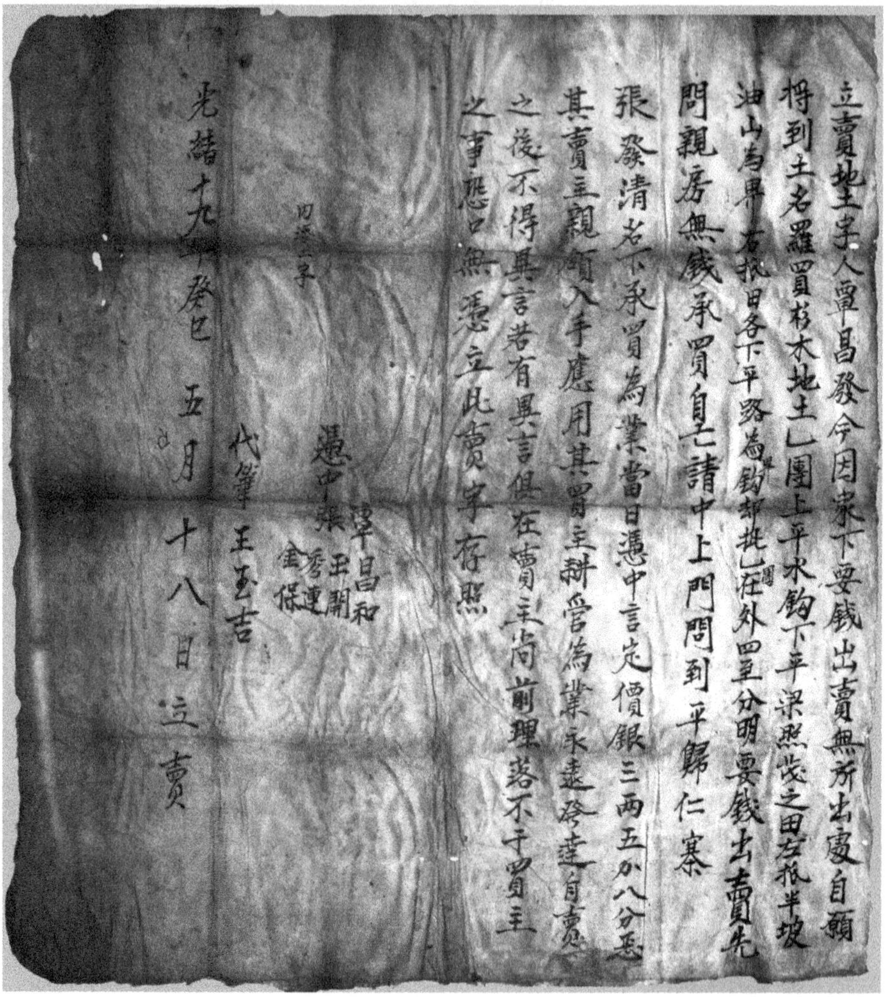

立賣地主字人覃昌發今因家下要錢出賣無所出處自願
將到土名羅買杉木地土乙團上平水鈎下平梁照岦之田右抵半坡
油山為界左抵田各下平路為鈎界部批乙團在外四至分明要錢出賣先
問親房無錢承買自己請中上門問到平歸仁寨
張發清名下承買為業當日憑中言定價銀三兩五分八分悉
其賣主親領入手應用其買主耕管為業永遠發達自賣
之後不得異言若有異言俱在賣主尚前理落不干買主
之事恐口無憑立此賣字存照

內添二字

憑中 覃昌和 張玉開 秀連 金保

代筆 王玉吉

光緒十九年癸巳 五月 十八日 立賣

ZCJ038　光绪十九年五月十八日覃昌发卖地土字*

一　立賣地土字人覃昌發，今因家下要錢出賣，無所出處，自願

二　(将)到土名羅買杉木地土乙團，上平水鈎，下平梁照茂之田，左抵半坡

三　油山為界，右抵田各下平路為，界鈎却批乙團在外，四至分明。要錢出賣，先

四　問親房，無錢承買，自己請中上門問到平(歸)仁寨

五　張發清名下承買為業。當日憑中言定價銀三两五(錢)八分(整)，

六　其賣主親領入手應用，其買主耕(管)為業，永遠(發)達。自賣

七　之後，不得異言。若有異言，俱在賣主尚前理落，不干買主

八　之事。恐口無憑，立此賣字存照。

九　內(添)二字　　憑中　覃昌和　玉開　張秀連　金保

十　　代筆　王玉吉

十一　光緒十九年癸巳五月十八日　立　賣

---

*此为覃昌发光绪十九年(1893年)五月十八日卖地土字据，原件现保藏于张承久家中，原色影像典藏于贵州师范学院『中国山地民族特色文献数据库』，编号为ZCJ038。原件内容共11列213字。原件有大面积水渍，有多处折痕。

编号：ZCJ039（304mm×340mm）

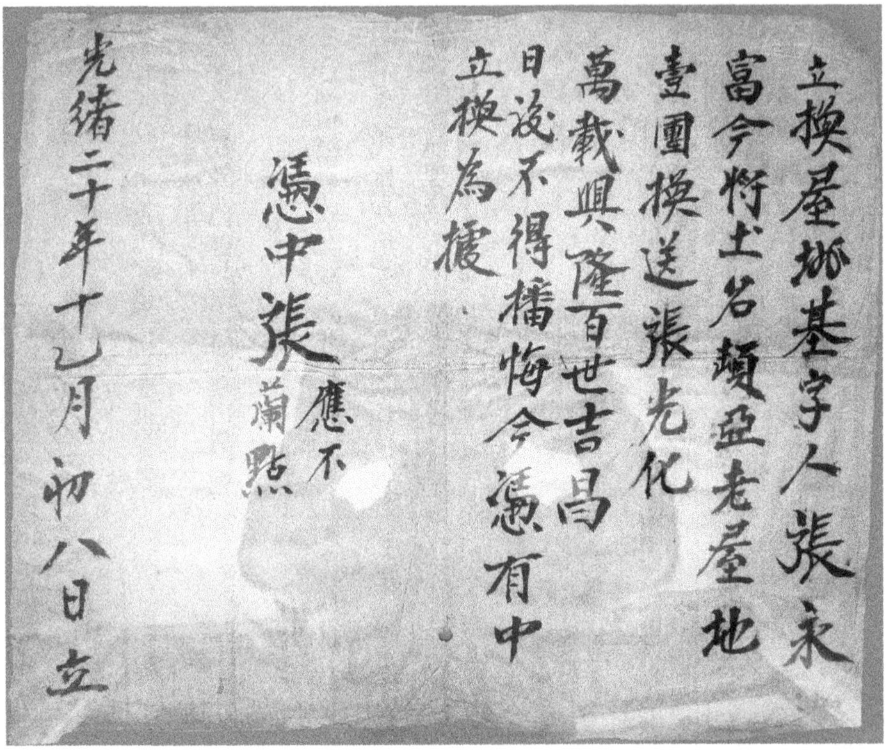
立換屋塲基字人張永
富今將土名頸坵老屋地
壹團換送張光化
萬載興隆百世吉昌
日後不得翻悔今憑有中
立換為據
憑中 張應蘭 不點
光緒二十年十乙月初八日立

ZCJ039　光绪二十年十一月初八日张永富换屋地基字*

一　立換屋(地)基字人張永

二　富，今(将)土名頓亞老屋地

三　壹團換送張光化。

四　萬載興隆，百世吉昌。

五　日後不得播悔，今憑有中，

六　立換為據。

七　　　　憑中　張　應不　蘭點

八　光緒二十年十乙月初八日　立

*此为张永富光绪二十年(1894年)十一月初八日换屋地基字据，原件现保藏于张承久家中，原色影像典藏于贵州师范学院『中国山地民族特色文献数据库』，编号为ZCJ039。原件内容共8列67字。

编号：ZCJ040（310mm×490mm）

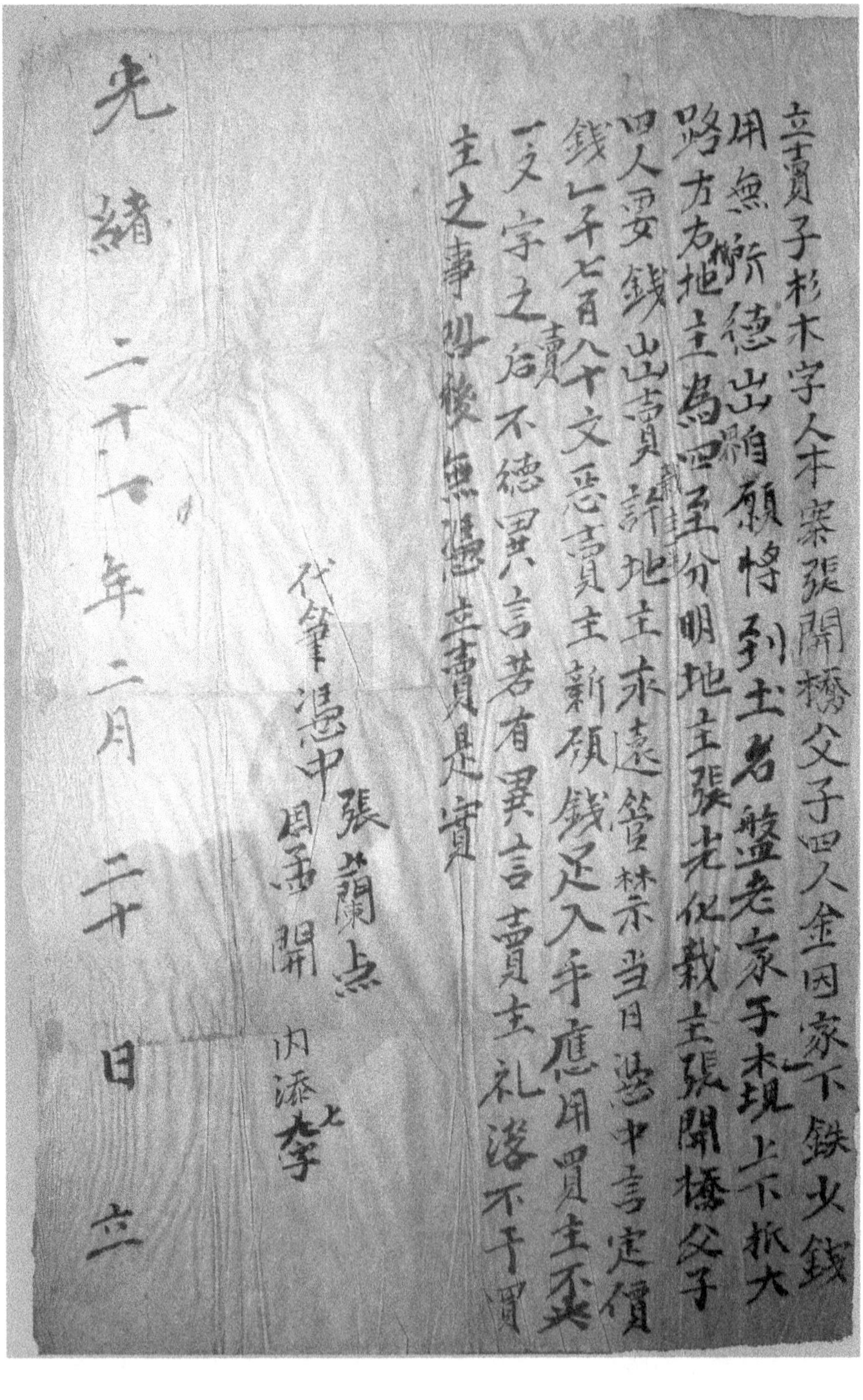
立賣子杉木字人本寨張開橋父子四人金因家下缺少錢
用無處德出自願將到土名盤老家子木坝上下抵大
路方右地主為四至分明地主張老化栽主張開橋父子
四人要錢出賣許栽地主永遠管禁當日憑中言定價
錢一千七百八十文憑賣主親領錢足入手應用買主丕具
一文字之後不德異言若有異言賣主礼落不干買
主之事恐後無憑立賣是實
代筆憑中張蘭点
周香開
内添七字
光緒二十七年二月二十日立

ZCJ040　光緒二十一年二月二十日张开桥等卖子杉木字*

一　立賣子杉木字人本寨張開橋父子四人，金因家下鉠少錢

二　用，無所德出，自願（将）到圡名盤老家子木塓，上下抵大

三　路，左右抵地主為界，四至分明。地主張光化，栽主張開橋父子

四　四人，要錢出賣，栽主一半許地主永遠管禁。当日憑中言定價

五　錢乙千七百八十文（整），賣主新領錢足入手應用，買主不少

六　一文。賣字之后，不德異言。若有異言，賣主礼落，不干買

七　主之事。恐後無憑，立賣是實。

八　　　　代筆　憑中　张蘭點　周孟開　內（添）■七字

九　光緒二十一年二月二十日　立

*此为张开桥父子光绪二十一年（1895年）二月二十日卖子杉木字据，原件现保藏于张承久家中，原色影像典藏于贵州师范学院『中国山地民族特色文献数据库』，编号为ZCJ040。原件内容共9列173字。原件中有明显水渍。

编号：ZCJ041（420mm×510mm）

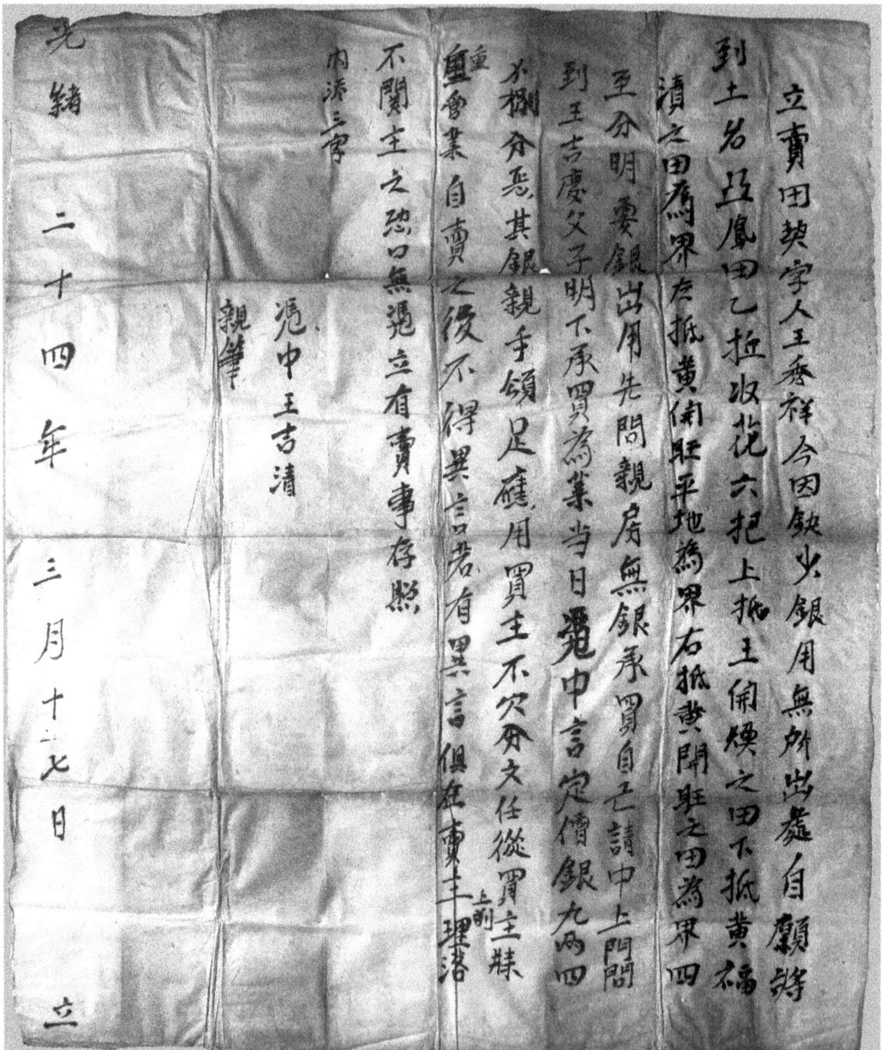
立賣田契字人王秀祥今因缺少銀用無所出處自願將
到土名[illegible]鳳田乙坵收花六把上抵王俑煥之田下抵黃福
清之田為界左抵黃俑駐平地為界右抵黃開駐之田為界四
至分明要銀出用先問親房無銀承買自己請中上門問
到王吉慶父子明下承買為業当日憑中言定價銀九两四
分整 其銀親手領足應用買主不欠分文任從買主耕
重 管業自賣之後不得異言若有異言俱在賣主上前理落
不關主之恐口無憑立有賣事存照
內添三字
憑中王吉清
親筆
光緒二十四年三月十七日立

ZCJ041　光绪二十四年三月十七日王秀祥卖田契*

一　立賣田契字人王秀祥，今因鈌少銀用，無所出處，自願（將）

二　到土名凸鳳田乙拞，（收）花六把，上抵王（開）煥之田，下抵黃福

三　清之田為界，左抵黃（開）旺平地為界，右抵黃開旺之田為界，四

四　至分明。要銀出用，先問親房，無銀承買，自己請中上門問

五　到王吉慶父子明下承買為業。当日（凴）中言定價銀九两四

六　（錢）捌分（整），其銀親手領足應用，買主不欠分文，任從買主（耕）

七　■（重）（管）業。自賣之後，不得異言。若有異言，俱在賣主（上前）理落，

八　不関主之。恐口無（凴），立有賣事存照。

九　内（添）三字

十　　　　（凴）中　王吉清

十一　　　　親筆

十二　光（緒）　二十四年　三月十七日　立

*此为王秀祥光绪二十四年（1898年）三月十七日卖田契约，原件现保藏于张承久家中，原色影像典藏于贵州师范学院『中国山地民族特色文献数据库』，编号为ZCJ041。原件内容共12列197字。原件中有多处虫蚀缺孔，并有明显褶皱和水渍。

编号：ZCJ042（320mm×190mm）

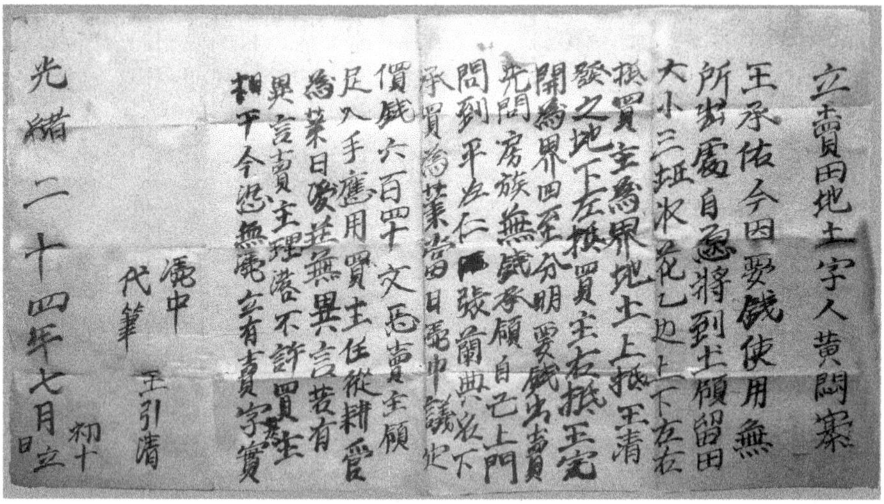
立賣田地土字人黃鬪案
王承佑今因要錢使用無
所出處自愿將到土額留田
大小三坵浓花乙边上下左右
抵買主為界地土上抵王清
發之地下左抵買主右抵王定
開為界四至分明要錢出賣
先問房族無錢承領自己上門
問到平丛仁[illegible]張蘭典名下
承買為業當日凭中議定
價錢六百四十文正賣主領
足入手應用買主任從耕管
為業日後並無異言若有
異言賣主理落不許買主
相干今恐無凭立有賣字實
凭中
代筆 王引清
光緒二十四年七月初十日立

ZCJ042　光緒二十四年七月初十日王承佑卖田地土字*

一　立賣田地土字人黃悶寨
二　王承佑，今因要錢使用，(無)
三　所出處，自愿將到土領留田
四　大小三坵，(收)花乙边。上下左右
五　抵買主為界；地土上抵王清
六　發之地，下左抵買主，右抵王完
七　開為界，四至分明。要錢出賣，
八　先問房族，(無)錢承領，自己上門
九　問到平归仁■張蘭典名下
十　承買為(業)。當日(憑)中議定
十一　價(錢)六百四十文(整)，賣主領
十二　足入手應用，買主任從耕(管)
十三　為(業)。日後並(無)異言，若有
十四　異言，賣主理落，不許買主
十五　相干。今恐無(憑)，立有賣字實是。
十六　(憑)中　王引清　代筆
十七　光(緒)二十四年七月初十日　立

*此为王承佑光绪二十四年(1898年)七月初十日卖田地土字据，原件现保藏于张承久家中，原色影像典藏于贵州师范学院『中国山地民族特色文献数据库』，编号为ZCJ042。原件内容共17列182字。原件有明显折痕。

编号：ZCJ043（210mm×320mm）

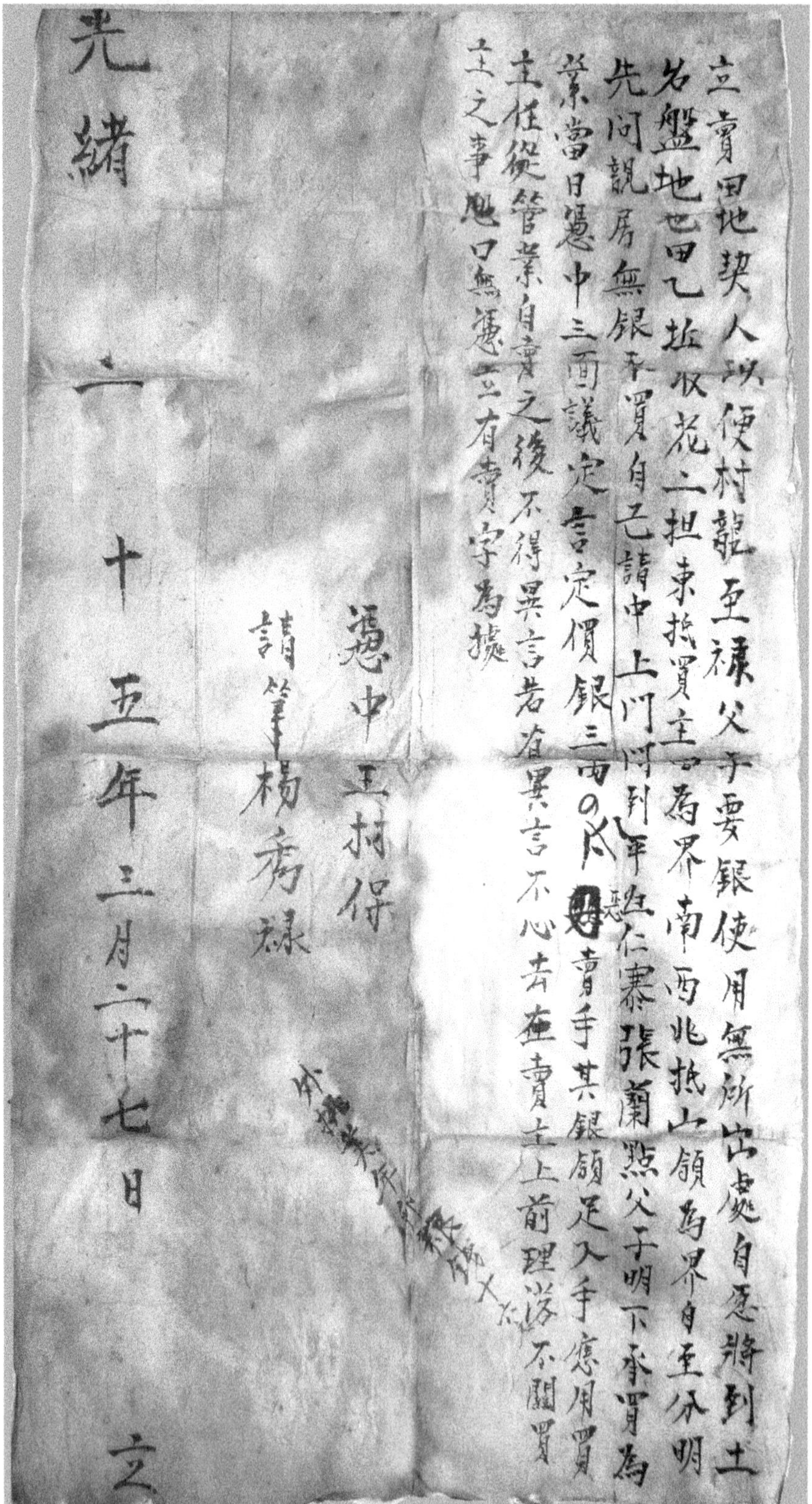
立賣田地契人改便村龍玉祿父子要銀使用無所出處自愿將到土
名盤地田乙坵收花二担東抵買主田為界南西北抵山領為界自至分明
先問親房無銀承買自己請中上門問到平甦仁寨張蘭點父子明下承買為
業當日憑中三面議定言定價銀三兩○八分整親手其銀領足入手應用買
主任從管業自賣之後不得異言若有異言不必吞在賣主上前理落不關買
主之事恐口無憑立有賣字為據

憑中 王村保

請筆 楊秀祿

光緒二十五年三月二十七日 立

ZCJ043　光绪二十五年三月二十七日龙至禄等卖田地契*

一　立賣田地契人玖便村龍至禄父子，要銀使用，無所出處，自愿(將)到土

二　名盤地也田乙坵，(收)花二担，東抵買主田為界，南西(北)抵山領為界，自至分明。

三　先问親房，無銀承買，自己請中上门问到平归仁寨張蘭點父子明下承買為

四　業。當日憑中三面議定言定價銀三(兩)(四)(錢)■(整)，賣手其銀領足入手應用，買

五　主任從管業。自賣之後，不得異言。若有異言不心，去在賣主上前理落，不關買

六　主之事。恐口無憑，立有賣字為據。

七　　憑中　王林保

八　　請筆　楊秀禄　　外挑美年卯粮钱十六文

九　光緒二十五年三月二十七日　立

* 此为龙至禄父子光绪二十五年(1899年)三月二十七日卖田地契约，原件现保藏于张承久家中，原色影像典藏于贵州师范学院『中国山地民族特色文献数据库』，编号为ZCJ043。原件内容共9列192字。原件中有明显水渍。

编号：ZCJ044（270mm×200mm）

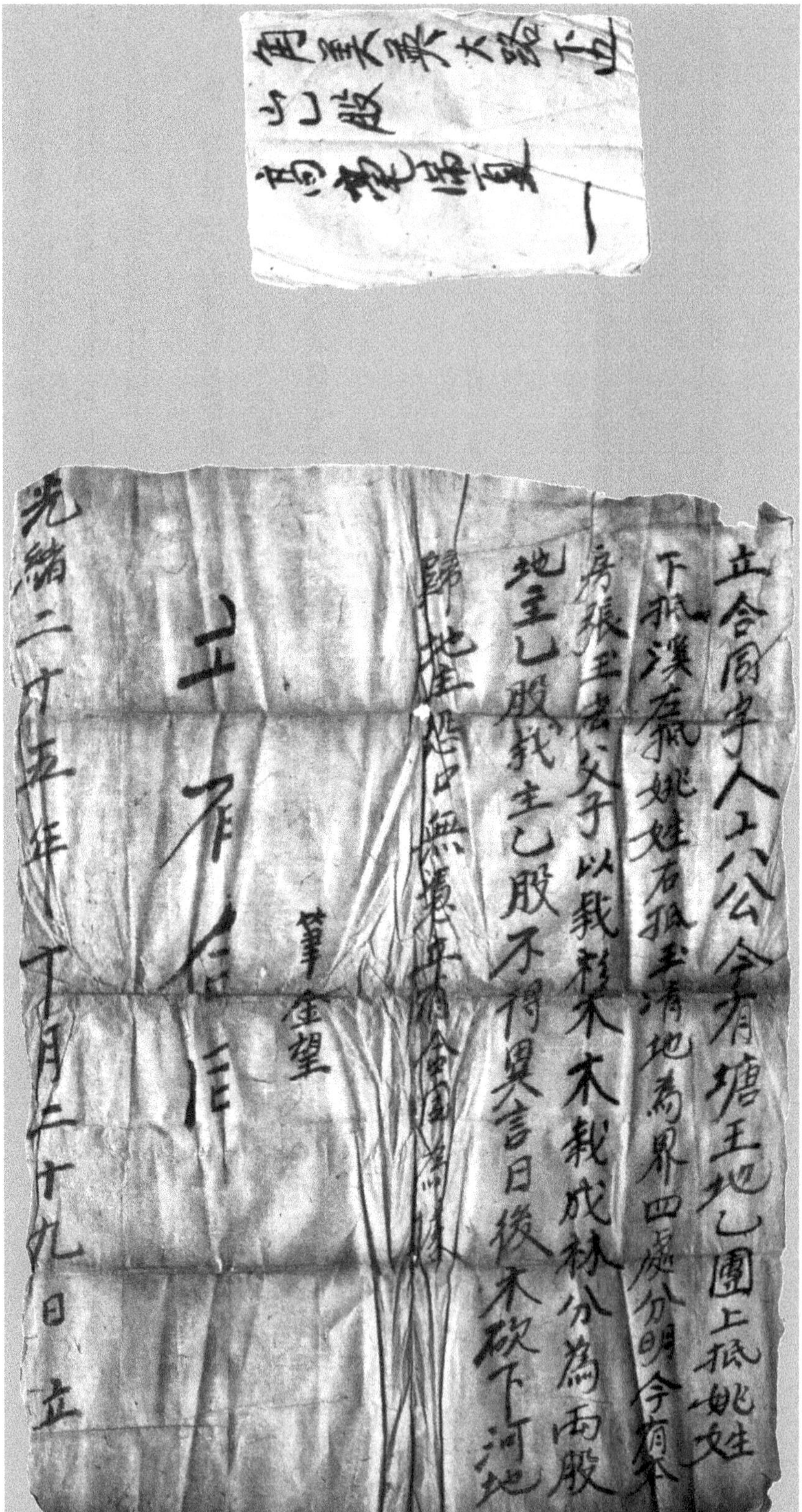

立合同字人六公今有塘王地乙團上抵姚姓下抵溪㴑姚姓右抵王清地為界四處分明今有本房張王書父子以栽杉木木栽成林分為兩股地主乙股栽主乙股不得異言日後木砍下河地歸地主恐口無憑立此合同為據

筆 金望

光緒二十五年十月卄九日 立

ZCJ044　光绪二十五年十月二十九日六公山地出租合同*

一　立合同字人六公，今有塘王地乙團，上抵姚姓，

二　下抵溪，左抵姚姓，右抵玉清地為界，四處分明。今有本

三　房張玉宏父子以栽杉木，木栽成林，分為（兩）股，

四　地主乙股，栽主乙股，不得異言。日後木砍下河，地

五　（歸）地主。恐口無憑，立有合同為據。

六　筆　金望

七　立有合同

八　光緒二十五年十月二十九日　立

九　角美英大路下边

十　山乙股

十一　高毫满夏

*此为六公光绪二十五年（1899年）十月二十九日租地栽杉合同，原件现保藏于张承久家中，原色影像典藏于贵州师范学院『中国山地民族特色文献数据库』，编号为ZCJ044。原件内容共11列123字。原件中有四处缺孔，并有严重褶皱。另有残片一片共3列14字。

编号：ZCJ045（260mm×500mm）

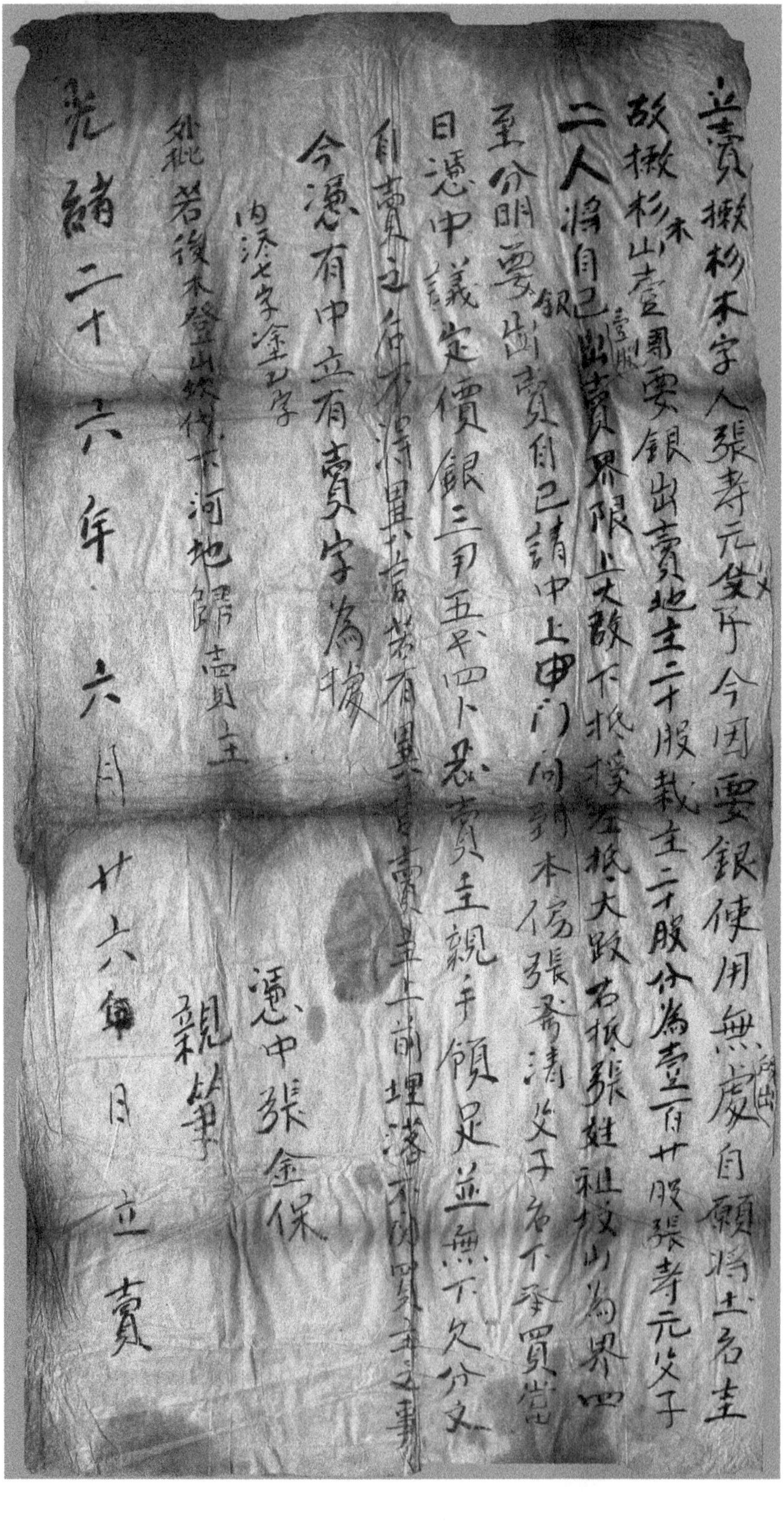
立賣撥杉木字人張壽元父子今因要銀使用無處自願將土名圭
敌撥杉木山壹團要銀出賣地主二十股栽主二十股分為壹百廿股張壽元父子
二人將自己出賣界限上大嶺下抵溪左抵大路右抵張姓祖坟山為界四
至分明要銀出賣自己請中上門問到本房張喬清父子名下承買當
日憑中議定價銀三兩五錢四分整其銀賣主親手領足並無下欠分文
自賣之后不得異言若有異言賣主上前理落不關買主之事
今憑有中立有賣字為據
內添七字塗乙字
外批若後木登山砍伐下河地歸賣主
憑中張金保
親筆
光緒二十六年六月廿六日立賣

ZCJ045　光绪二十六年六月二十六日张寿元等卖嫩杉木字*

一　立賣揪杉木字人張寿元■（父）子，今因要銀使用，無虜（所出），自願（将）土名圭

二　故揪杉（木）山壹團，要銀出賣。地主二十股，栽主二十股，分為壹百廿股，張寿元父子

三　二人（将）自己出賣（壹股），界限上大敵，下抵搩，左抵大（路），右抵張姓祖坟山為界，四

四　至分明。要出賣（銀），自己請中上■门问到本（房）張（發）清父子名下承買，當

五　日憑中議定價銀三（兩）五（錢）四（分）（整），賣主親手領足，並無下欠分文。

六　自賣之后，不淂異言。若有異言，賣主上前埋落，不（関）買主之事。

七　今憑有中，立有賣字為攄。

八　內（添）七字　塗乙字

九　外批：若後木登山坎伐下河，地歸賣主　憑中　張金保

十　親筆

十一　光緒二十六年　六月廿六■　日　立賣

---

* 此为张寿元父子光绪二十六年（1900年）六月二十六日卖嫩杉木字据，原件现保藏于张承久家中，原色影像典藏于贵州师范学院『中国山地民族特色文献数据库』，编号为ZCJ045。原件内容共11列220字。原件有明显水渍，并有严重褶皱。

编号：ZCJ046（400mm×510mm）

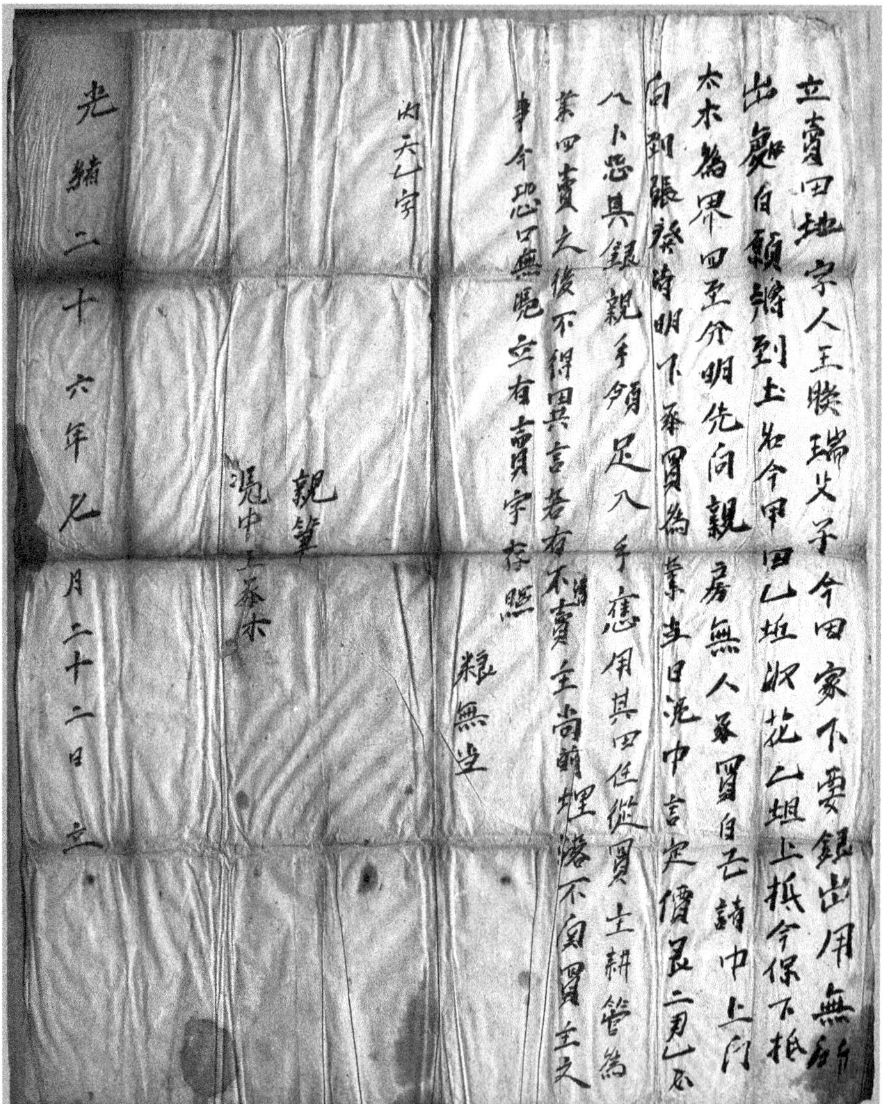

立賣田地字人王勝瑞父子今因家下要銀出用無所
出處自願將到土名中田山坡淑花山坦上抵今保下抵
太木為界四至分明先向親房無人承買自己請中上門
向到張發清明下承買為業當日憑中言定價艮二兩山乂
八卜忠具銀親手領足入手應用其田任從買主耕管為
業四賣之後不得異言若有不清賣主尚前理落不與買主之
事今恐口無憑立有賣字存照

糧無出

內添一字

親筆

憑中王發木

光緒二十六年乙月二十二日 立

ZCJ046　光绪二十六年七月二十二日王眹瑞等卖田地字*

一　立賣田地字人王眹瑞父子，今因家下要銀出用，無所

二　出處，自願將到土名今甲田乙坵，（收）花乙坦，上抵今保，下抵

三　太木為界，四至分明。先问親房，無人承買，自己請中上门

四　问到張（發）清明下承買為業。当日（凴）中言定價艮二（兩）乙（錢）

五　八（分）（整），其銀親手領足入手應用，其田任從買主耕管為

六　業。四賣之後，不得異言。若有不清，賣主尚前埋落，不（関）買主之

七　事。今恐口無（凴），立有賣字存照。

八　内夭乙字　粮無当

九　親筆

十　（凴）中　王承木

十一　光绪二十六年七月二十二日　立

*此为王眹瑞父子光绪二十六年（1900年）七月二十二日卖田地字据，原件现保藏于张承久家中，原色影像典藏于贵州师范学院『中国山地民族特色文献数据库』，编号为ZCJ046。原件内容共11列174字。原件有多处明显水渍，并有严重褶皱。

编号：ZCJ047（280mm×345mm）

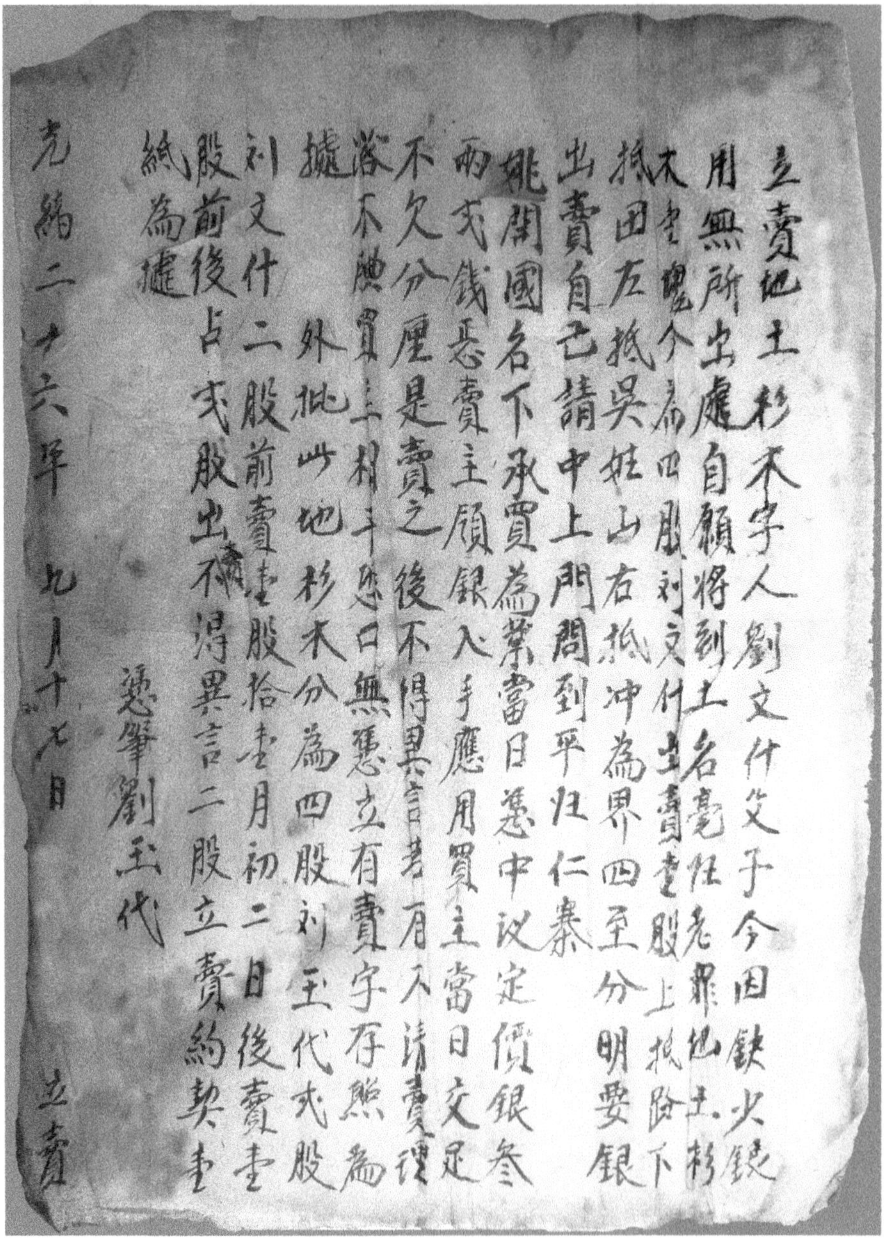

立賣地土杉木字人劉文什父子今因缺少銀
用無所出處自願將到土名亳杜毛罪地土杉
木壹塊今分為四股刘文什出賣壹股上抵路下
抵田左抵吳姓山右抵冲為界四至分明要銀
出賣自己請中上門問到平注仁寨
姚開國名下承買為業當日憑中議定價銀叁
兩弍錢整賣主領銀入手應用買主當日交足
不欠分厘是賣之後不得異言若有不清賣理
落不與買主相干恐口無憑立有賣字存照為
據　外批此地杉木分為四股刘玉代弍股
刘文什二股前賣壹股拾壹月初二日後賣壹
股前後占弍股出賣不得異言二股立賣約契壹
紙為據　憑筆劉玉代
光緒二十六年九月十七日　立賣

ZCJ047　光绪二十六年九月十七日刘文什等卖地土杉木字*

一　立賣地土杉木字人劉文什父子，今因缺少銀

二　用，無所出處，自願（将）到土名毫归老罪地土杉

三　木壹塊，分為四股，刘文什出賣壹股。上抵路，下

四　抵田，左抵吴姓山，右抵冲為界，四至分明。要銀

五　出賣，自己請中上門問到平归仁寨

六　姚開國名下承買為業，當日憑中议定價銀叁

七　两（弍）錢（整）。賣主領銀入手應用，買主當日交足，

八　不欠分厘。是賣之後，不得異言。若有不清，賣理

九　落，不與買主相干。恐口無憑，立有賣字存照為

十　據。　外批：此地杉木分為四股，刘玉代（弍）股，

十一　刘文什二股，前賣壹股，拾壹月初二日後賣壹

十二　股，前後占（弍）股出賣，不淂異言。二股立賣約契壹

十三　（紙）為據。

十四　憑筆　劉玉代

十五　光緒二十六年　九月十七日　立賣

---

*此为刘文什父子光绪二十六年（1900年）九月十七日卖地土杉木字据，原件现保藏于张承久家中，原色影像典藏于贵州师范学院『中国山地民族特色文献数据库』，编号为ZCJ047。原件内容共15列232字。原件有轻微污渍，并有明显纵向褶皱。

编号：ZCJ048（380mm×250mm）

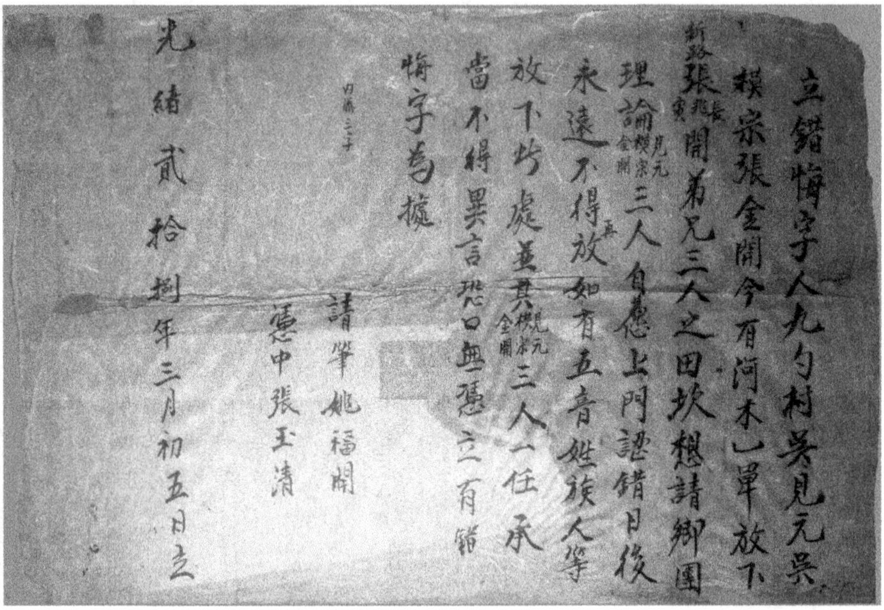

立錯悔字人九勺村吴見元吴
模宗張金開今有河木山單放下
新路張（寅兆長）開弟兄三人之田坎想請鄉團
理論（見元模宗金開）三人自愿上門認錯日後
永遠不得（再）放如有五音姓族人等
放下坎處並其（見元模宗金開）三人一任承
當不得異言恐口無憑立有錯
悔字為據

内添三字

請筆姚福開
憑中張玉清

光緒貳拾捌年三月初五日立

ZCJ048　光绪二十八年三月初五日吴见元等错悔字*

一　立錯悔字人九勺村吴見元、吴

二　模宗、張金開，今有河木乙單，放下

長

三　新路張兆開弟兄三人之田坎，想請鄉團

寅

見元

四　理論，模宗三人自愿上門認錯，日後

金開

再

五　永遠不得放。如有五音姓族人等

見元

六　放下此處，並其模宗三人一任承

金開

七　當，不得異言。恐口無憑，立有錯

八　悔字為據。

九　內（添）三字　　請筆　姚福開

十　　　　　　　　憑中　張玉清

十一　光緒貳拾捌年三月初五日　立

*此为吴见元、吴模宗、张金开光绪二十八年（1902年）三月初五日立错悔字据，原件现保藏于张承久家中，原色影像典藏于贵州师范学院『中国山地民族特色文献数据库』，编号为ZCJ048。原件内容共11列134字。原件中部有横向折痕。

编号：ZCJ049（225mm×260mm）

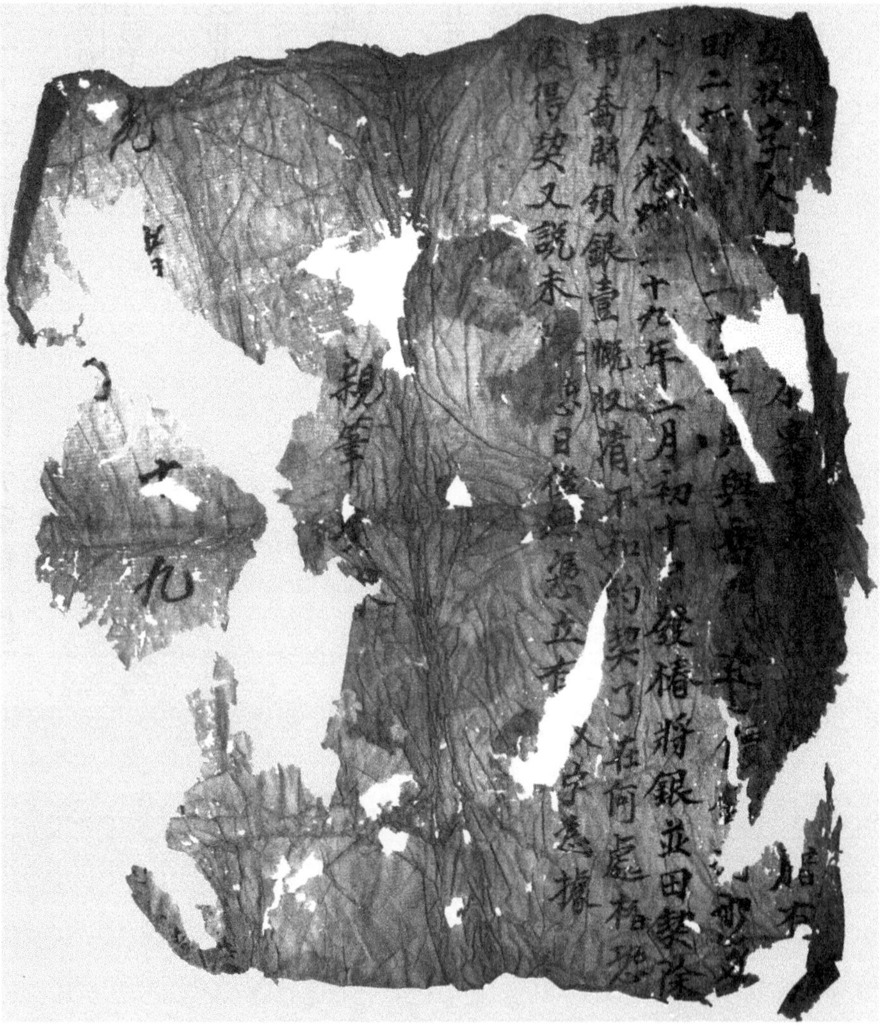

ZCJ049　光绪二十九年二月初十日张发椿典田字*

一　立(收)字人□□□□□本寨上房□□□□

二　田地二坵□□□二十□年典與喬開□價□□□□

三　八卜(整)。光緒二十九年二月初十□發椿(將)銀並田契除

四　轉，喬開領銀壹慨(收)清。不知約契了在何處，椿恐

五　後得契，又説未除，恐日後無憑，立有□字為據。

六　親筆　□□

七　光緒□□十九□□□□

*此为张发椿光绪二十九年(1903年)二月初十日典田地字据，因原件严重破损，内容无法完整识别，但根据原文可推断出该字据的订立时间为光绪二十九年二月初十日。原件现保藏于张承久家中，原色影像典藏于贵州师范学院『中国山地民族特色文献数据库』，编号为ZCJ049。原件内容共7列111字。

编号：ZCJ050（188mm×390mm）

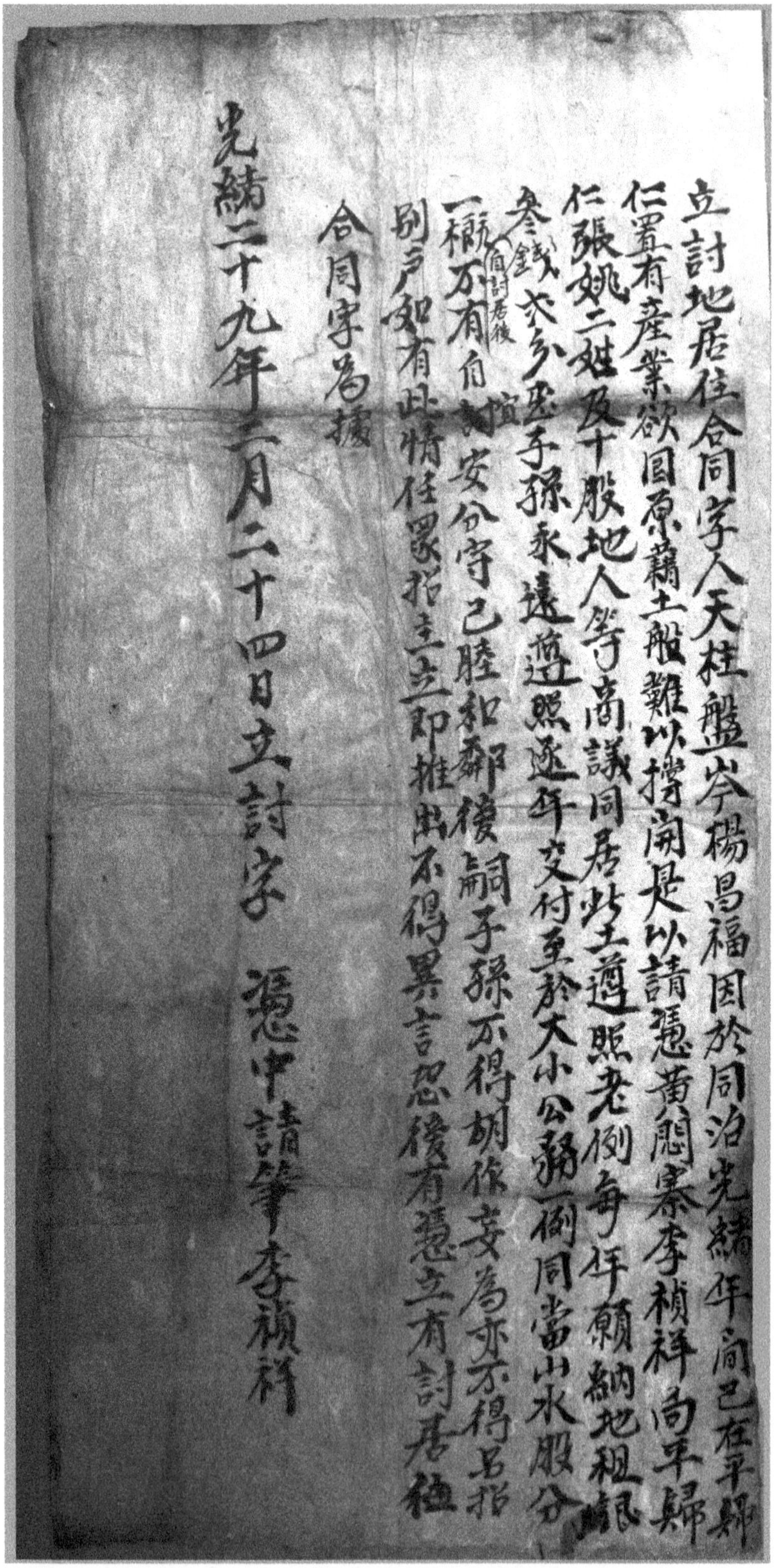

立討地居住合同字人天柱盤岑楊昌福因於同治光緒年間已在平歸
仁置有產業欲回原籍土船難以撐開是以請憑黃恩寨李禎祥向平歸
仁張姚二姓及十股地人等商議同居此土遵照老例每年額納地租銀
叁錢弍分正子孫永遠遵照逐年交付至於大小公務一例同當山水股分（自討居後）
一概不有自討宜安分守己睦和鄰後嗣子孫不得胡作妄為亦不得另指
別戶如有此情任眾指出立即推出不得異言恐後有憑立有討居據
合同字為據
光緒二十九年二月二十四日立討字　憑中請筆李禎祥

ZCJ050　光绪二十九年二月二十四日杨昌福讨地居住合同*

一　立討地居住合同字人天柱盤岑楊昌福，因於同治、光緒年間已在平（歸）

二　仁置有産業，欲回原籍，土般難以撐（開），是以請憑黄閟寨李禎祥向平（歸）

三　仁張、姚二姓及十股地人等商議同居此土。遵照老例，每年願納地租銀

四　叁錢（弍）分（整），子孫永遠遵照，逐年交付。至於大小公務，一例同當。山水股分

五　一概，不有自■。（自討居後　宜）安分守己睦和鄰，後嗣子孫不得胡作妄為，亦不得另招

六　別戶。如有此情，任眾招主立即推出，不得異言。恐後有憑，立有討居■

七　合同字為據。

八　光緒二十九年二月二十四日立討字　憑中請筆　李禎祥

*此为杨昌福光绪二十九年（1903年）二月二十四日讨地居住合同，原件现保藏于张承久家中，原色影像典藏于贵州师范学院『中国山地民族特色文献数据库』，编号为ZCJ050。原件内容共8列198字。原件有明显折痕。

编号：ZCJ051（190mm×290mm）

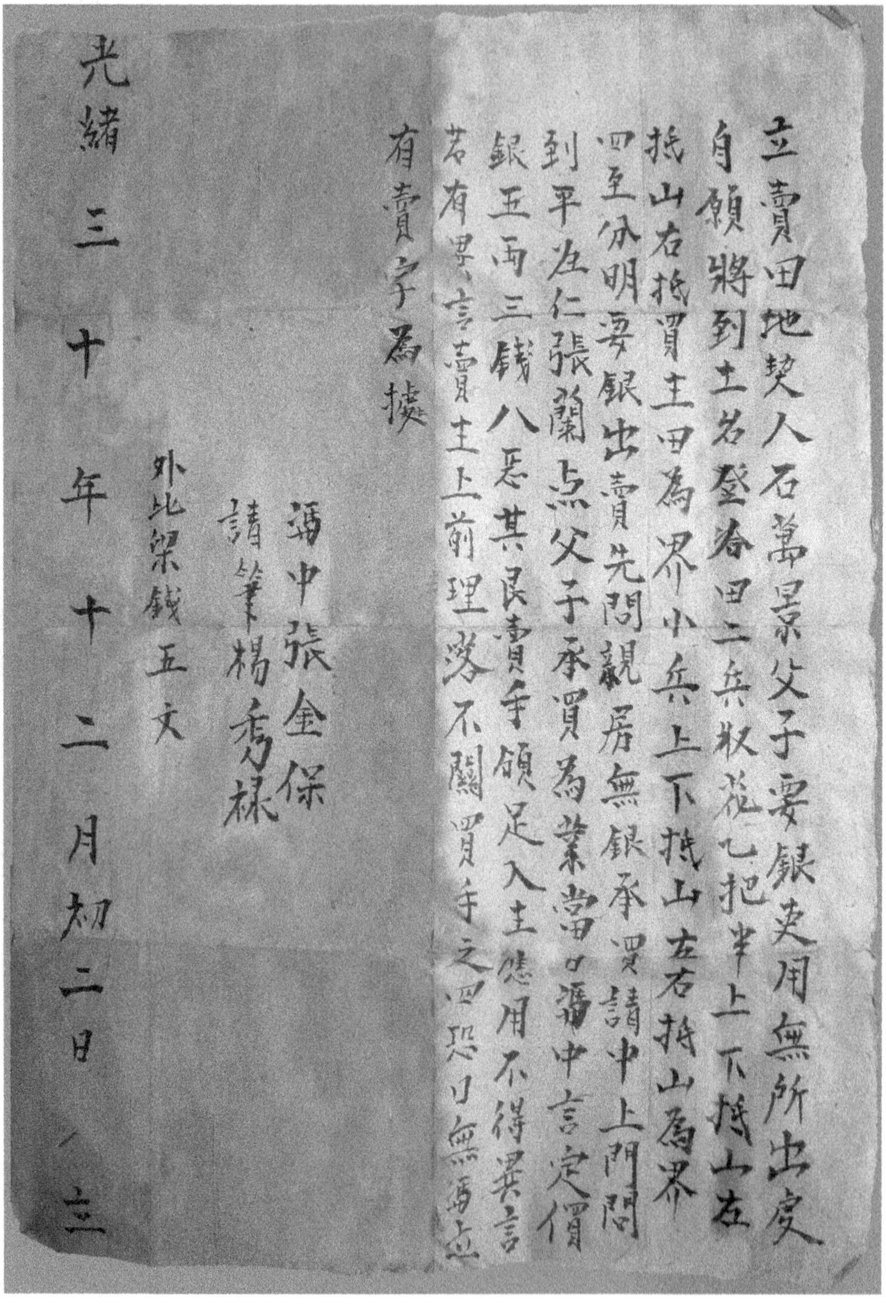
立賣田地契人石萬景父子要銀使用無所出處
自願將到土名登脊田二丘收花七把半上下抵山左
抵山右抵買主田為界小丘上下抵山左右抵山為界
四至分明要銀出賣先問親房無銀承買請中上門問
到平在仁張蘭点父子承買為業當日憑中言定價
銀五兩三錢八分其銀賣手領足入主應用不得異言
若有異言賣主上前理落不關買手之事恐口無憑立
有賣字為據
憑中 張金保
請筆 楊秀祿
外批架錢五文
光緒三十年十二月初二日 立

ZCJ051　光绪三十年十二月初二日石万景等卖田地契*

一　立賣田地契人石萬景父子，要銀吏用，無所出虔，

二　自願將到土名登洽田二兵，(收)花乙把半，上下抵山，左

三　抵山，右抵買主田為界；小兵上下抵山，左右抵山為界，

四　四至分明。要銀出賣，先問親房，無銀承買，請中上門問

五　到平归仁張蘭点父子承買為業。當日(憑)中言定價

六　銀五(兩)三錢八(整)，其艮賣手領足入主應用，不得異言。

七　若有異言，賣主上前理落，不關買手之四。恐口無(憑)，立

八　有賣字為撼。

九　(憑)中　張金保

十　請筆　楊秀禄

十一　外比　柴錢五文

十二　光緒　三十年十二月初二日　立

*此为石万景父子光绪三十年(1904年)十二月初二日卖田地契约，原件现保藏于张承久家中，原色影像典藏于贵州师范学院『中国山地民族特色文献数据库』，编号为ZCJ051。原件内容共12列177字。

编号：ZCJ052（200mm×360mm）

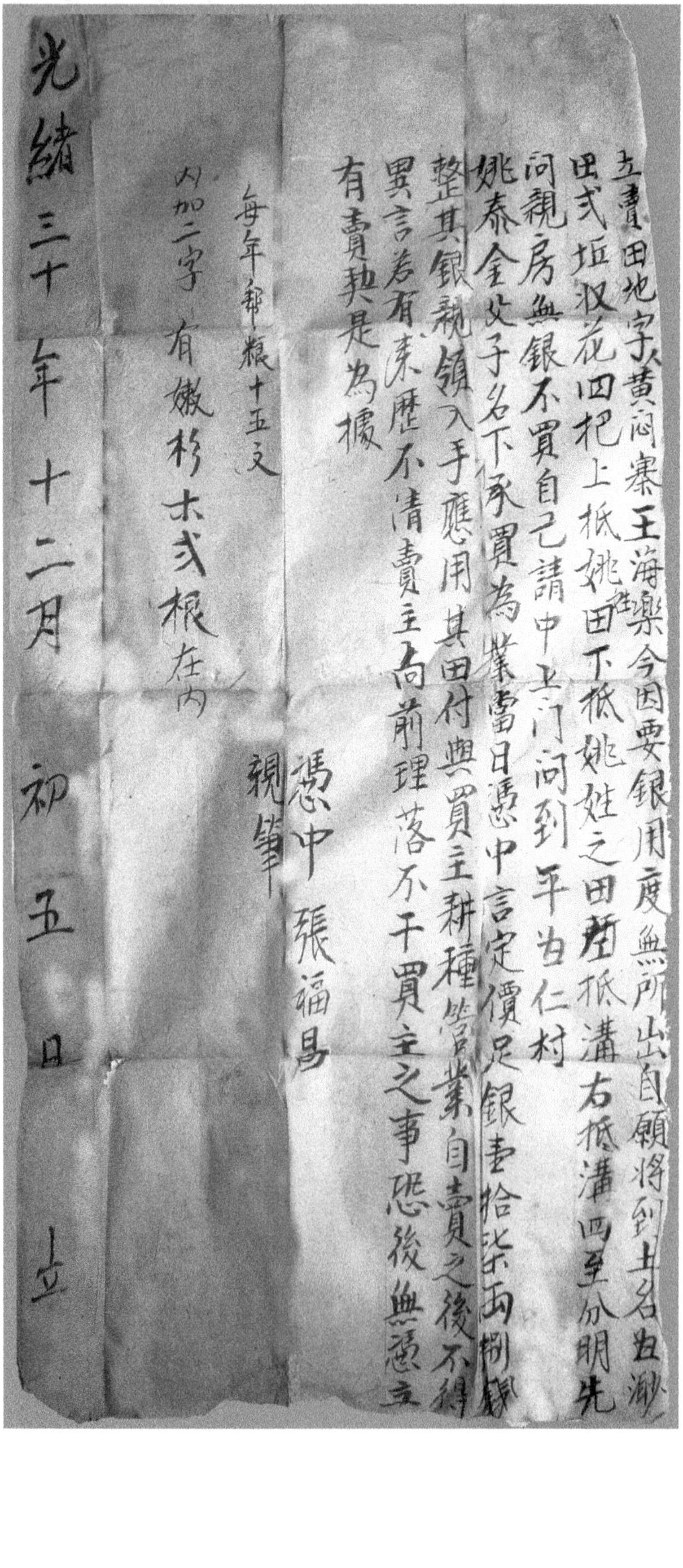
立賣田地字人黄岡寨王海樂今因要銀用度無所出自願將到土名丑瀲
田弍坵収花四把上抵姚姓田下抵姚姓之田左抵潘右抵潘四至分明先
問親房無銀不買自己請中上门問到平当仁村
姚泰金父子名下承買為業當日憑中言定價足銀壹拾柒兩捌錢
整其銀親領入手應用其田付與買主耕種管業自賣之後不得
異言若有來歷不清賣主向前理落不干買主之事恐後無憑立
有賣契是為據

憑中 張福昌

每年郵糧十五文
内加二字 有嫩杉木弍根在内

親筆

光緒三十年十二月初五日 立

ZCJ052　光绪三十年十二月初五日王海乐卖田地字*

一　立賣田地字人黄闷寨王海樂，今因要銀用度，(無)所出，自願(将)到土名归渺

二　田式坵，(收)花四把，上抵姚姓田，下抵姚姓之田，左抵溝，右抵溝，四至分明。先

三　问親房，(無)銀不買，自己請中上门问到平归仁村

四　姚泰金父子名下承買為業。當日憑中言定價足銀壹拾柒(兩)捌錢

五　整，其銀親領入手應用，其田付與買主耕種管業。自賣之後，不得

六　異言。若有來歷不清，賣主向前理落，不干買主之事。恐後(無)憑，立

七　有賣契是為據。

八　　　　憑中　張福昌

九　　　　親筆

十　每年帮粮十五文

十一　内加二字　有嫩杉木式根在内

十二　光緒　三十年十二月　初五日　　立

*此为王海乐光绪三十年(1904年)十二月初五日卖田地字据，原件现保藏于张承久家中，原色影像典藏于贵州师范学院『中国山地民族特色文献数据库』，编号为ZCJ052。原件内容共12列197字。原件左下方有一处缺孔，并有明显折痕。

编号：ZCJ053（410mm×570mm）

立賣田字人吳漢文今因缺少銀用無所出處自
愿將到土名岑甲冲大小田三坵收花二把上抵王開
坐下抵王貴榮之田左抵山右抵山四處分明凭問親房無銀
承買自己請中上門問到張發興承買為業當日憑中言
定價銀七兩六錢八分整其銀賣主親領入手應用其田四界主
永遠耕種為業自賣之後不得異言若有異言主有
賣字存照為據
外批每年幫糧六廿文　中　老元平在場
憑中　張参開
親筆
光緒三十一年五月初

ZCJ053　光绪三十一年五月初十日吴汉文卖田字*

一　立賣田字人吴漢文，今因缺少（銀）用，（無）所出處，自

二　愿将到土名岑甲冲大小田三丘，（收）花二把，上抵王開

三　照，下抵王贵荣之田，左抵山，右抵山，四處分明。先问親房，無（銀）

四　承買，自己請中上門问到張（發）（興）承買為業。当日（凴）中言

五　定價（銀）七（兩）六（錢）八（分）（整），其（銀）賣主親領入手應用，其田買主

六　永遠耕（管）為業。自賣之後，不得異言。若有異言，立有

七　賣字存照為攄。

八　外批：每年帮粮（錢）廿文　　中荒平在内

九　　　　（凴）中　張（喬）（開）

十　　　　親筆

十一　光绪三十一年五月初十日　立

* 此为吴汉文光绪三十一年（1905年）五月初十日卖田字据，原件现保藏于张承久家中，原色影像典藏于贵州师范学院『中国山地民族特色文献数据库』，编号为ZCJ053。原件内容共11列169字。原件中有多处虫蚀缺孔，并有明显折痕和水渍。

编号：ZCJ054（290mm×460mm）

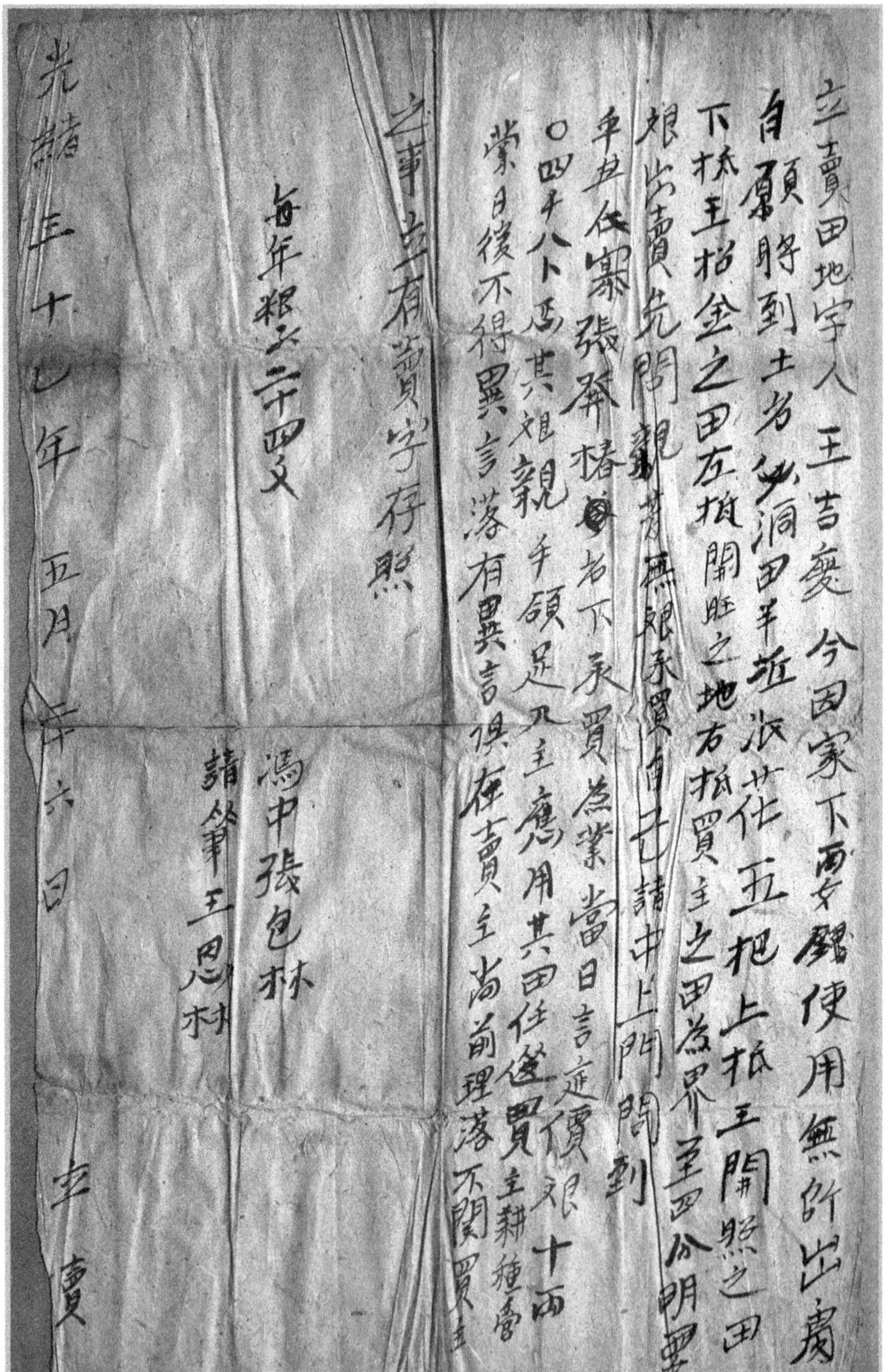

立賣田地字人王吉燮今因家下要錢使用無所出處
自願將到土名 洞田半坡浓花伍五把上抵王開照之田
下抵王裕金之田左抵開旺之地右抵買主之田為界四至分明要
銀出賣先問親族無銀承買自己請中上門問到
平丑寨張秀椿名下承買為業當日言定價銀十兩
〇四千八百文其銀親手領足入主應用其田任從買主耕種管
業日後不得異言落有異言俱在賣主尚前理落不関買主
之事立有賣字存照
每年粮六二十四文
憑中張包林
請筆王恩林
光緒三十乙年五月廿六日 立賣

ZCJ054　光绪三十一年五月二十六日王吉庆卖田地字*

一　立賣田地字人王吉慶，今因家下要銀使用，無（所）出（處），

二　自願將到土名必洞田半坵，（收）花五把，上抵王開照之田，

三　下抵王招金之田，左抵開旺之地，右抵買主之田為界，至四分明。要

四　（銀）出賣，先問親芳，無（銀）承買，自己請中上門問到

五　平归仁寨張發椿■名下承買為業。當日言定價（銀）十（兩）

六　〇四（錢）八（分）（整），其（銀）親手領足入主應用，其田任（從）買主耕種（管）

七　（業），日後不得異言。落有異言，俱在賣主尚前理落，不閔買主

八　之事。立有賣字存照。

九　　　　　每年粮（錢）二十四文

十　　　　　　　　　　憑中　張包林

十一　　　　　　　　　請筆　王恩林

十二　光緒三十乙年五月二十六日　立賣

*此为王吉庆光绪三十一年（1905年）五二月二十六日卖田地字据，原件现保藏于张承久家中，原色影像典藏于贵州师范学院『中国山地民族特色文献数据库』，编号为ZCJ054。原件内容共12列197字。原件有明显折痕和褶皱。

编号：ZCJ055（410mm×560mm）

立賣田地契字人張蘭華今因要銀用度無所出處自願將到盤
老加滿田三坵収花三百二十斤 抵山下抵田左抵買主山右抵祖墳山為
界四處分明要銀出賣先問親房無銀承買自己請中上門問到上房
張發椿父子名下承買耕管為業當日憑中三面議定價銀貳拾兩零捌分整
其銀親手領足應用不欠分厘自賣之後不得異言若有異言俱在賣主理
落不干買主之事恐日後無憑立有賣字存照為據
憑中張蘭理
張永年
代筆張廣林
光緒叁拾壹年六月初一日 立賣

ZCJ055　光绪三十一年六月初一日张兰华卖田地契*

一　立賣田地契字人張蘭華，今因要銀用度，無所出處，自願將到盤

二　老加溝田三坵，(收)花三百二十斤。□抵山，下抵田，左抵買主山，右抵祖墳山為

三　界，四處分明。要銀出賣，先問親房，無銀承買，自己請中上門問到上房

四　張發椿父子名下承買耕管為業。當日憑中三面議定價銀貳拾(兩)零捌分整，

五　其銀親手領足應用，不欠分厘。自賣之後，不得異言。若有異言，俱在賣主理

六　落，不干買主之事。恐日後無憑，立有賣字存照為據。

七

八　　　　憑中　張蘭理
　　　　　　　　　永年

九　　　　代筆　張廣林

十　光緒叁拾壹年六月初一日　　　立　賣

*此为张兰华光绪三十一年(1905年)六月初一日卖田地契约，原件现保藏于张承久家中，原色影像典藏于贵州师范学院『中国山地民族特色文献数据库』，编号为ZCJ055。原件内容共10列186字。原件中有多处虫蚀缺孔，并有明显折痕和水渍。

编号：ZCJ056（400mm×500mm）

立賣田地契字人[illegible]房[illegible]今因要銀使用無處所出
自願將到地名朴孤六田乙坵收花乙𥞑五卡上抵龍姓下抵
姚壽長田左抵姚姓荒坪右抵大路為界四至分明要賣出
賣[illegible]房族[illegible]中上門問到姚[illegible]內引
承買為業當日憑中言定價良三兩八[illegible]八[illegible]正其良
[illegible]親手領足應其田[illegible]邊管業自賣之後
[illegible]
憑中[illegible]清 發椿 金保
代筆龍金望
光緒三十二年四月初四日

ZCJ056　光绪三十二年四月初四日张启乔卖田地契*

一　立賣田地契字人本房張啟(喬)，今因要銀使用，(無)所出处，

二　自願将到地名扒孤六田乙坵，(收)花乙■百五十斤。上抵龍姓山，下抵

三　姚壽長田，左抵姚姓荒坪，右抵大路為界，四至分明。要艮出

四　賣，□問房族，(無)□□買，□□□中上門問到姚氏内引

五　承買為業。当日(凴)中言定價艮三(兩)八(錢)八(分)(整)，其艮

六　賣主領足應用，其田買□永遠管業。自賣之后，不

七　得異言。□□□(凴)，立□□為據。

八　　　　　　(凴)中　張□清　發椿
　　　　　　　　　　玉宏　金保

九　内(添)四字

十　　　　　　代筆　張金望

十一　光緒三十二年四月初四日　　立

---

*此为张启乔光绪三十二年(1906年)四月初四日卖田地契约，原件现保藏于张承久家中，原色影像典藏于贵州师范学院『中国山地民族特色文献数据库』，编号为ZCJ056。原件内容共11列176字。原件破损严重，有大面积缺孔和严重褶皱，多处内容无法辨识。

编号：ZCJ057（280mm×380mm）

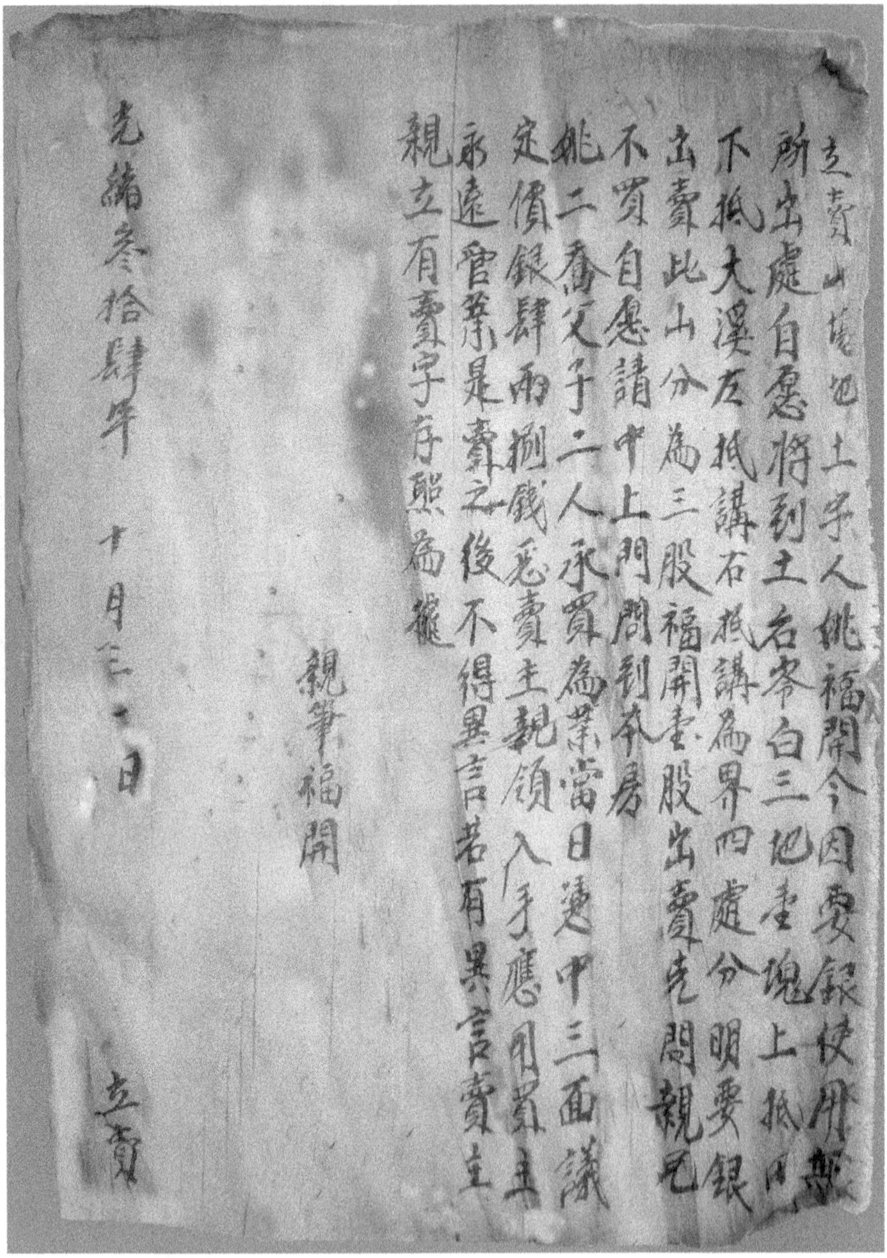
立賣山塲地土字人姚福開今因要銀使用無
所出處自愿將到土名岑白三地壹塊上抵田
下抵大溪左抵講右抵講為界四處分明要銀
出賣此山分為三股福開壹股出賣先問親兄
不買自愿請中上門問到本房
姚二喬父子二人承買為業當日憑中三面議
定價銀肆兩捌錢恐賣主親領入手應用買主
永遠管業是賣之後不得異言若有異言賣主
親立有賣字存照為據

親筆福開

光緒叁拾肆年　十月三十日　立賣

ZCJ057　光绪三十四年十月三十日姚福开卖山场地土字*

一　立賣山場地土字人姚福開，今因要銀使用，無

二　所出處，自愿（将）到土名岑白三地壹塊，上抵田，

三　下抵大溪，左抵講，右抵講為界，四處分明，要銀

四　出賣。此山分為三股，福開壹股出賣。先問親兄，

五　不買，自愿請中上門問到本房

六　姚二喬父子二人承買為業。當日憑中三面議

七　定價銀肆（兩）捌錢（整），賣主親領入手應用，買主

八　永遠（管）業。是賣之後，不得異言。若有異言，賣主

九　親立有賣字存照為據。

十　　　　親筆　福開

十一　光緒叁拾肆年　十月三十日　　立賣

*此为姚福开光绪三十四年（1908年）十月三十日卖山场地土字据，原件现保藏于张承久家中，原色影像典藏于贵州师范学院『中国山地民族特色文献数据库』，编号为ZCJ057。原件内容共11列164字。

编号：ZCJ058（350mm×450mm）

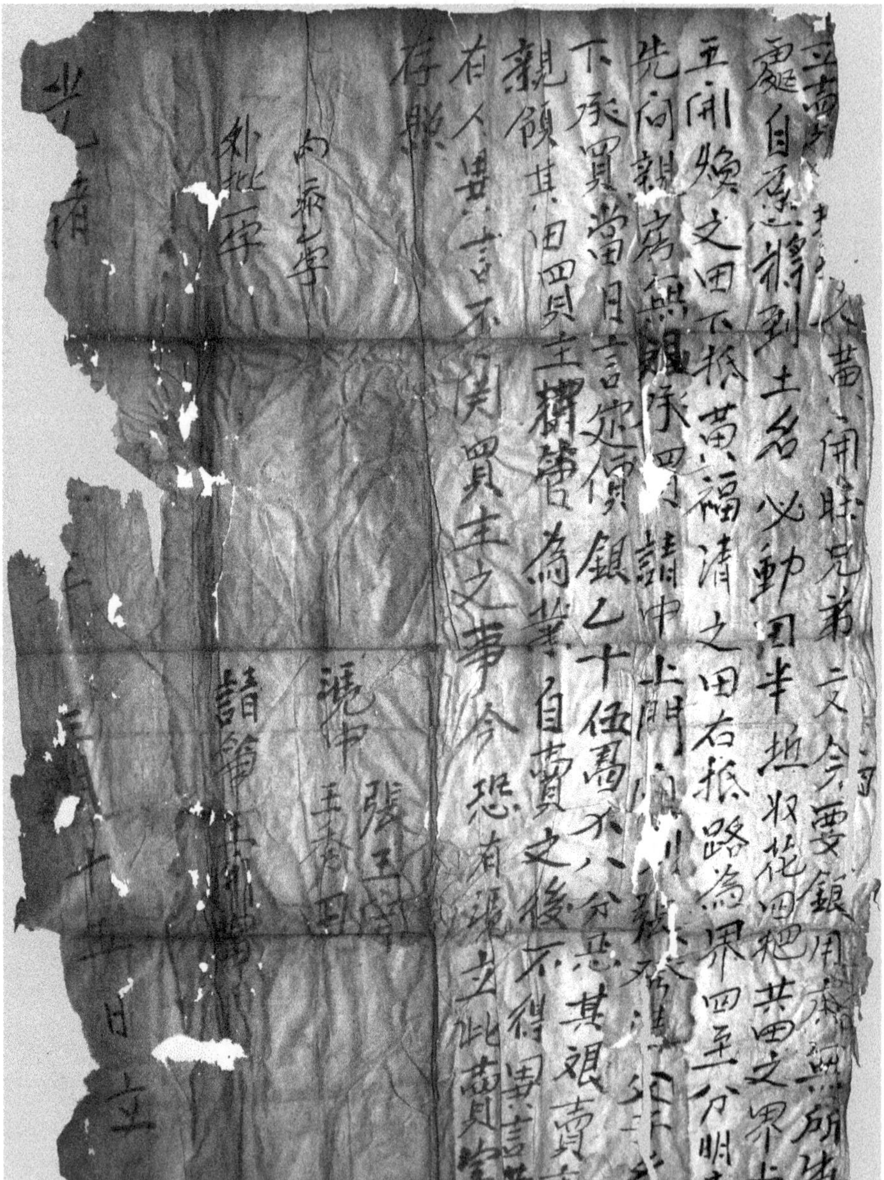

立賣[illegible]人黃開旺兄弟二人今要銀用無所出
處自愿將到土名必動田半坵收花四把共田之界上抵
王開煥之田下抵黃福清之田右抵路為界四至分明先
先问親房無銀承買請中上門[illegible]
下承買當日言定價銀乙十伍兩[illegible]八分悉其銀賣主
親領其田買主耕管為業自賣之後不得異言若
有人異言不關買主之事今恐有憑立此賣字
存照

內添一字
外批一字

憑中 [illegible] 張玉[illegible]

請筆 [illegible]

光緒[illegible]十[illegible]月[illegible]日立

ZCJ058　光绪□□年三月十五日黄开旺等卖田字*

一　立賣□□字人黃(開)(旺)兄弟二人，因今要銀用度，無所出

二　處，自愿(將)到土名必動田半坵，(收)花四把，共田之界，上抵

三　王(開)煥之田，下抵黃福清之田，右抵路為界，四至分明。先

四　先问親房，無(銀)承買，請中上門问到張(發)清父子名

五　下承買。當日言定價銀乙十伍(兩)四(錢)八分(整)，其(銀)賣主

六　親領，其田買主耕管為業。自賣之後，不得異言。若

七　有人異言，不(関)買主之事。今恐有(凭)，立此賣字

八　存照。

九　內(添)乙字　　(凭)中　張玉(開)　王秀田

十　外批一字　　請筆　王(開)富

十一　光緒□□年三月十五日　立

*此为黄开旺兄弟光绪□□年三月十五日卖田字据，原件现保藏于张承久家中，原色影像典藏于贵州师范学院『中国山地民族特色文献数据库』，编号为ZCJ058。原件内容共11列180字。原件破损严重，有多处裂痕和虫蚀缺孔，并有明显褶皱。

编号：ZCJ059（340mm×355mm）

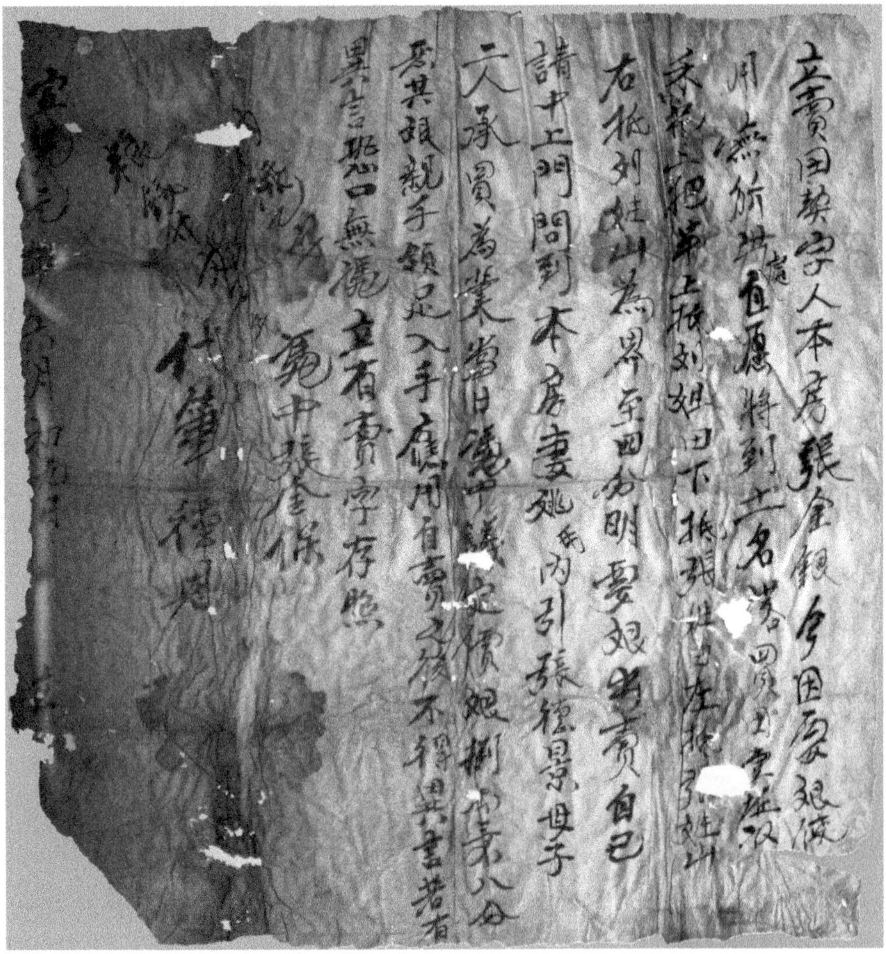

ZCJ059　宣统元年六月初九日张金银卖田契*

一　立賣田契字人本房張金銀，今因要（銀）使

二　用，無所出，處自愿將到圡名落買田壹坵，（收）

三　禾花三把半，上抵刘姓田，下抵張姓田，左抵張姓山，

四　右抵刘姓山為界，至四分明。要（銀）出賣，自己

五　請中上門問到本房妻姚氏内引、張德景母子

六　二人承買為業。當日（凴）中議定價（銀）捌（兩）三（錢）八分

七　（整），其（銀）親手領足入手應用。自賣之後，不得異言。若有

八　異言，恐口無（凴），立有賣字存照。

九　内（添）乙字　　　　（凴）中　張金保

十　粮錢卄文每年　　　代筆　　德恩

十一　宣統元年六月初九日　立

＊此为张金银宣统元年（1909年）六月初九日卖田契约，原件现保藏于张承久家中，原色影像典藏于贵州师范学院『中国山地民族特色文献数据库』，编号为ZCJ059。原件内容共11列170字。原件中有明显污渍，并有多处虫蚀缺孔，纸张已经絮化。

编号：ZCJ060（450mm×265mm）

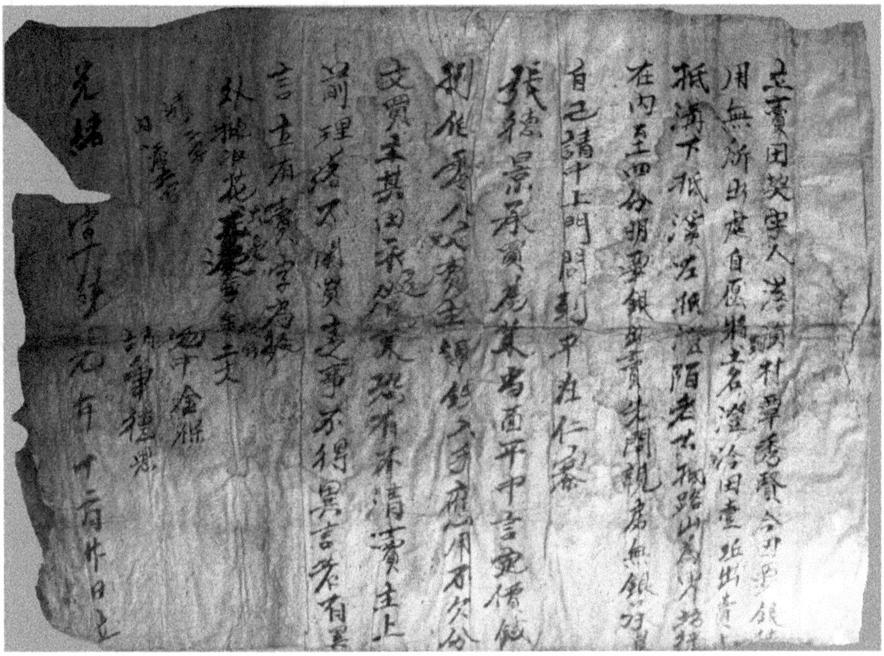

ZCJ060　宣统元年十二月二十一日覃秀贤卖田契*

一　立賣田契字人落買村覃秀賢，今因要銀使

二　用，無所出處，自愿將[到]土名澄冷田壹坵出賣，上

三　抵溝，下抵溪，左抵澄陌老，右抵路山為界，坊坪

四　在内，至四分明。要銀出賣，先問親房，無銀承買，

五　自己請中上門問到平归仁寨

六　張德景承買為業。当面平中言定價錢

七　捌佰零八(整)，賣主領錢入手應用，不欠分

八　文，買主其田永[遂]管業。恐有不清，賣主上

九　前理落，不関買主之事。不得異言，若有異

十　言，立有賣字為攄。

十一　外批：(收)花[式邊]■■■■[粮錢]每年二文

十二　續二字　　(凴)中　金保

十三　内(添)二字　　請筆　德恩

十四　光緒　宣統　元年十二月廿一日　立

*此为覃秀贤宣统元年(1909年)十二月二十一日卖田契约，原件现保藏于张承久家中，原色影像典藏于贵州师范学院『中国山地民族特色文献数据库』，编号为ZCJ060。原件内容共14列194字。原件中有明显污渍和褶皱。

编号：ZCJ061（400mm×270mm）

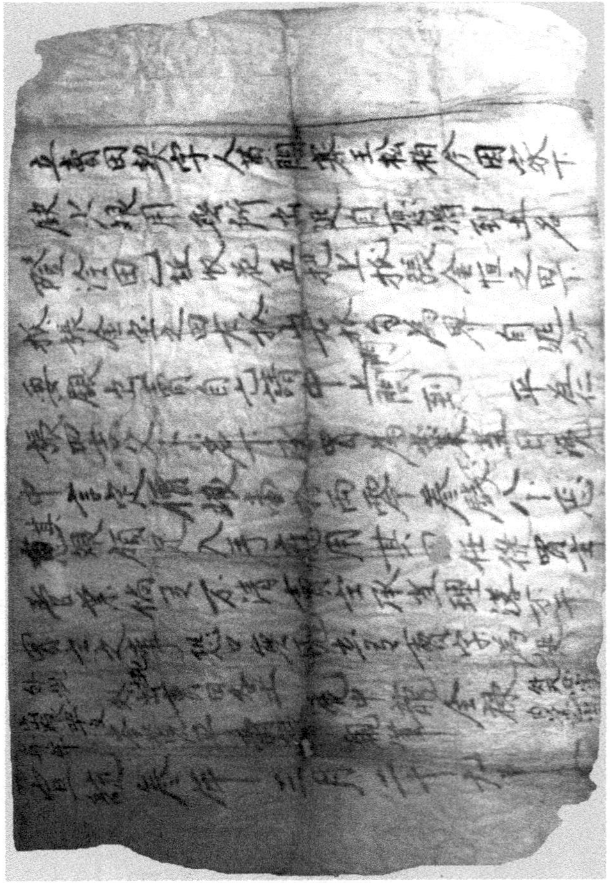

立賣田契字人高闖寨王松柏今因家下
缺少銀用無所出處自愿將到土名
陰塗田一坵收花五把上抵張金恒之田下
抵張金室之田左抵山右抵[illegible]為界自愿分
要銀出賣自己請中上門問到 平岑
張田壽父子[illegible]承買為業當日憑
中言定價銀[illegible]兩零叁錢八分[illegible]
其銀領足入手應用其田任從買主
管業倘有不清賣主承當理落[illegible]
賣字之筆[illegible]口無憑立賣字為據
外批 [illegible]
[illegible] 憑中 龍金祿
[illegible]
宣統叁年 三月二十九[illegible]

ZCJ061 宣统三年三月二十九日王松柏卖田契*

一 立賣田契字人黄悶寨王松柏，今因家下

二 鈌少(銀)用，(無)所(出)(処)，自愿將到土名

三 隥泠田乙坵，収花五把，上抵張金恒之田，下

四 抵張金宝之田，左抵山，右抵勾為界，自(処)分。

五 要銀出賣，自己請中上問(門)到 平归仁

六 張四吉父子名下承買為業，当日(凴)

七 中言定價(銀)壹拾(兩)零叁錢八(分)(整)。

八 ■(其)(銀)領足入手應用，其田任從買主

九 (管)業。倘有不清，賣主承当理落，不干

十 買主之事。恐口(無)(凴)，立有賣字為(拠)。

十一 外(批)：出賣田各土 (凴)中 龍全禄 外天两字 内塗乙字

十二 外批：出粮四十文 每年岑荒平爵垠 親筆

十三 宣統叁年 三月二十九日 立

*此为王松柏宣统三年(1911年)三月二十九日卖田契约，原件现保藏于张承久家中，原色影像典藏于贵州师范学院『中国山地民族特色文献数据库』，编号为ZCJ061。原件内容共13列196字。原件中有两处缺孔，并有明显折痕和污渍。

编号：ZCJ062（440mm×260mm）

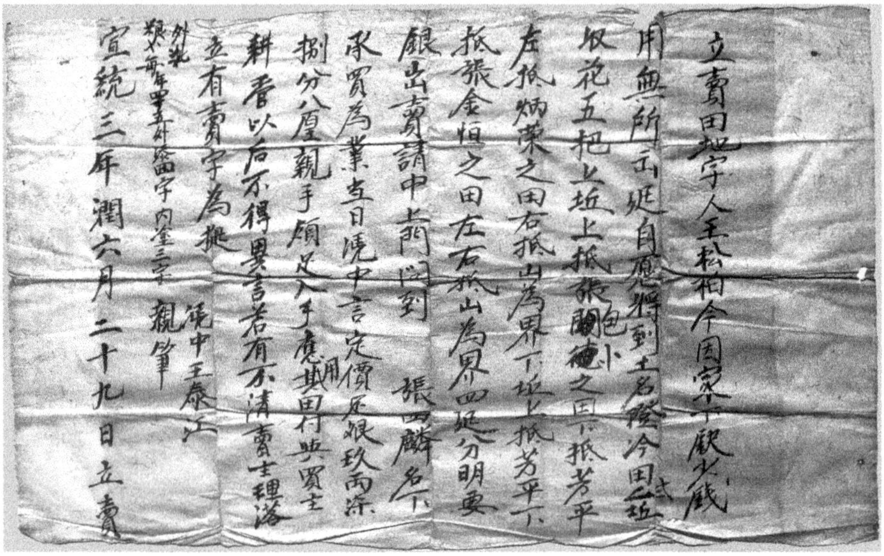

立賣田地字人王松柏今因家下缺少錢
用無所出延自愿將到土名登冷田二坵式
收花五把上坵上抵張關德之田下抵芳平
左抵炳榮之田右抵山為界下坵上抵芳平下
抵張金恒之田左右抵山為界四延分明要
銀出賣請中上門問到 張四麟名下
承買為業當日憑中言定價足銀玖兩溙
捌分八厘親手領足入手應用其田付與買主
耕管以后不得異言若有不清賣主理落
立有賣字為據
外批 粮人每年四五分 添字內塗三字 凴中王泰江 親筆
宣統三年潤六月二十九日立賣

ZCJ062　宣统三年润六月二十九日王松柏卖田地字*

一　立賣田地字人王松柏，今因家下鈌少錢

二　用，無所(出)(処)，自愿(將)到土名隥冷田■[弍]坵，

三　收花五把。上坵上抵张■■[包卜]之田，下抵芳平，

四　左抵炳荣之田，右抵山为界；下坵上抵芳平，下

五　抵張金恒之田，左右抵山為界，四(処)分明。要

六　銀出賣，請中上門问到　張四麟名下

七　承買為業。当日(凴)中言定價足(銀)玖(兩)柒

八　捌分八(厘)，親手領足入手應[用]，其田付與買主

九　耕(管)。以后不得異言，若有不清，賣主理落，

十　立有賣字為(拠)。

十一　外批　　(凴)中　王泰江

十二　粮(錢)每年四十五　外(添○四字　内塗三字　親筆

十三　宣統三年潤六月二十九日　立賣

*此为王松柏宣统三年(1911年)润六月二十九日卖田地字据，原件现保藏于张承久家中，原色影像典藏于贵州师范学院『中国山地民族特色文献数据库』，编号为ZCJ062。原件内容共13列191字。原件有明显折痕。

编号：ZCJ063（380mm×270mm）

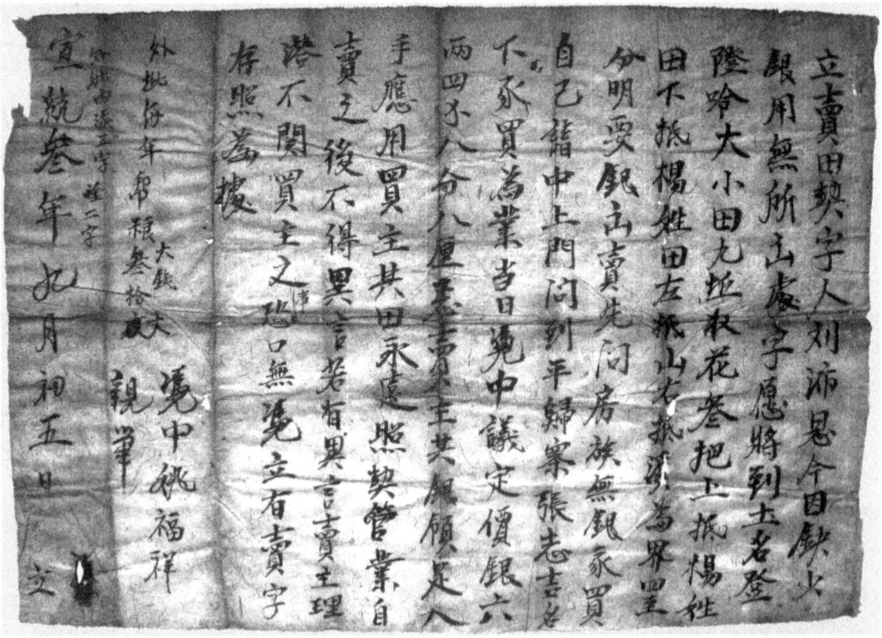
立賣田契字人刘沛恳今因缺少
銀用無所出處字愿將到土名登
隆岭大小田九坵收花叁把上抵楊姓
田下抵楊姓田左抵山右抵溪為界四至
分明要銀出賣先问房族無銀承買
自己請中上門问到平歸寨張志吉名
下承買為業当日憑中議定價銀六
兩四錢八分八厘整其銀賣主親領足入
手應用買主其田永遠照契管業自
賣之後不得異言若有異言賣主理
落不関買主之事恐口無憑立有賣字
存照為據
外批係年帶粮叁拾大錢大
憑中姚福祥
親筆
外批内添三字塗二字
宣統叁年九月初五日 立

ZCJ063 宣统三年九月初五日刘沛恩卖田契*

一 立賣田契字人刘沛恩，今因鈌少

二 銀用，無所（出）虜，字愿將到土名登

三 隥吟大小田九坵，（收）花叁把，上抵楊姓

四 田，下抵楊姓田，左抵山，右抵溪為界，四至

五 分明。要銀（出）賣，先问房族，無銀承買，

六 自己请中上門问到平（歸）寨张志吉名

七 下承買為業。当日（凴）中議定價銀六

八 两四（錢）八分八厘（整），賣主其银領足入

九 手應用，買主其田永遠照契管業。自

十 賣之後，不得異言。若有異言，賣主理

十一 落，不関買主之事。恐口無（凴），立有賣字

十二 存照為據。 凴中 姚福祥

十三 外批：每年帮粮叁拾大錢■文 親筆

十四 外妣：内（添）三字 塗二字 ■

十五 宣（統）叁年九月初五日 立

*此为刘沛恩宣统三年（1911年）九月初五日卖田契约，原件现保藏于张承久家中，原色影像典藏于贵州师范学院『中国山地民族特色文献数据库』，编号为ZCJ063。原件内容共15列199字。原件有多处虫蚀缺孔，并有明显折痕。

编号：ZCJ064（150mm×280mm）

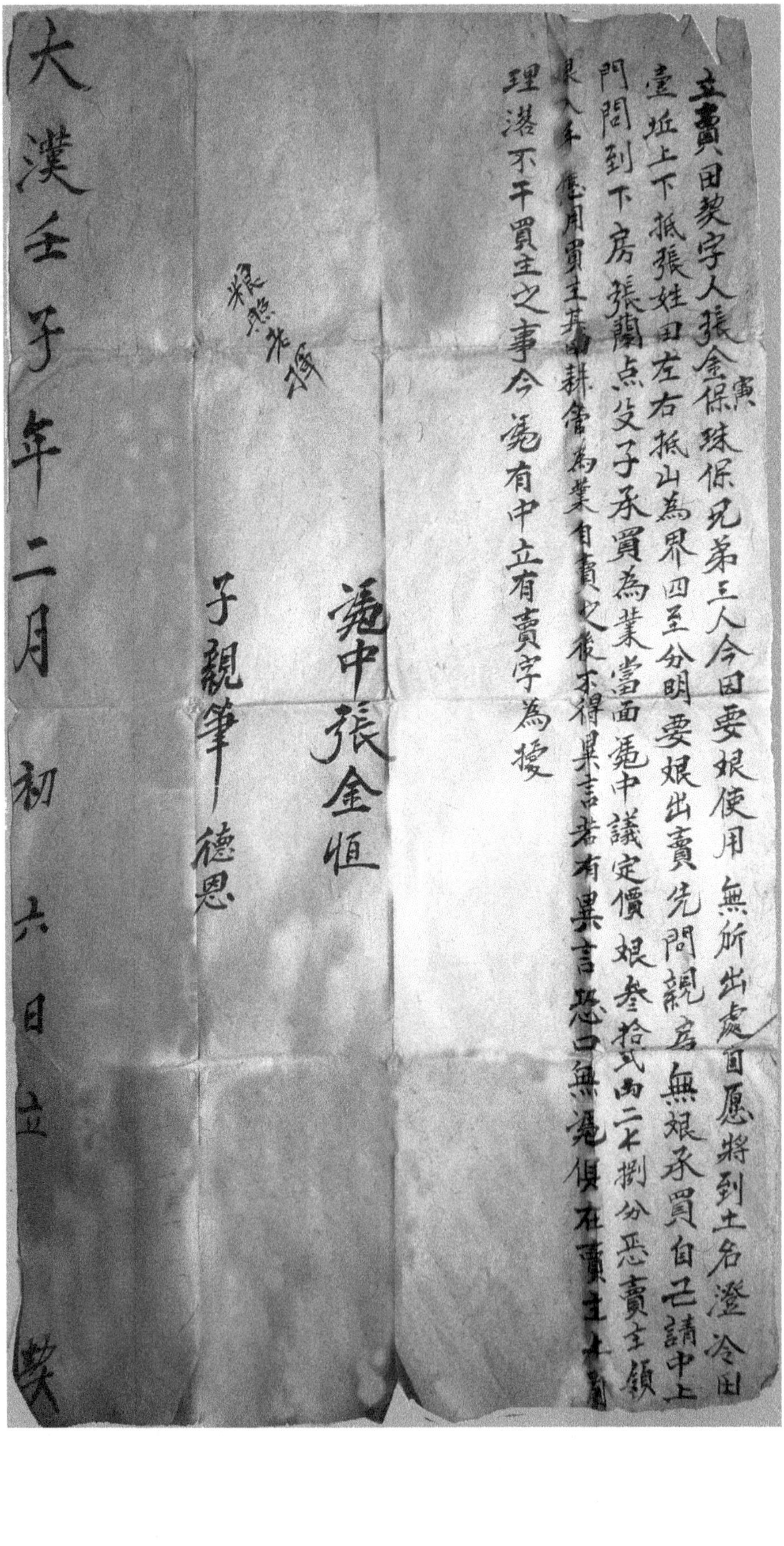
立賣田契字人張金保寅珠保兄弟三人今因要銀使用無所出處自愿將到土名澄冷田
壹坵上下抵張姓田左右抵山為界四至分明要銀出賣先問親房無銀承買自己請中上
門問到下房張蘭点父子承買為業當面憑中議定價銀叁拾貳两二木捌分恐賣主領
銀入手應用買主耕管為業自賣之後不得異言若有異言恐口無憑俱在賣主上前
理落不干買主之事今憑有中立有賣字為據

粮照老册

憑中張金恒

子親筆 德恩

大漢壬子年二月初六日立契

ZCJ064　民国元年二月初六日张金寅等卖田契*

一　立賣田契字人張金寅/保、珠保兄弟三人，今因要(銀)使用，無所出處，自愿將到土名澄冷田

二　壹坵，上下抵張姓田，左右抵山為界，四至分明。要(銀)出賣，先问親房，無(銀)承買，自己請中上

三　門問到下房张蘭点父子承買為業。當面(凴)中議定價(銀)叁拾弍(兩)二(錢)捌分(整)，賣主領

四　(銀)入手應用，買主其田耕管為業。自賣之後，不得異言。若有異言，恐口無凴，俱在賣主上前

五　理落，不干買主之事。今(凴)有中，立有賣字為(據)。

六　(凴)中　張金恒

七　粮照老揮　子親筆　德恩

八　大漢壬子年二月初六日　立契

---

*此为张金寅、张金保、张珠保兄弟三人民国元年(1912年)二月初六日卖田契约，原件现保藏于张承久家中，原色影像典藏于贵州师范学院『中国山地民族特色文献数据库』，编号为ZCJ064。原件内容共8列183字。原件有明显折痕。

编号：ZCJ065（310mm×250mm）

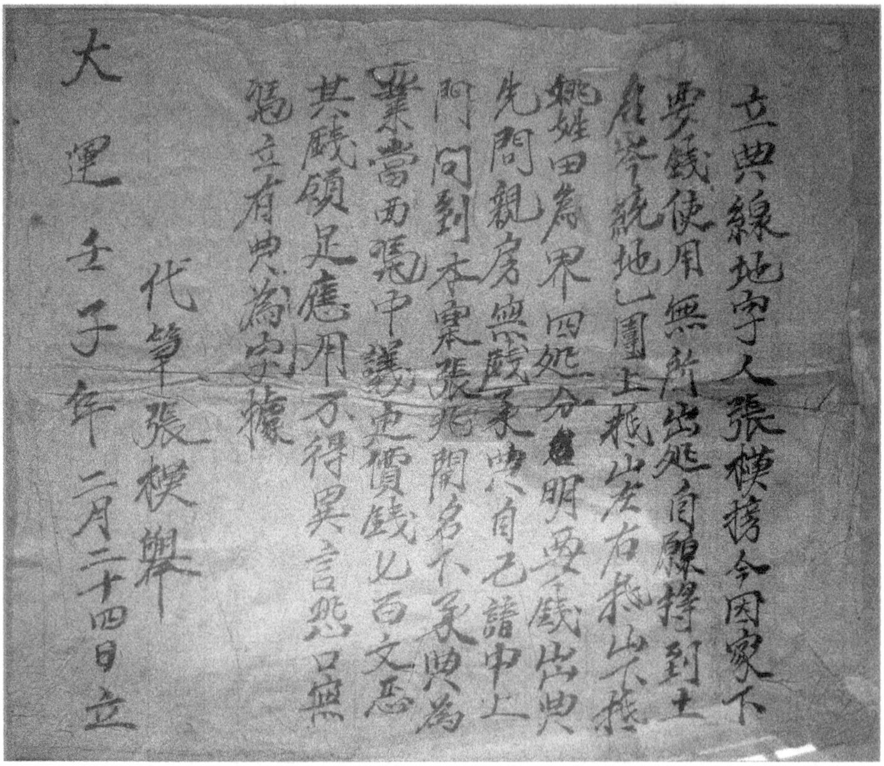
立典綠地字人張楔揚今因家下
要錢使用無所出處自願將到土
名岑就地山園上抵山左右抵山下抵
姚姓田為界四処分明要錢出典
先問親房無錢承典自己請中上
門問到本寨張光開名下承典為
業當面憑中議定價錢九百文整
其錢領足應用不得異言恐口無
憑立有典為字據
代筆張楔舉
大運壬子年二月二十四日立

ZCJ065　民国元年二月二十四日张模撈典地字*

一　立典（線）地字人張模撈，今因家下

二　要錢使用，無所出処，自（願）（將）到土

三　名岑統地乙團，上抵山，左右抵山，下抵

四　姚姓田為界，四処分■明。要錢出典，

五　先問親房，（無）錢承典，自己請中上

六　門问到本寨張兆開名下承典為

七　業。當面（凴）中議定價錢七百文（整），

八　其錢領足應用，不得異言。恐口（無）

九　（凴），立有典為字據。

十　　　　代筆　张模舉

十一　大運壬子年二月二十四日　立

*此为张模撈民国元年（1912年）二月二十四日典地字据，原件现保藏于张承久家中，原色影像典藏于贵州师范学院『中国山地民族特色文献数据库』，编号为ZCJ065。原件内容共11列130字。原件中部有明显褶皱。

编号：ZCJ066（350mm×260mm）

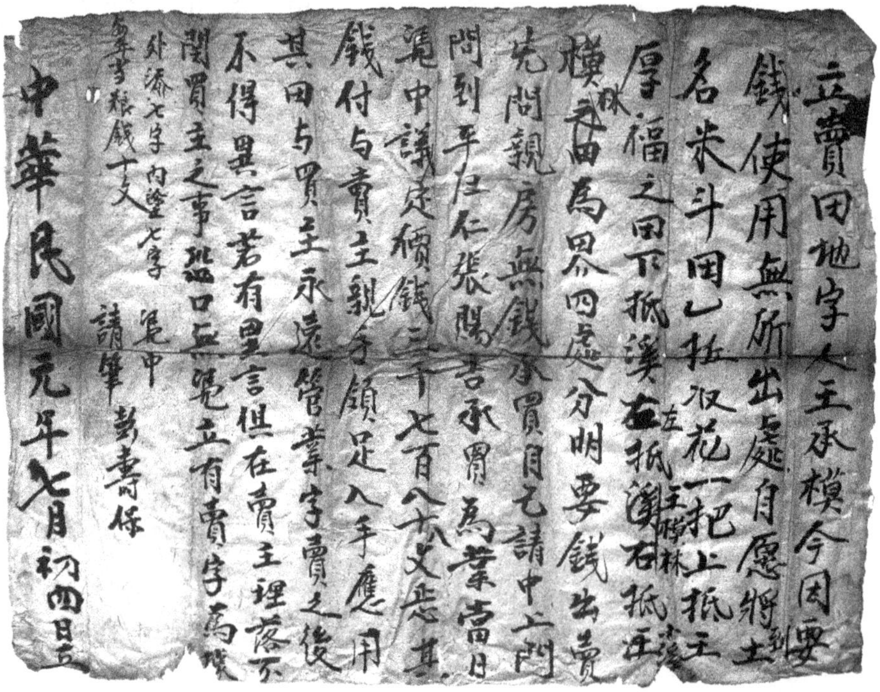

立賣田地字人王承模今因要
錢使用無所出處自愿將土名米斗田一坵収花一把上抵王厚福之田下抵溪左抵溪王騰林右抵汪
模秋名田為界四處分明要錢出賣
先問親房無錢承買自己請中上門
問到平在仁張騰吉承買為業當日
憑中議定價錢三千七百八十六文整其
錢付与賣主親手領足入手應用
其田与買主永遠管業字賣之後
不得異言若有異言俱在賣主理落不
關買主之事恐口無憑立有賣字為據
外添七字 內塗七字
每年当粮錢十文
憑中
請筆 彭壽保
中華民國元年七月初四日立

ZCJ066　民国元年七月初四日王承模卖田地字*

一　立賣田地字人王承模，今因要

到

二　錢使用，無所出處，自愿將土

三　名米斗田乙扸，(收)花一把，上抵王

左　王模林　小溪

四　厚福之田，下抵溪■，抵■，右抵■

五　■■■■為界，四處分明。要錢出賣，

六　先問親房，無錢承買，自己請中上門

七　問到平归仁張賜吉承買為業。當日

八

八　(凴)中議定價錢三千七百八十文(整)，其

九　錢付与賣主親手領足入手應用，

十　其田与買主永遠管業。字賣之後，

十一　不得異言。若有異言，俱在賣主理落，不

十二　閑買主之事。恐口無(凴)，立有賣字為據。

十三　外(添)七字内塗七字　　(凴)中

十四　每年当粮钱十文　　請筆　彭壽保

十五　中華民國元年七月初四日立

*此为王承模民国元年(1912年)七月初四日卖田地字据，原件现保藏于张承久家中，原色影像典藏于贵州师范学院『中国山地民族特色文献数据库』，编号为ZCJ066。原件内容共15列198字。原件中有明显折痕。

编号：ZCJ067（400mm×260mm）

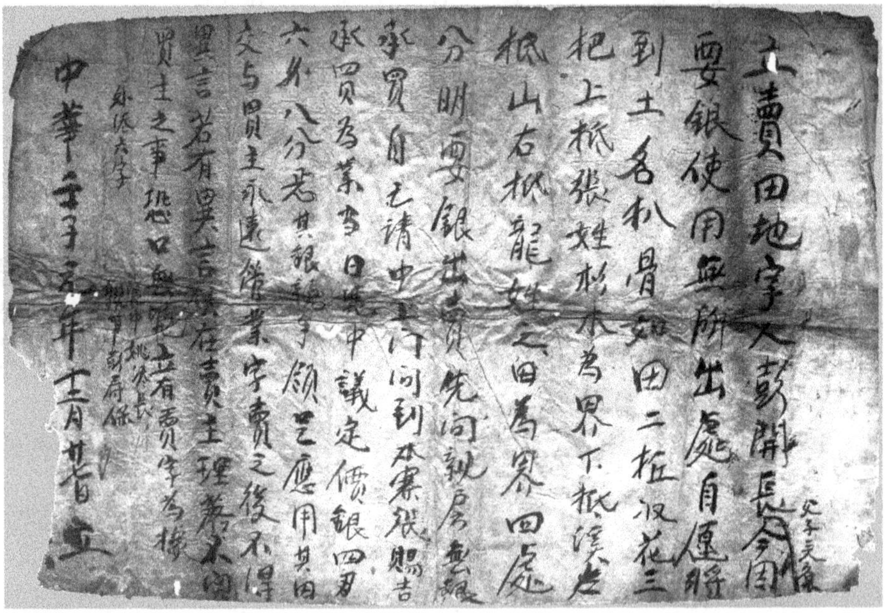
立賣田地字人彭開長今因
要銀使用無所出處自愿將
到土名机骨坳田二丘收花三
把上抵張姓杉木為界下抵溪為
抵山右抵龍姓之田為界四處
分明要銀出賣先問親房無銀
承買自己請中上門問到本寨張賜吉
承買為業當日憑中議定價銀四兩
六錢八分其銀親手領足應用其田
交与買主永遠管業字賣之後不得
異言若有異言俱在賣主理落不関
買主之事恐口無憑立有賣字為據
外低六字
憑中 龍秋長
代筆 彭開係
中華壬子年十二月廿四日 立

ZCJ067 民国元年十二月二十七日彭开长等卖田地字*

一 立賣田地字人彭開長父子三人名下，今因
二 要銀使用，無所出處，自愿將
三 到土名扒骨如田二丘，(收)花三
四 把，上抵張姓杉木為界，下抵溪，左
五 抵山，右抵龍姓之田為界，四處
六 分明。要銀出賣，先问(親)房，(無)銀
七 承買，自己请中上门问到本寨張賜吉
八 承買為業。当日(凴)中議定價銀四(兩)
九 六(錢)八分(整)，其銀(親)手領足應用，其田
十 交与買主永遠管業。字賣之後，不得
十一 異言。若有異言，俱在賣主理落，不(関)
十二 買主之事。恐口(無)(凴)，立有賣字為據。
十三 (凴)中 姚(添)長
十四 外(添)六字 (親)筆 彭寿保
十五 中華壬子元年十二月廿七日 立

*此为彭开长父子三人民国元年(1912年)十二月二十七日卖田地字据，原件现保藏于张承久家中，原色影像典藏于贵州师范学院『中国山地民族特色文献数据库』，编号为ZCJ067。原件内容共15列190字。原件中有多处虫蚀缺孔，并有明显褶皱。

编号：ZCJ068（320mm×265mm）

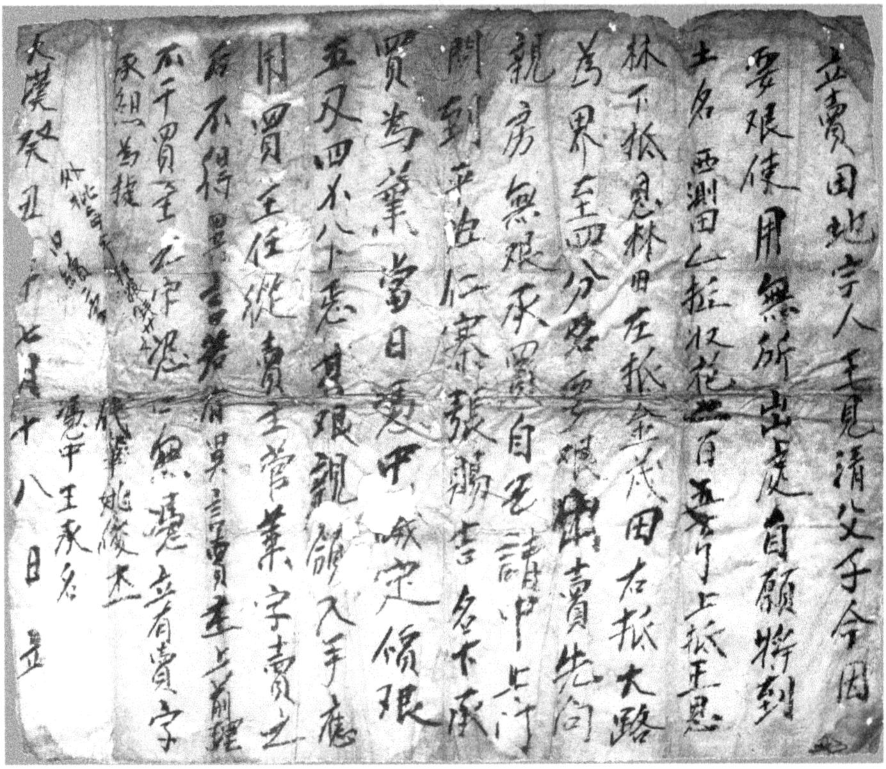
立賣田地字人王見清父子今因
要艮使用無所出處自願將到
土名西洲田乙坵收花四百五十斤上抵王恩
林下抵恩林田左抵余茂田右抵大路
為界在四分名要艮出賣先問
親房無艮承買自己請中上門
問到平放仁寨張藕吉名下承
買為業當日憑中議定價艮
五兩四錢八分整其艮親領入手應
用買主任從賣主管業字賣之
後不得異言若有異言賣主上前理
不干買主之事恐口無憑立有賣字
永遠為據
外批[illegible]
代筆 姚[illegible]杰
憑中 王承名
大清[illegible]癸丑年七月十八日 立

ZCJ068　民国二年七月十八日王见清等卖田地字*

一　立賣田地字人王見清父子，今因

二　要(銀)使用，無所出處，自願(將)到

三　土名西測田乙抵，(收)花二百■■斤，上抵王恩

四　林，下抵恩林田，左抵金茂田，右抵大路

五　為界，至四分名。要(銀)出賣，先问

六　親房，無(銀)承買，自己請中上门

七　問到平归仁寨張賜吉名下承

八　買為業。當日憑中議定價(銀)

九　五(兩)四(錢)八(分)(整)，其(銀)親領入手應

十　用，買主任(從)賣主(管)(業)。字賣之

十一　后，不得異言。若有異言，賣主上前理，

十二　不干買主之字。恐口無憑，立有賣字，

十三　承(照)為據。

十四　外批：每年邦糧銭廿文　　代筆　姚俊杰

十五　　　　内續二字　　　　憑中　王承名

十六　大漢癸丑年七月十八日　　　　立

---

*此为王见清父子民国二年(1913年)七月十八日卖田地字据，原件现保藏于张承久家中，原色影像典藏于贵州师范学院『中国山地民族特色文献数据库』，编号为ZCJ068。原件内容共16列195字。原件中有多处虫蚀缺孔和明显褶皱。

编号：ZCJ069（330mm×270mm）

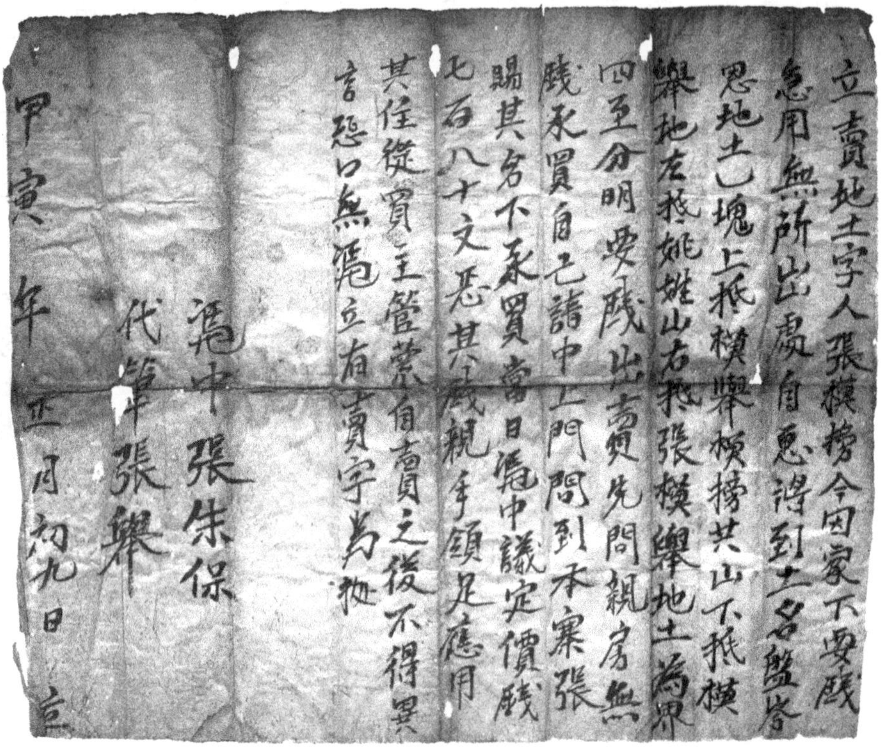
立賣地土字人張模榜今因家下要錢
急用無所出處自愿將到土名盤塔
嶴地土乙塊上抵模樂模榜共山下抵模
樂地左抵姚姓山右抵張模樂地土為界
四至分明要錢出賣先問親房無
錢承買自己請中上門問到本寨張
賜其名下承買當日憑中議定價錢
七百八十文悉其錢親手領足應用
其任從買主管業自賣之後不得異
言恐口無憑立有賣字為據
憑中 張朱保
代筆 張樂
甲寅年 正月初九日 立

ZCJ069　民国三年正月初九日张模搒卖地土字*

一　立賣地土字人張模搒，今因家下要錢
二　急用，無所出處，自愿（將）到土名盤岑
三　思地土乙塊，上抵模舉、模搒共山，下抵模
四　舉地，左抵姚姓山，右抵張模舉地土為界，
五　四至分明。要錢出賣，先問親房，無
六　錢承買，自己請中上門問到本寨張
七　賜其名下承買。當日（凴）中議定價錢
八　七百八十文（整），其錢親手領足應用，
九　其（任）（從）買主管（業）。自賣之後，不得異
十　言。恐口無（凴），立有賣字為（拠）。
十一　　　（凴）中　張朱保
十二　　　代筆　　張舉
十三　甲寅年正月初九日　立

*此为张模搒民国三年（1914年）正月初九日卖地土字据，原件现保藏于张承久家中，原色影像典藏于贵州师范学院『中国山地民族特色文献数据库』，编号为ZCJ069。原件内容共13列159字。原件中有多处虫蚀缺孔，并有明显折痕。

编号：ZCJ070（470mm×430mm）

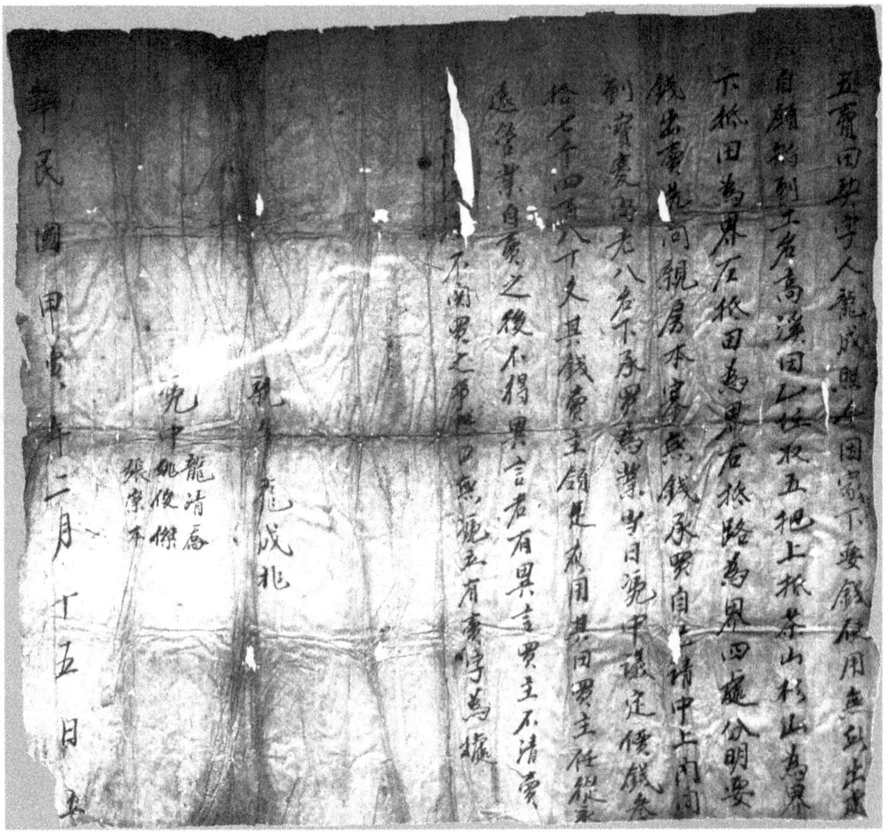
立賣田契字人龍成兆[illegible]因家下要錢使用無出[illegible]
自願將到土名高溪田山[illegible]杉五把上抵茶山杉山為界
下抵田為界左抵田為界右抵路為界四處分明要
錢出賣先問親房本寨無錢承買自己請中上門問
到寶賽[illegible]老八名下承買為業當日憑中議定價錢叁
拾[illegible]千四百八十文其錢賣主領足應用其田買主任從
遠管業自賣之後不得異言若有異言賣主不清賣
[illegible]不關買之事[illegible]口無憑立有賣字為據
親筆　龍成兆
憑中　龍清喬
　　　龍俊傑
　　　張[illegible]本
中華民國甲寅年二月十五日　立

ZCJ070　民国三年二月十五日龙成照卖田契*

一　立賣田契字人龍成照，今因家下要錢使用，無所出處，
二　自願將到土名高溪田乙坵，(收)五把，上抵茶山杉山為界，
三　下抵田為界，左抵田為界，右抵路為界，四處分明。要
四　錢出賣，先问親房，本寨無錢承買，自己请中上门问
五　到寶慶尚老八名下承買為業。当日(凴)中(議)定價錢叁
六　拾七千四百八十文，其錢賣主領足应用，其田買主任從永
七　遠管業。自賣之後，不得異言。若有異言，買主不清，賣
八　主上前理落，不(関)買之事。恐口無(凴)，立有賣字為據。
九　　　　　　　親筆　龍成兆
十　　　　　　(凴)中　龍清喬　姚俊傑　张崇本
十一　中華民國甲寅年二月十五日　立

*此为龙成照民国三年(1914年)二月十五日卖田契约，原件现保藏于张承久家中，原色影像典藏于贵州师范学院『中国山地民族特色文献数据库』，编号为ZCJ070。原件内容共11列196字。原件中有多处褶皱，并有多处裂痕和虫蚀缺孔。

编号：ZCJ071（260mm×330mm）

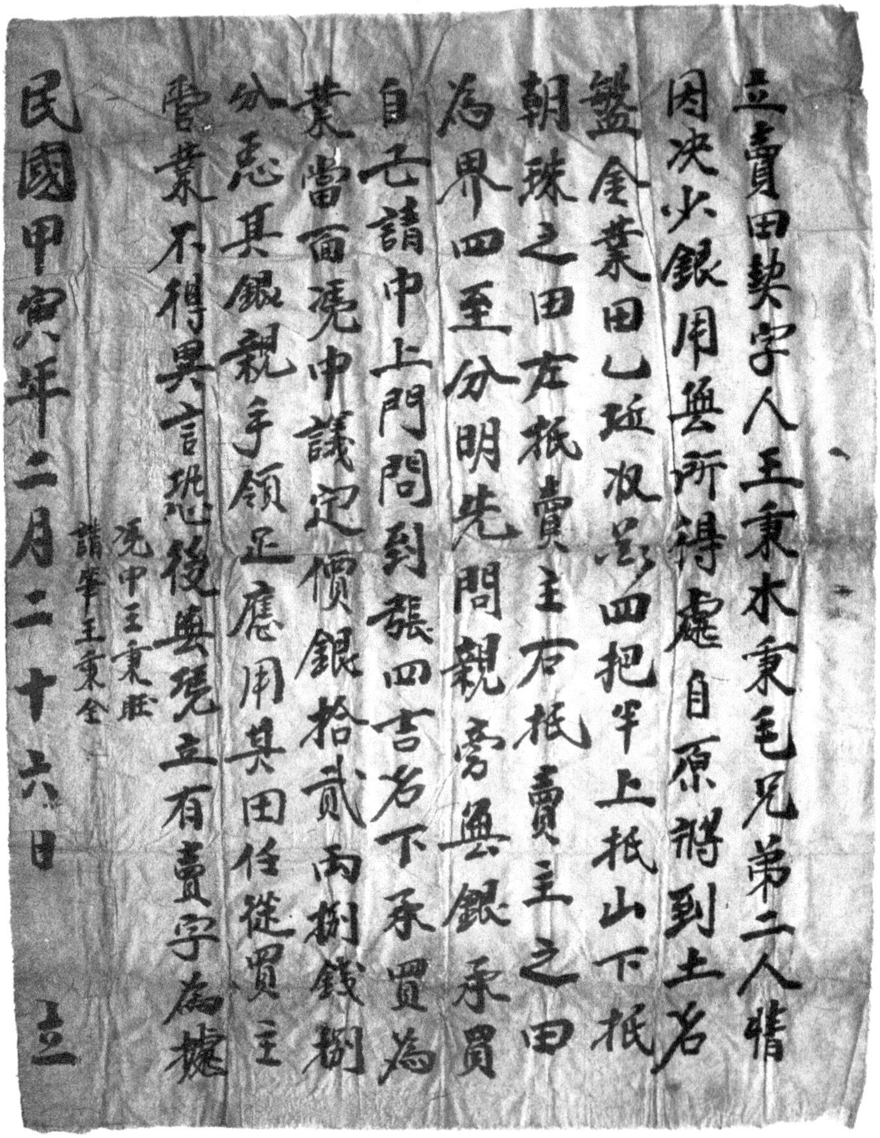

立賣田契字人王秉水秉毛兄弟二人情
因決少銀用無所得處自原將到土名
盤金葉田乙坵收花四把半上抵山下抵
朝球之田左抵賣主右抵賣主之田
為界四至分明先問親房無銀承買
自己請中上門問到張四吉名下承買為
業當面凴中議定價銀拾貳兩捌錢捌
分悉其銀親手領足應用其田任從買主
管業不得異言地後無凴立有賣字為據

凴中王秉旺
請筆王秉全

民國甲寅年二月二十六日 立

ZCJ071　民国三年二月二十六日王秉木等卖田契*

一　立賣田契字人王秉木、秉毛兄弟二人，情
二　因决少銀用，(無)所得處，自原將到土名
三　盤金業田乙坵，(收)花四把半，上抵山，下抵
四　朝珠之田，左抵賣主，右抵賣主之田
五　為界，四至分明。先問親旁，(無)銀承買，
六　自己請中上門問到張四吉名下承買為
七　業。當面(凴)中議定價銀拾貳(兩)捌錢捌
八　分(整)，其銀親手領足應用，其田任(從)買主
九　(管)業，不得異言。恐後(無)(凴)，立有賣字為攄。
十　　　　　(凴)中　王秉(旺)
十一　　　　請筆　王秉全
十二　民國甲寅年二月二十六日　立

*此为王秉木、王秉毛兄弟二人民国三年(1914年)二月二十六日卖田契约，原件现保藏于张承久家中，原色影像典藏于贵州师范学院『中国山地民族特色文献数据库』，编号为ZCJ071。原件内容共12列160字。原件有明显折痕。

编号：ZCJ072（370mm×260mm）

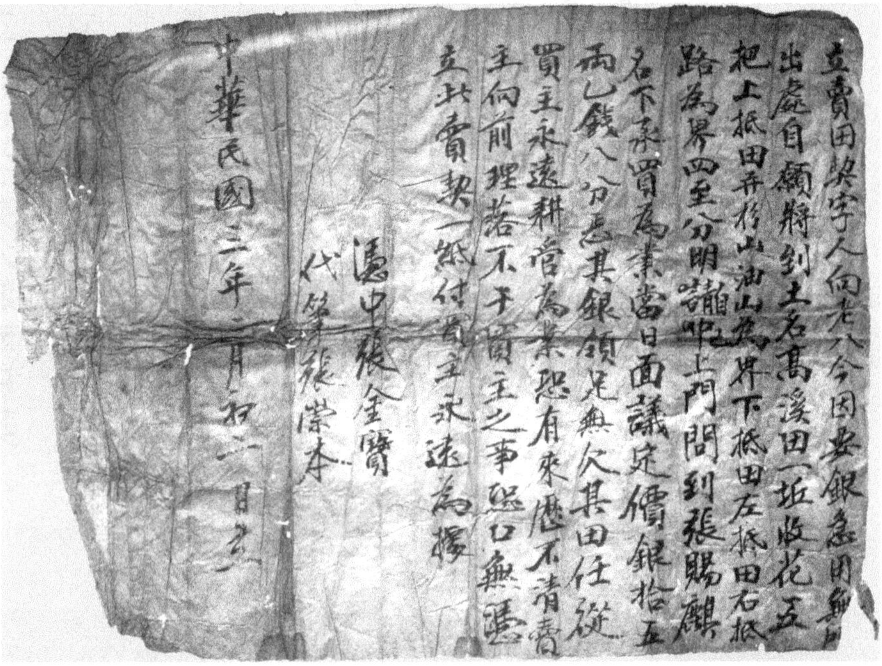

立賣田契字人向老八今因要銀急用無從
出處自願將到土名高溪田一坵收花五
把上抵田并杉山油山為界下抵田左抵田右抵
路為界四至分明請中上門問到張賜麟
名下承買為業當日面議定價銀拾五
兩乙錢八分正其銀領足無欠其田任從
買主永遠耕管為業恐有來歷不清賣
主向前理落不干買主之事恐口無憑
立此賣契一紙付與買主永遠為據
憑中張金寶
代筆張崇本
中華民國三年一月初二日立

ZCJ072　民国三年三月初二日向老八卖田契*

一　立賣田契字人向老八，今因要銀急用，(無)所

二　出處，自願(將)到土名高溪田一坵，收花五

三　把，上抵田并杉山、油山為界，下抵田，左抵田，右抵

四　路為界，四至分明。自己請中上門問到张賜麒

五　名下承買為業，當日面議定價銀拾五

六　(兩)乙錢八分(整)，其銀領足無欠，其田任從

七　買主永遠耕(管)為業。恐有來歷不清，賣

八　主向前理落，不干買主之事。恐口(無)憑，

九　立此賣契一(紙)付買主永遠為據。

十　　憑中　張金寶

十一　　代筆　張崇本

十二　中華民國三年三月初二日　　立

*此为向老八民国三年(1914年)三月初二日卖田契约，原件现保藏于张承久家中，原色影像典藏于贵州师范学院『中国山地民族特色文献数据库』，编号为ZCJ072。原件内容共12列166字。原件中有多处明显褶皱，并有多处虫蚀缺孔。

编号：ZCJ073（320mm×540mm）

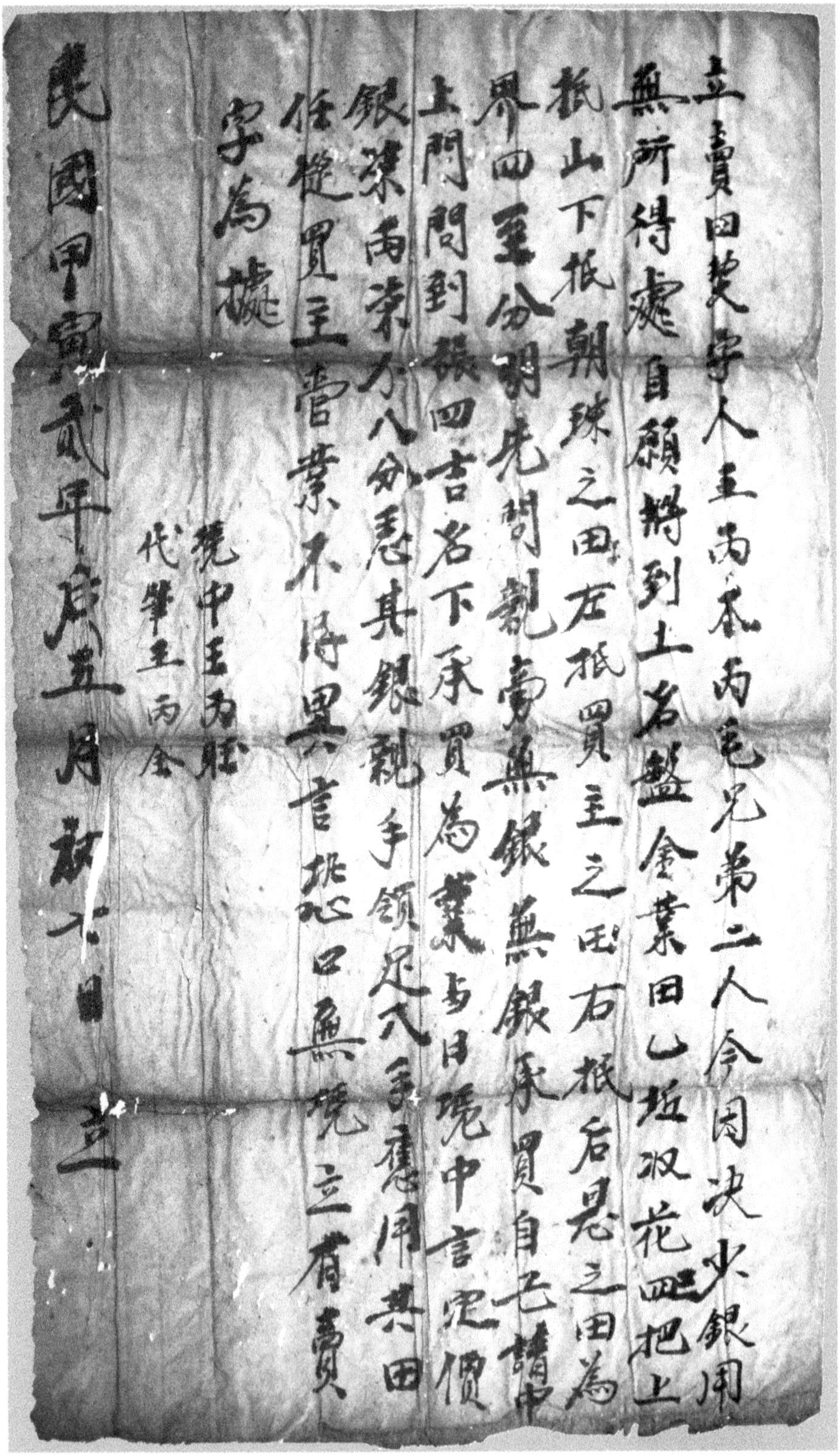

立賣田契字人王丙秋丙元兄弟二人今因缺少銀用
無所得處自願將到土名盤金葉田乙坵収花四把上
抵山下抵朝球之田左抵買主之田右抵后是之田為
界四至分明先問親房無銀無銀承買自己請中
上門問到張四吉名下承買為業當日憑中言定價
銀柒兩柒錢八分整其銀親手領足入手應用其田
任從買主管業不得異言扯口無憑立有賣
字為據
憑中王丙旺
代筆王丙金
民國甲寅貳年五月叔七日立

ZCJ073　民国三年后五月初七日王丙木等卖田契*

一　立賣田契字人王丙木、丙毛兄弟二人，今因决少銀用，

二　(無)所得處，自願將到土名盤金業田乙坵，(收)花四[三]把，上

三　抵山，下抵朝珠之田，左抵買主之田，右抵后恩之田為

四　界，四至分明。先問親旁，(無)銀(無)銀承買，自己請中

五　上門問到張四吉名下承買為業。当日(凴)中言定價

六　銀柒(兩)柒(錢)八分(整)，其銀親手領足入手應用，其田

七　任(從)買主(管)業，不得異言。恐口(無)(凴)，立有賣

八　字為據。

九　　　　　　(凴)中　王丙(旺)

十　　　　　　代筆　王丙全

十一　民國甲寅貳年后五月初七日　立

---

*此为王丙木、王丙毛兄弟二人民国三年(1914年)后五月初七日卖田契约，原件现保藏于张承久家中，原色影像典藏于贵州师范学院『中国山地民族特色文献数据库』，编号为ZCJ073。原件内容共11列166字。原件有多处虫蚀缺孔，原件纸张已经开始絮化。

编号：ZCJ074（180mm×525mm）

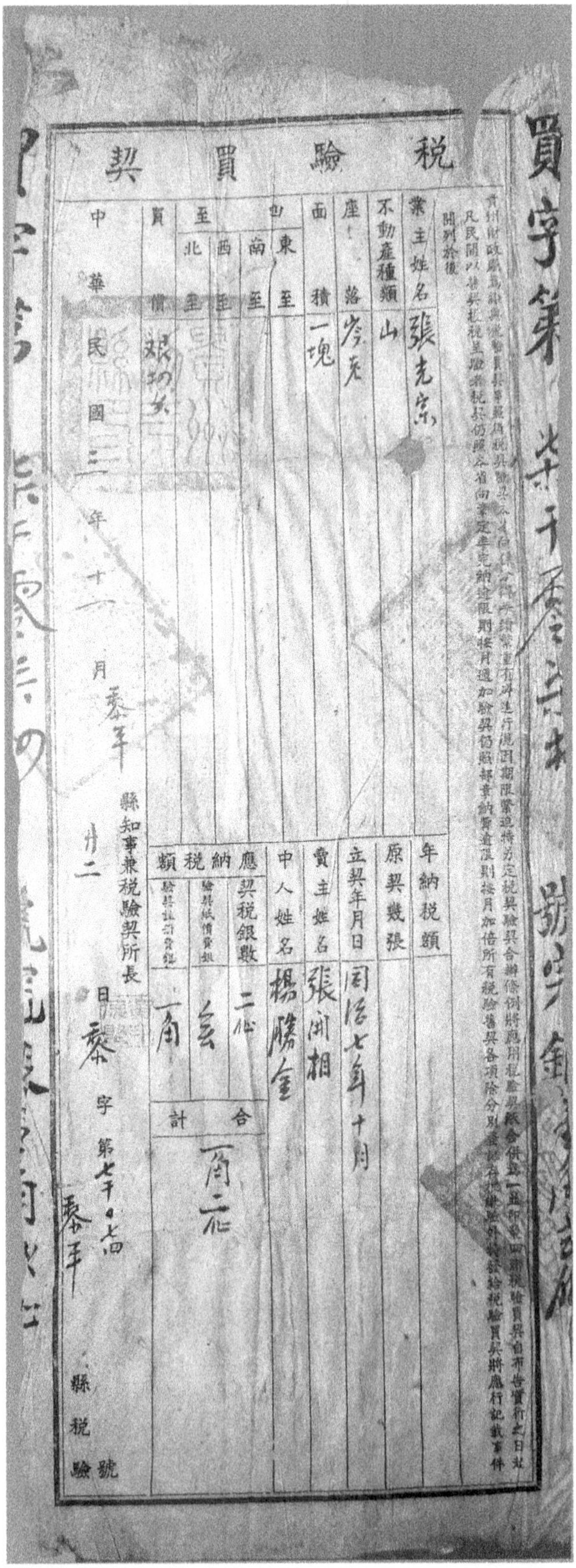

税驗買契

業主姓名　張光宗
不動產種類　山
座落　岑尧
面積　一塊
四至　東至　南至　西至　北至
買價　銀[illegible]

年納稅額
原契數張
立契年月日　同治七年十月
賣主姓名　張俐相
中人姓名　楊勝金
應納稅額　契稅銀數　二[illegible]
驗契紙價費銀　[illegible]
驗契註冊費銀　一角
合計　一角二[illegible]

中華民國三年十一月　日
黎平縣知事兼稅驗契所長
黎字第七千〇七十四號
縣稅驗　號

ZCJ074 民国三年十一月二十二日黎平县税验买契*

貴州財政廳爲給與税驗買契事照得税契驗契本省向係分辦手續繁重有碍進行現因期限緊迫特另定税契驗契合辦條例將應用税驗契紙合併爲一並印製四聯税驗買契自布告實行之日起凡民間以舊契投税呈驗者税契仍照本省向章定率完納逾限則按月遞加驗契仍照部章納費逾限則按月加倍所有税驗舊契各項除分別登記存根繳驗外特發給税驗買契將應行記載事件開列於後

税驗買契

業主姓名	張光宗	年納税額	
不動産種類	山	原契幾張	
座落	岑老	立契年月日	同治七年十月
面積	一塊	賣主姓名	張(開)相
四至 東至		中人姓名	楊勝金
四至 南至		應納税額 契税銀数	二(分)
四至 西至		應納税額 驗契紙價費銀	(無)
四至 北至		應納税額 驗契註冊費銀	一角
買價	(银)廿四(钱)	合計	一角二(分)

縣知事兼税驗契所長

中華民國三年十一月廿二日黎字第七千〇七四號　黎平縣税驗

*此为黎平县民国三年(1914年)十一月二十二日颁发的税验买契，原件现保藏于张承久家中，原色影像典藏于贵州师范学院『中国山地民族特色文献数据库』，编号为ZCJ074。原件中有四处红色印章。

编号：ZCJ075（490mm×450mm）

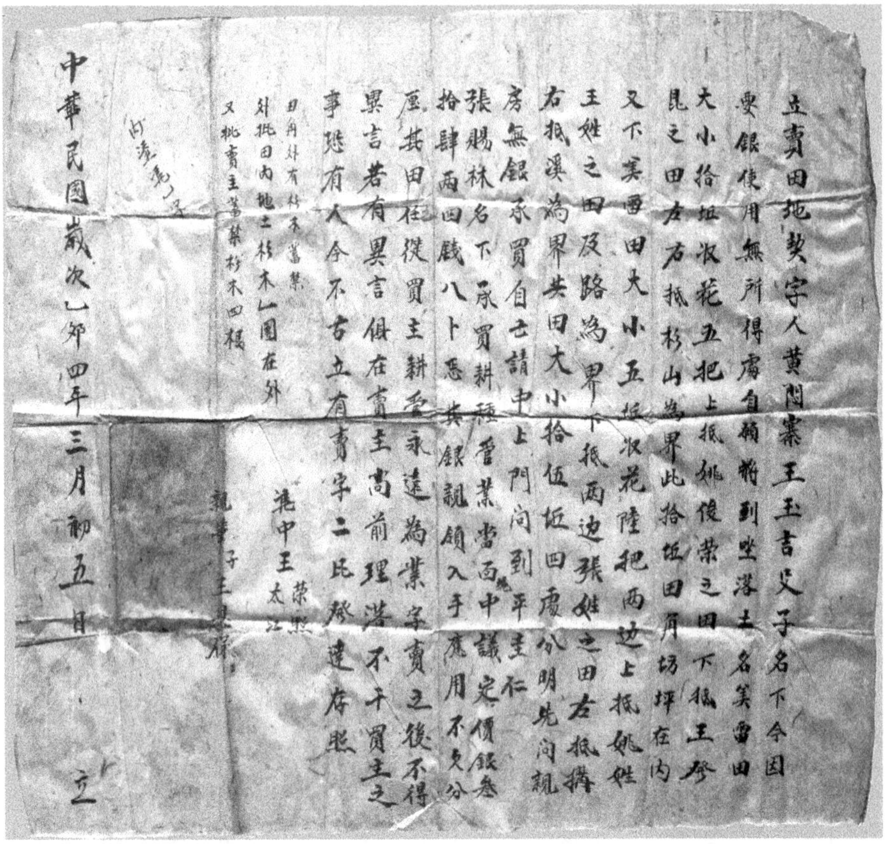

立賣田地契字人黄闷寨王玉言父子名下今因要銀使用無所得處自願将到坐落土名芙雷田大小拾坵溆花五把上抵姚俊荣之田下抵王登昆之田左右抵杉山為界此拾坵田有坊坪在内又下芙雷田大小五坵溆花陸把西边上抵姚姓王姓之田及路為界下抵西边張姓之田右抵擠右抵溪為界共田大小拾伍坵四處分明先问親房無銀承買自己請中上門问到平圭仁張賜林名下承買耕種管業當面憑中議定價銀叁拾肆两四錢八卜其銀親領入手應用不欠分厘其田任從買主耕管永遠為業字賣之後不得異言若有異言俱在賣主尚前理落不干買主之事恐有人含不古立有賣字二比永遠存照

田内外有杉木蓄禁
外批田内地土杉木山園在外
又批賣主蓄禁杉木四根

憑中王榮照
王太江

親筆子王□保

内塗毛丿字

中華民國歲次乙卯四年三月初五日 立

ZCJ075　民国四年三月初五日王玉吉等卖田地契*

一　立賣田地契字人黃悶寨王玉吉父子名下，今因

二　要銀使用，無所得處，自願將到坐落土名美雷田

三　大小拾坵，(收)花五把，上抵姚俊荣之田，下抵王(發)

四　昆之田，左右抵杉山為界，此拾坵田角坊坪在內；

五　又下美雷田大小五坵，(收)花陸把，两边上抵姚姓

六　王姓之田及路為界，下抵两边張姓之田，左抵溝，

七　右抵溪為界。共田大小拾伍坵，四處分明。先問親

八　房，無銀承買，自己請中上門问到平圭仁

(憑)

九　張賜林名下承買耕種(管)業。當面中議定價銀叁

十　拾肆两四錢八(分)(整)，其銀親領入手應用，不欠分

十一　厘，其田任(從)買主耕(管)，永遠為業。字賣之後，不得

十二　異言。若有異言，俱在賣主尚前理落，不干買主之

十三　事。恐有人今不古，立有賣字二比(發)達存照。

十四　田角外有杉木蓄禁

十五　外批：田内地土杉木乙園在外　(凴)中　王太江 荣照

十六　又批：賣主蓄禁杉木四根　　親筆　子王恩保

十七　内塗凴乙字

十八　中華民國(歲)次乙(卯)四年三月初五日　立

* 此为王玉吉父子二人民国四年(1915年)三月初五日卖田地契约，原件现保藏于张承久家中，原色影像典藏于贵州师范学院『中国山地民族特色文献数据库』，编号为ZCJ075。原件内容共18列307字。原件有明显折痕。

编号：ZCJ076（200mm×320mm）

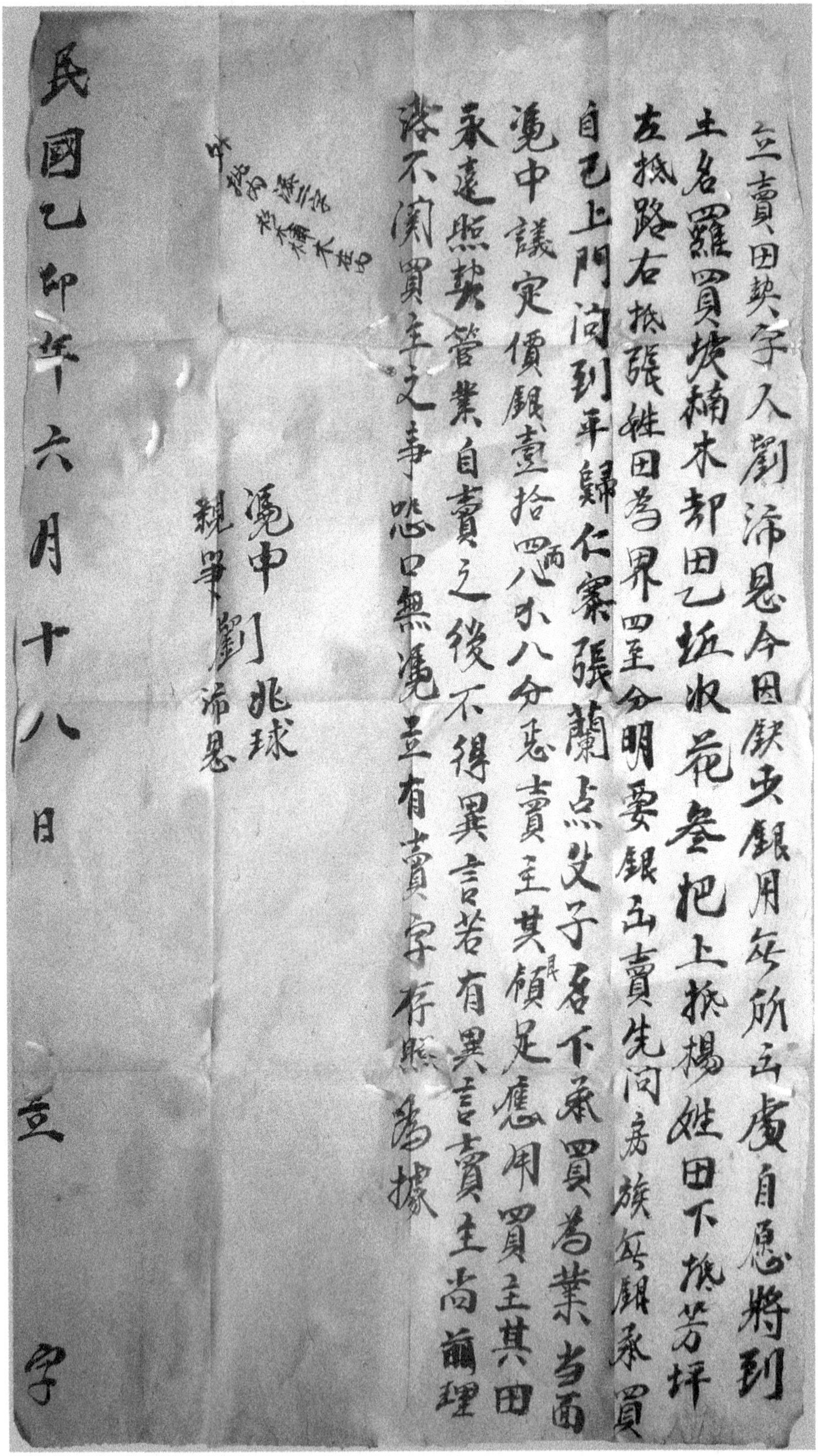

立賣田契字人劉沛恩今因缺少銀用無所出處自願將到
土名羅買坡楠木都田乙坵收花叁把上抵楊姓田下抵芳坪
左抵路右抵張姓田為界四至分明要銀出賣先問房族無銀承買
自己上門問到平歸仁寨張蘭占點艾子名下承買為業當面
憑中議定價銀壹拾四兩八錢八分恐賣主其領足應用買主其田
永遠照契管業自賣之後不得異言若有異言賣主尚前理
落不闲買主之事恐口無憑立有賣字存照為據

外批內添二字 杉木楠木在內

憑中 劉兆球
親筆 劉沛恩

民國乙卯年六月十八日 立字

ZCJ076　民国四年六月十八日刘沛恩卖田契*

一　立賣田契字人劉沛恩，今因鈌少銀用，(無)所(出)處，自愿將到

二　土名羅買坡楠木却田乙坵，(收)花叁把，上抵楊姓田，下抵芳坪，

三　左抵路，右抵張姓田為界，四至分明。要銀(出)賣，先问房族，(無)銀承買，

四　自己上門问到平(歸)仁寨張蘭点父子名下承買為業。当面

五　(凴)中議定價銀壹拾四(兩)八(錢)八分(整)，賣主其(良)領足應用，買主其田

六　永遠照契管業。自賣之後，不得異言。若有異言，賣主尚前理

七　落，不(関)買主之事。(恐)口無(凴)，立有賣字存照為據。

八　外批：内(添)二字

九　杉木楠木在内

十　(凴)中　兆球

十一　親筆　劉沛恩

十二　民國乙卯年六月十八日　立　字

---

*此为刘沛恩民国四年(1915年)六月十八日卖田契约，原件现保藏于张承久家中，原色影像典藏于贵州师范学院『中国山地民族特色文献数据库』，编号为ZCJ076。原件内容共12列198字。

编号：ZCJ077（370mm×260mm）

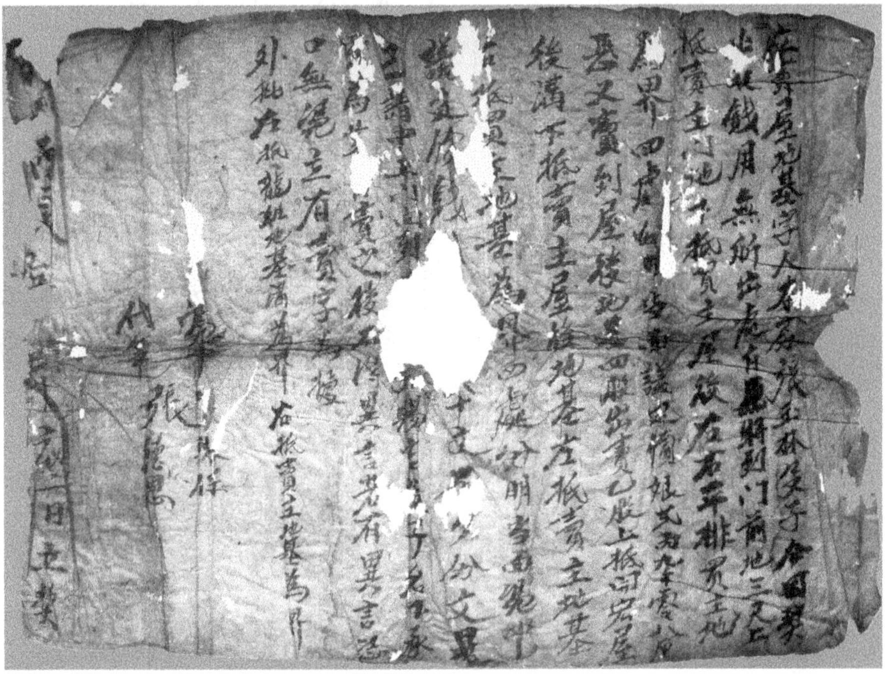

ZCJ077　民国五年二月初二日张玉林等卖屋地基字*

一　立賣屋地基字人本房張玉林父子，今因契

二　少缺錢用，無所出處，自愿將到门前地三尺，上

三　抵賣主门地，下抵買主屋後，左右平排買主地

四　為界，四處分明，当面議定價（銀）弍（兩）九（錢）零八厘

五　（整）。又賣到屋後地基四股出賣乙股，上抵（開）宏屋

六　後溝，下抵賣主屋後地基，左抵賣主地基，

七　右抵買主地基為界，四處分明，当面（凴）中

八　議定價錢□□□八十文□□分文。自

九　己請中上门问到□□□賜吉父子名下承

十　買為業。□賣之後，不得異言。若有異言，恐

十一　口無（凴），立有賣字為據。

十二　外批：左抵龍姓地基溝為界，右抵賣主地基為界

十三　　　　（凴）中　林保

　　　　　　　　　　張

十四　　　　代筆　德恩

十五　民國丙辰年二月初二日　立　契

* 此为张玉林父子民国五年（1916年）二月初二日卖屋地基字据，原件现保藏于张承久家中，原色影像典藏于贵州师范学院『中国山地民族特色文献数据库』，编号为ZCJ077。原件内容共15列220字。原件已严重受损，多处虫蚀缺孔导致部分内容无法辨识。

编号：ZCJ078（480mm×450mm）

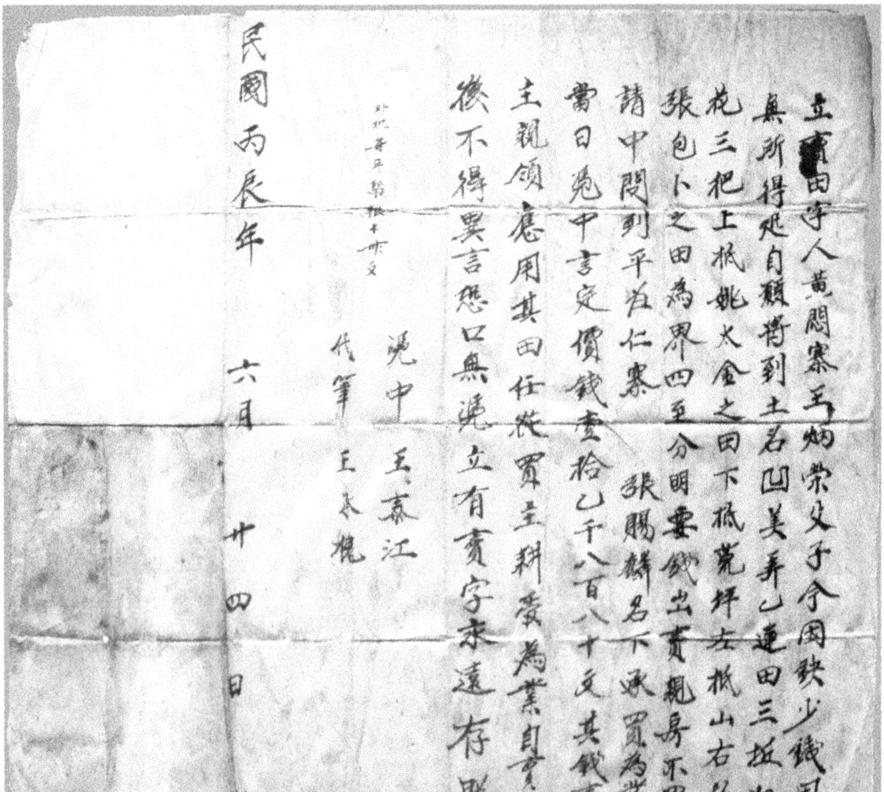
立賣田字人黄悶寨王炳崇父子今因缺少錢用
無所得處自願將到土名凹美弄山邊田三坵收
花三把上抵姚太金之田下抵荒坪左抵山右抵
張包卜之田為界四至分明要錢出賣親房不買
請中問到平莊仁寨 張賜麟名下承買為業
當日憑中言定價錢壹拾乙千八百八十文其錢賣
主親領應用其田任從買主耕管為業自賣之
後不得異言恐口無憑立有賣字永遠存照
外批每年納糧錢卅文
憑中 王嘉江
代筆 王本槐
民國丙辰年 六月 廿四日 立

ZCJ078 民国五年六月二十四日王炳荣等卖田字*

一 立賣田字人黃悶寨王炳榮父子，今因鈌少錢用，

二 (無)所得処，自願将到土名凹美弄乙連田三坵，(收)

三 花三把，上抵姚太金之田，下抵荒坪，左抵山，右抵

四 張包卜之田為界，四至分明。要錢出賣，親房不買，

五 請中問到平归仁寨张賜麟名下承買为業。

六 當日(凴)中言定價錢壹拾乙千八百八十文，其錢賣

七 主親領應用，其田任從買主耕(管)為業。自賣之

八 後，不得異言。恐口(無)(凴)，立有賣字永遠存照。

九 (凴)中 王泰江

十 外批：每年帮粮(錢)卅二文

十一 代筆 王承槐

十二 民國丙辰年六月廿四日 立

*此为王炳荣父子民国五年(1916年)六月二十四日卖田字据，原件现保藏于张承久家中，原色影像典藏于贵州师范学院『中国山地民族特色文献数据库』，编号为ZCJ078。原件内容共12列179字。原件有明显折痕。

编号：ZCJ079（380mm×260mm）

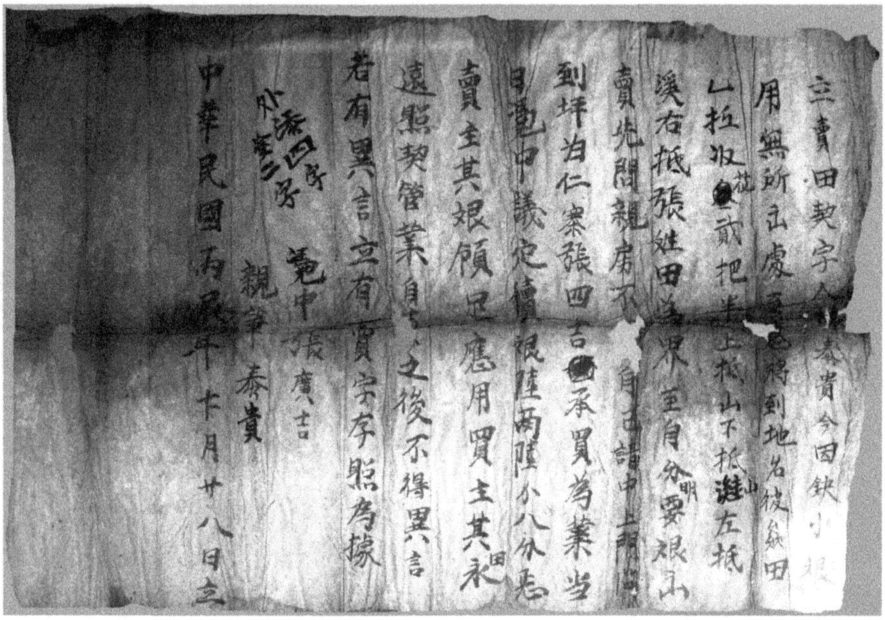
立賣田契字人☐泰貴今因缺少銀
用無所出處☐得到地名彼叔田
山拉坝☐貳把半上抵山下抵山溪左抵
溪右抵張姓田為界至自分明要銀出
賣先問親房不☐自己請中上門問
到坪泊仁寨張四吉☐承買為業当
日憑中議定價銀陸兩陸分八分忠
賣主其銀領足應用買主其田永
遠照契管業自賣之後不得異言
若有異言立有賣字存照為據
外添四字 塗三字 憑中 張廣吉
親筆 泰貴
中華民國丙辰年十月廿八日立

ZCJ079　民国五年十一月二十八日林泰贵卖田契*

一　立賣田契字人林泰貴，今因鈌小(銀)

二　用，無所(出)處，至愿將到地名彼(厼)田

三　乙抳，(收)■花(貳)把半，上抵山，下抵(溪)山，左抵

四　溪，右抵張姓田爲界，至自分明。要(銀)(出)

五　賣，先問親房，不□，自己請中上門问

六　到坪归仁寨張四吉■承買為業。当

七　日(凴)中議定價(銀)陸两陸(錢)八分(整)，

八　賣主其(銀)領足應用，買主其永田

九　遠照契管業。自賣之後，不得異言。

十　若有異言，立有賣字存照為據。

十一　外(添)四字　　(凴)中　張廣吉

十二　塗二字　　親筆　泰貴

十三　中華民國丙辰年十一月廿八日立

*此为林泰贵民国五年(1916年)十一月二十八日卖田契约，原件现保藏于张承久家中，原色影像典藏于贵州师范学院『中国山地民族特色文献数据库』，编号为ZCJ079。原件内容共13列168字。原件有明显折痕及虫蚀缺孔，导致少量文字无法辨识。

编号：ZCJ080（360mm×260mm）

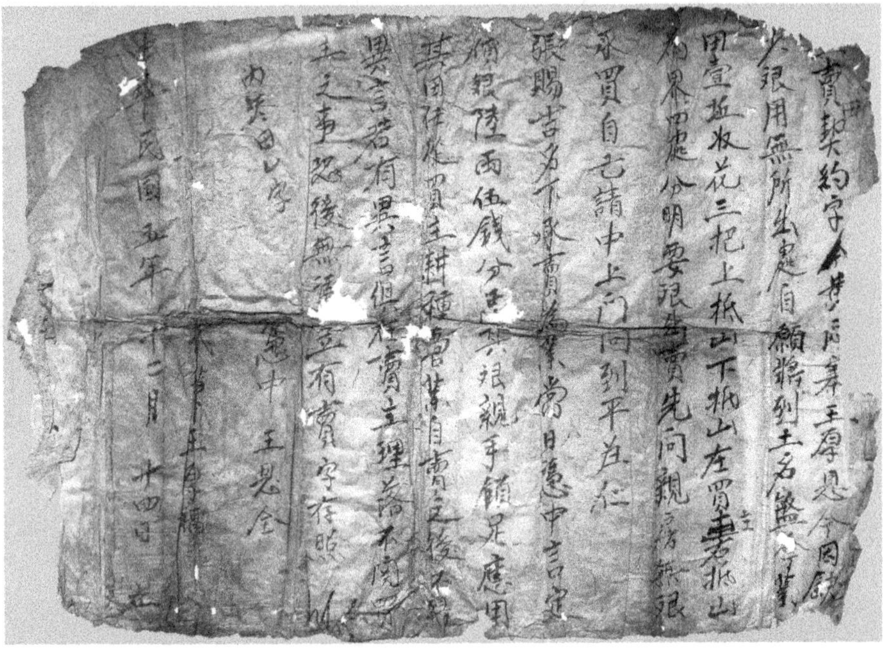

賣契約字人黄□寨王厚恩今因缺
少銀用無所出處自願將到土名盤□業
田壹坵收花三把上抵山下抵山左買主右抵山
四界四處分明要銀出賣先問親房無銀
承買自己請中上門問到平江於
張賜吉名下承買為業當日憑中言定
價銀陸兩伍錢分正其銀親手領足應用
其田任從買主耕種管業自賣之後不得
異言若有異言俱在賣主理落不關買
主之事恐後無憑立有賣字存照
内添田山字
憑中 王見全
代筆 王厚福
中華民國五年 十二月 十四日 立

ZCJ080　民国五年十二月二十四日王厚恩卖田契*

一	立賣田契約字人黄悶寨王厚恩，今因缺
二	少（銀）用，無所出處，自願（將）到土名盤今業
三	田壹坵，（收）花三把，上抵山，下抵山，左買■主，右抵山
四	為界，四處分明。要（銀）出賣，先问親房，無（銀）
五	承買，自己請中上门问到平归仁
六	張賜吉名下承賣為業。當日憑中言定
七	價（銀）陸（兩）伍錢分（整），其（銀）親手領足應用，
八	其田任從買主耕種（管）業。自賣之後，不得
九	異言。若有異言，俱在賣主理落，不（関）買
十	主之事。恐後無憑，立有賣字存照。
十一	内（添）田乙字　　　憑中　王恩全
十二	代筆　王厚福
十三	中華民国五年十二月廿四日　　　立

*此为王厚恩民国五年（1916年）十二月二十四日卖田契约，原件现保藏于张承久家中，原色影像典藏于贵州师范学院『中国山地民族特色文献数据库』，编号为ZCJ080。原件内容共13列183字。原件中有多处缺孔和褶皱，纸张边缘明显絮化。

编号：ZCJ081（390mm×260mm）

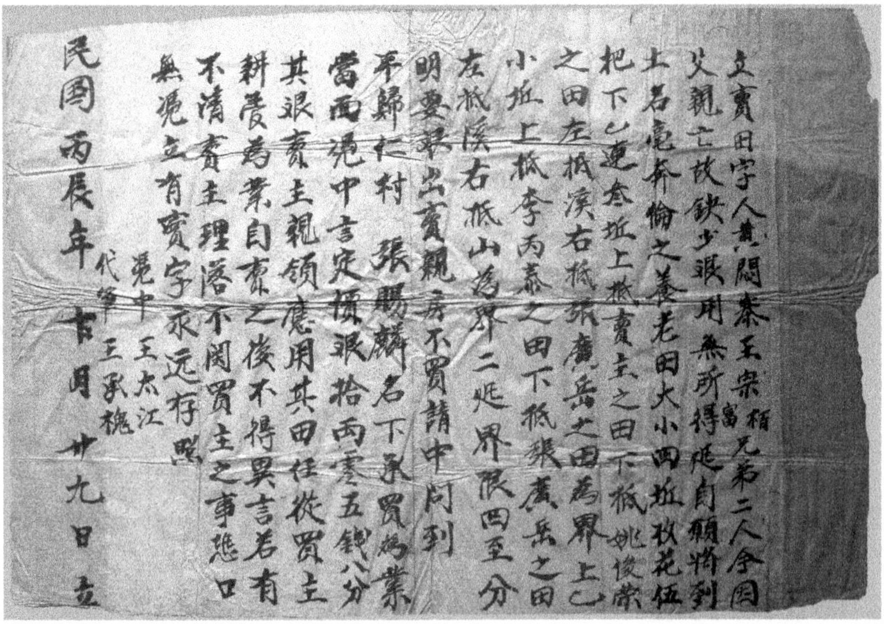
立賣田字人黄闊泰王宗稻富兄弟二人今因
父親亡故缺少銀用無所得處自願將到
土名亮奔倫之養老田大小四坵收花伍
把下凸連叁坵上抵賣主之田下抵姚俊崇
之田左抵溪右抵張廣岳之田爲界上凸
小坵上抵李丙慕之田下抵張廣岳之田
左抵溪右抵山爲界二處界限四至分
明要銀出賣親房不買請中問到
平歸仁村　張賜麟名下承買爲業
當面憑中言定價銀拾兩零五錢八分
其銀賣主親領應用其田任從買主
耕管爲業自賣之後不得異言若有
不清賣主理落不關買主之事恐口
無憑立有賣字永遠存照
憑中　王太江
代筆　王承槐
民國丙辰年吉月廿九日立

ZCJ081　民国五年十二月二十九日王宗栢等卖田字*

立賣田字人黄閟寨王宗栢/富兄弟二人，今因
父親亡故，缺少（銀）用，（無）所得処，自願（将）到
土名毫奔倫之養老田大小四坵，（收）花伍
把。下乙連叁坵，上抵賣主之田，下抵姚俊荣
之田，左抵溪，右抵张廣岳之田為界；上乙
小坵，上抵李丙泰之田，下抵张廣岳之田，
左抵溪，右抵山为界，二処界限四至分
明。要（銀）出賣，親房不買，請中问到
平（歸）仁村张賜麟名下承買為業。
當面（凴）中言定價（銀）拾（兩）零五錢八分，
其（銀）賣主親領應用，其田任從買主
耕（管）為業。自賣之後，不得異言。若有
不清，賣主理落，不（関）買主之事。恐口
（無）（凴），立有賣字永远存照。
（凴）中　王太江
代筆　王承槐
民国丙辰年十二月廿九日　立

＊此为王宗栢、王宗富兄弟民国五年（1916年）十二月二十九日卖田契约，原件现保藏于张承久家中，原色影像典藏于贵州师范学院『中国山地民族特色文献数据库』，编号为ZCJ081。原件内容共17列229字。原件有明显褶皱。

编号：ZCJ082（320mm×260mm）

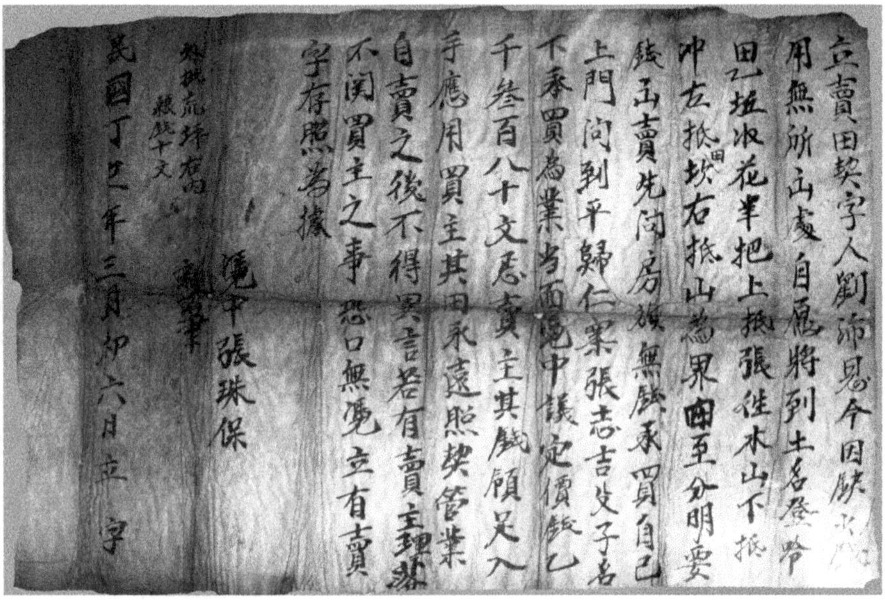
立賣田契字人劉沛恩今因缺少
用無所出處自願將到土名登岑
田乙坵浓花半把上抵張姓木山下抵
冲左抵田坎右抵山為界四至分明要
錢出賣先問房族無錢承買自己
上門問到平歸仁寨張志吉父子名
下承買為業當面憑中議定價錢乙
千叁百八十文憑賣主其錢領足入
手應用買主其田永遠照契管業
自賣之後不得異言若有賣主理落
不関買主之事恐口無憑立有賣
字存照為據
憑中 張珠保
外批荒坪在内 粮錢十文 [illegible]
民國丁巳年三月初六日立字

ZCJ082 民国六年三月初六日刘沛恩卖田契*

一 立賣田契字人劉沛恩，今因缺少錢
二 用，無所（出）處，自愿將到土名登吟
三 田乙坵，（收）花半把，上抵張姓木山，下抵
四 冲，左抵坎田，右抵山為界，四至分明。要
五 錢（出）賣，先问房族，無錢承買，自己
六 上門问到平（歸）仁寨張志吉父子名
七 下承買為業。当面（凴）中議定價錢乙
八 千叁百八十文（整），賣主其錢領足入
九 手應用，買主其田永遠照契管業。
十 自賣之後，不得異言。若有，賣主理落，
十一 不（関）買主之事。恐口無（凴），立有賣
十二 字存照為據。
十三 凴中 張珠保
十四 外批：荒坪在内 親筆
十五 粮錢十文
十六 民國丁巳年三月初六日立 字

*此为刘沛恩民国六年（1917年）三月初六日卖田契约，原件现保藏于张承久家中，原色影像典藏于贵州师范学院『中国山地民族特色文献数据库』，编号为ZCJ082。原件内容共16列186字。原件有明显褶皱和水渍，纸张轻微絮化。

编号：ZCJ083（330mm×530mm）

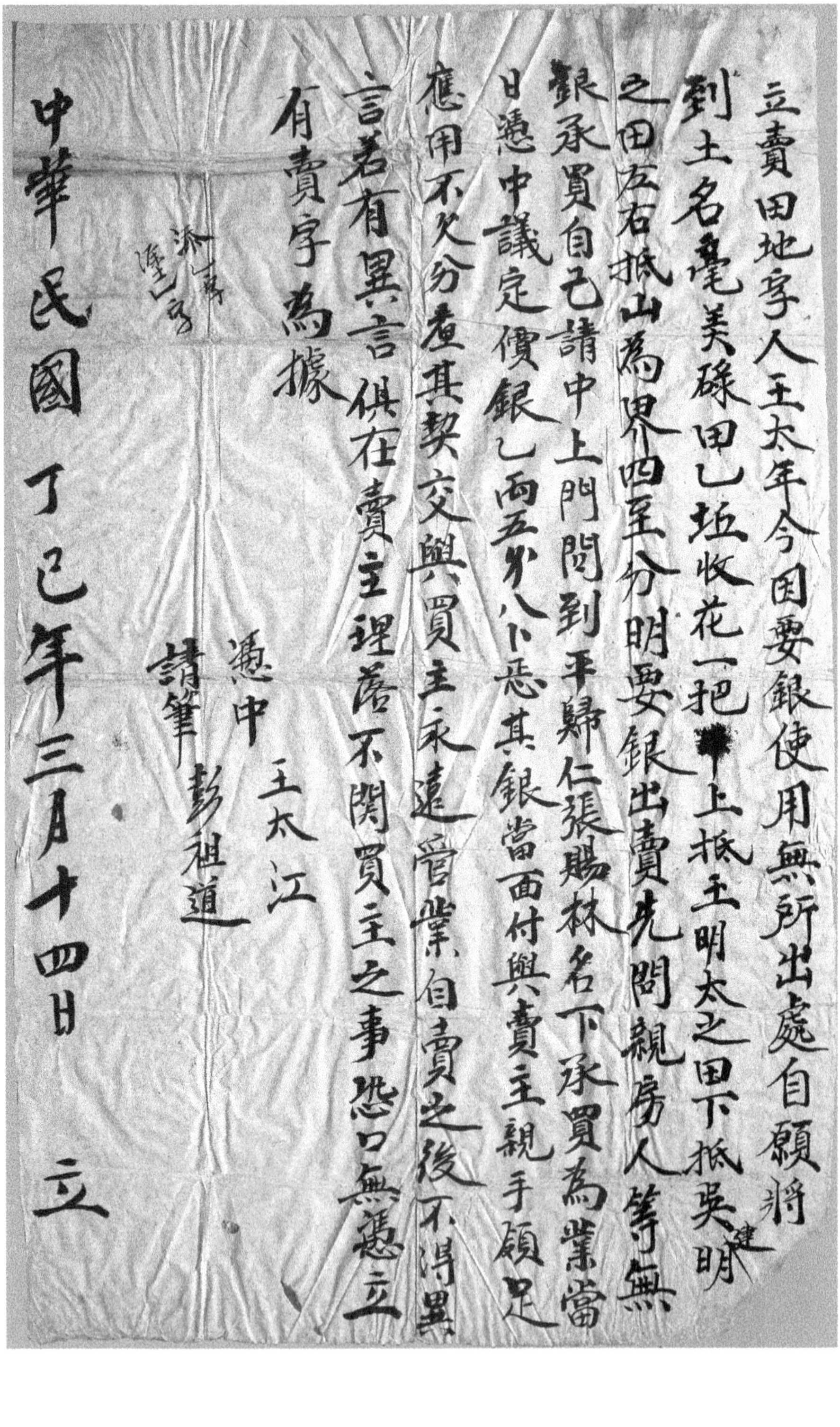

立賣田地字人王太年今因要銀使用無所出處自願將
到土名毫美𥓲田乙坵收花一把上抵王明太之田下抵吳明建
之田左右抵山為界四至分明要銀出賣先問親房人等無
銀承買自己請中上門問到平歸仁張賜林名下承買為業當
日憑中議定價銀乙両五錢八分悉其銀當面付與賣主親手領足
應用不欠分厘其契交與買主永遠管業自賣之後不得異
言若有異言俱在賣主理落不関買主之事恐口無憑立
有賣字為據

添乙字
塗乙字

憑中 王太江
請筆 彭祖道

中華民國丁巳年三月十四日 立

ZCJ083　民国六年三月十四日王太年卖田地字*

一　立賣田地字人王太年，今因要銀使用，無所出處。自願（將）

二　到土名毫美（碌）田乙坵，收花一把。■上抵王明太之田，下抵吳明建

三　之田，左右抵山為界，四至分明。要銀出賣，先問親房人等，無

四　銀承買，自己請中上門問到平（歸）仁張賜林名下承買為業。當

五　日憑中議定價銀乙（兩）五（錢）八（分）（整），其銀當面付與賣主親手領足

六　應用，不欠分厘，其契交與買主永遠（管）業。自賣之後，不得異

七　言。若有異言，俱在賣主理落，不関買主之事。恐口無憑，立

八　有賣字為據。

九　（添）乙字　　　　憑中　王太江

十　塗乙字　　　　　請筆　彭祖道

十一　中華民國丁巳年三月十四日　　　立

*此为王太年民国六年（1917年）三月十四日卖田地字据，原件现保藏于张承久家中，原色影像典藏于贵州师范学院『中国山地民族特色文献数据库』，编号为ZCJ083。原件内容共11列199字。原件右下角破损缺失。

编号：ZCJ084（270mm×510mm）

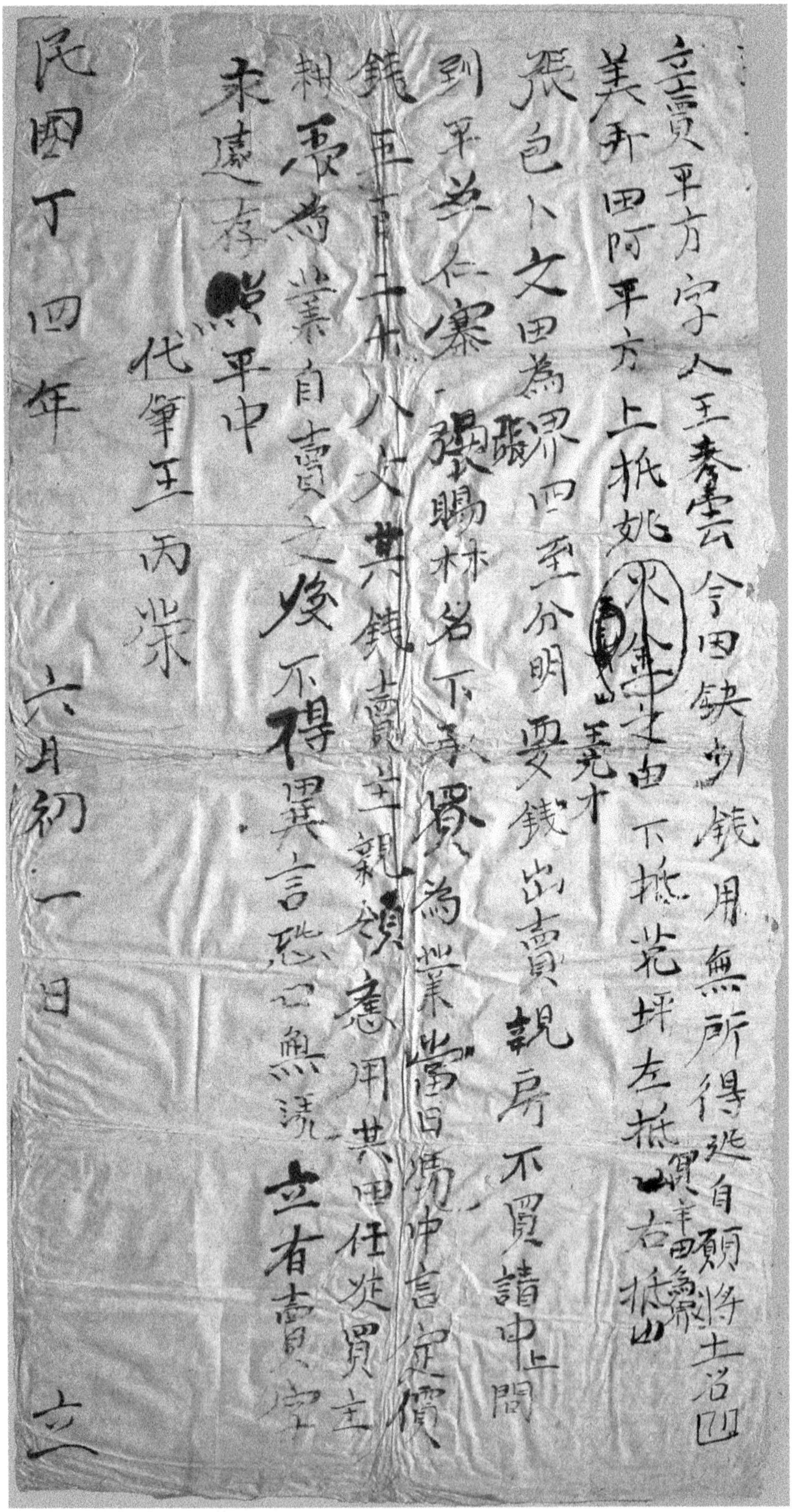
立賣平方字人王春雲今因缺少銭用無所得处自願将土名四
美卉田阿平方上抵姚　之田下抵花坪左抵山右抵山
為包卜文田為界四至分明要銭出賣親房不買請中上門
到平共仁寨張賜林名下承買為業當日憑中言定價
銭五千二百二十八文其銭立賣親領應用其田任從買主
耕管為業自賣之後不得異言恐口無憑立有賣字
永遠存照　憑中
代筆王丙棠
民國丁四年　六月初一日　立

ZCJ084　民国六年六月初一日王秀云卖荒坪字*

一　立賣平方字人王秀雲，今因鈌少錢用，無所得(処)，自願(将)土名凹

二　美弄田阿平方，上抵姚■■(王光才)之田，下抵荒坪，左抵■(買)主田為界，右抵山

三　張包卜之田為界，四至分明。要錢出賣，親房不買，請中上問

四　到平归仁寨■(張)賜林名下承買為業。當日(凴)中言定價

五　錢五百二十八文，其錢賣主親領應用，其田任(從)買主

六　耕(管)為業。自賣之後，不得異言。恐口(無)(凴)，立有賣字

七　永遠存照。　　平中

八　　　　代筆　王丙荣

九　民國丁四年　　六月初一日　　立

---

*此为王秀云民国六年(1917年)六月初一日卖荒坪字据，原件现保藏于张承久家中，原色影像典藏于贵州师范学院『中国山地民族特色文献数据库』，编号为ZCJ084。原件内容共9列160字。原件行文中有多处涂改痕迹。

编号：ZCJ085（290mm×520mm）

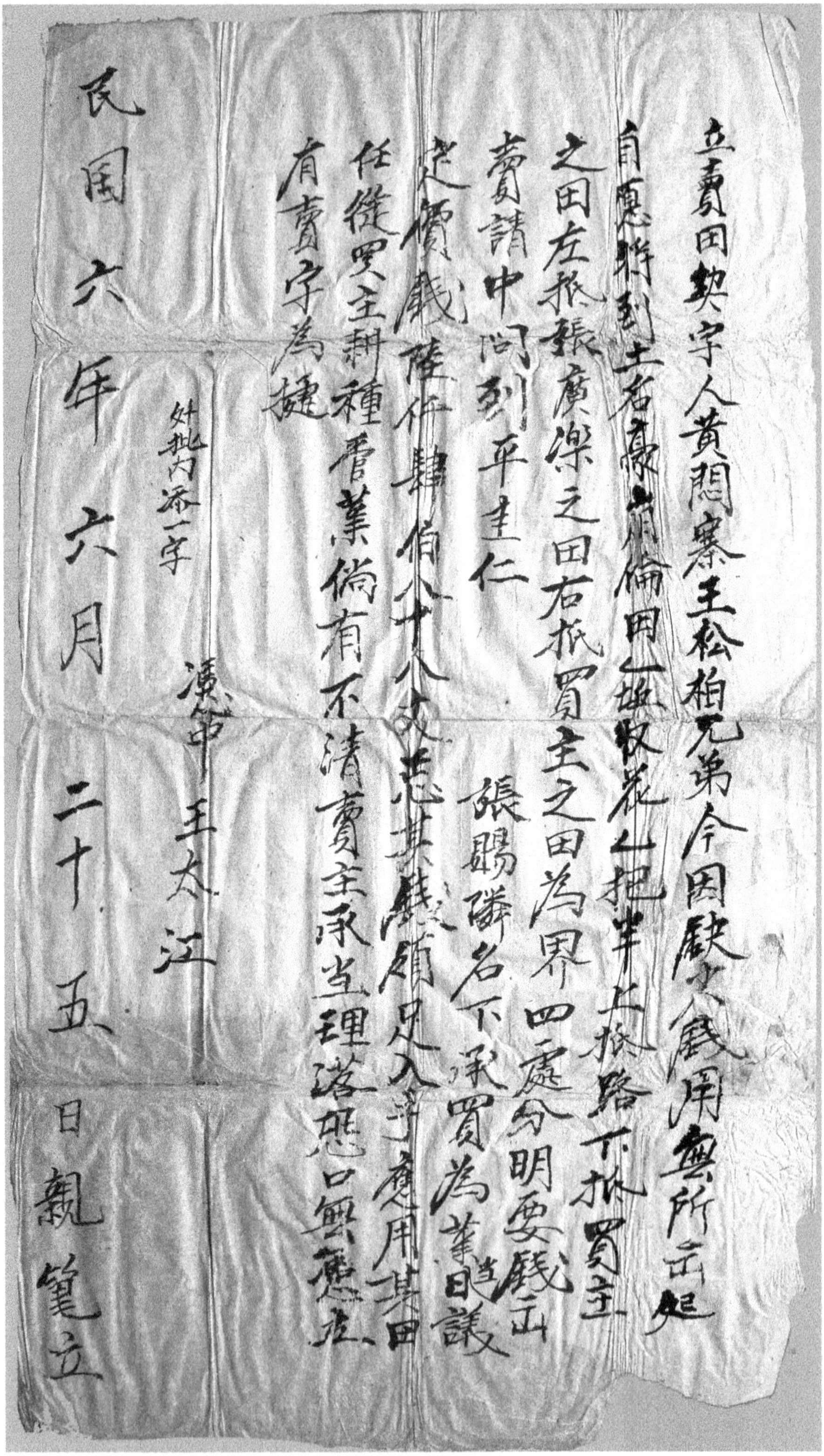
立賣田契字人黄悶寨王松柏兄弟今因缺少錢用無所出處
自愿將到土名高賓倫田一坵收花一把半上抵路下抵買主
之田左抵張廣樂之田右抵買主之田為界四處分明要錢出
賣請中問到平圭仁 張賜隣名下承買為業當日議
定價錢陸仟肆伯八十八文正其錢領足入手應用其田
任從買主耕種管業倘有不清賣主承当理落恐口無憑立
有賣字為據
外批内添一字
憑中 王太江
民国六年六月二十五日 親筆立

ZCJ085　民国六年六月二十五日王松柏等卖田契*

一　立賣田契字人黃悶寨王松柏兄弟，今因缺少錢用，(無)所(出)(処)，

二　自愿(将)到土名豪崩倫田乙坵，(收)花乙把半，上抵路，下抵買主

三　之田，左抵張廣樂之田，右抵買主之田為界，四處分明。要錢(出)

四　賣，請中问到平圭仁　　張賜磷名下承買為業。当日議

五　定價錢陸仟肆伯八十八文(整)，其錢領足入手應用，其田

六　任(從)買主耕種(管)業。倘有不清，賣主承当理落。恐口(無)憑，立

七　有賣字為據。

八　　　外批：内(添)一字　　　　憑中　王太江

九　民国六年六月二十五日　親(筆)立

*此为王松柏兄弟民国六年(1917年)六月二十五日卖田契约，原件现保藏于张承久家中，原色影像典藏于贵州师范学院『中国山地民族特色文献数据库』，编号为ZCJ085。原件内容共9列166字。原件右下角有破损缺失，中间有明显折痕。

编号：ZCJ086（390mm×260mm）

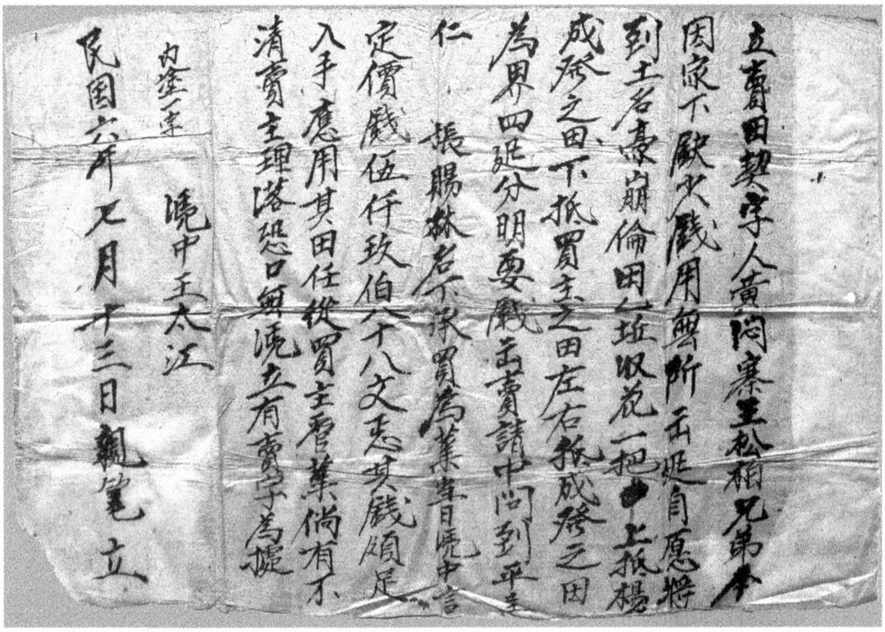
立賣田契字人黄闷寨王松栢兄弟今
因家下缺少錢用無所出處自愿將
到土名豪崩倫田一坵收花一把 上抵楊
成発之田下抵買主之田左右抵成発之田
為界四抵分明要錢出賣請中問到平主
仁 張賜林名下承買為業當日憑中言
定價錢伍仟玖伯一十八文正其錢領足
入手應用其田任從買主管業倘有不
清賣主理落恐口無憑立有賣字為據
内塗一字
憑中王太江
民国六年七月十三日親筆立

ZCJ086　民国六年七月二十三日王松柏等卖田契*

一　立賣田契字人黃閎寨王松柏兄弟，今
二　因家下鈌少錢用，(無)所(出)(処)，自愿(將)
三　到土名豪崩倫田乙坵，収花一把■，上抵楊
四　成(發)之田，下抵買主之田，左右抵成(發)之田
五　為界，四(処)分明。要錢(出)賣，請中问到平主
六　仁　　張賜林名下承買為業。当日(凴)中言
七　定價錢伍仟玖伯八十八文(整)，其錢領足
八　入手應用，其田任從買主(管)業。倘有不
九　清，賣主理落。恐口(無)(凴)，立有賣字為(據)。
十　內塗一字　　　　(凴)中　王太江
十一　民国六年七月廿三日　親笔立

*此为王松柏兄弟民国六年(1917年)七月二十三日卖田契约，原件现保藏于张承久家中，原色影像典藏于贵州师范学院『中国山地民族特色文献数据库』，编号为ZCJ086。原件内容共11列160字。原件有明显折痕和水渍。

编号：ZCJ087（325mm×525mm）

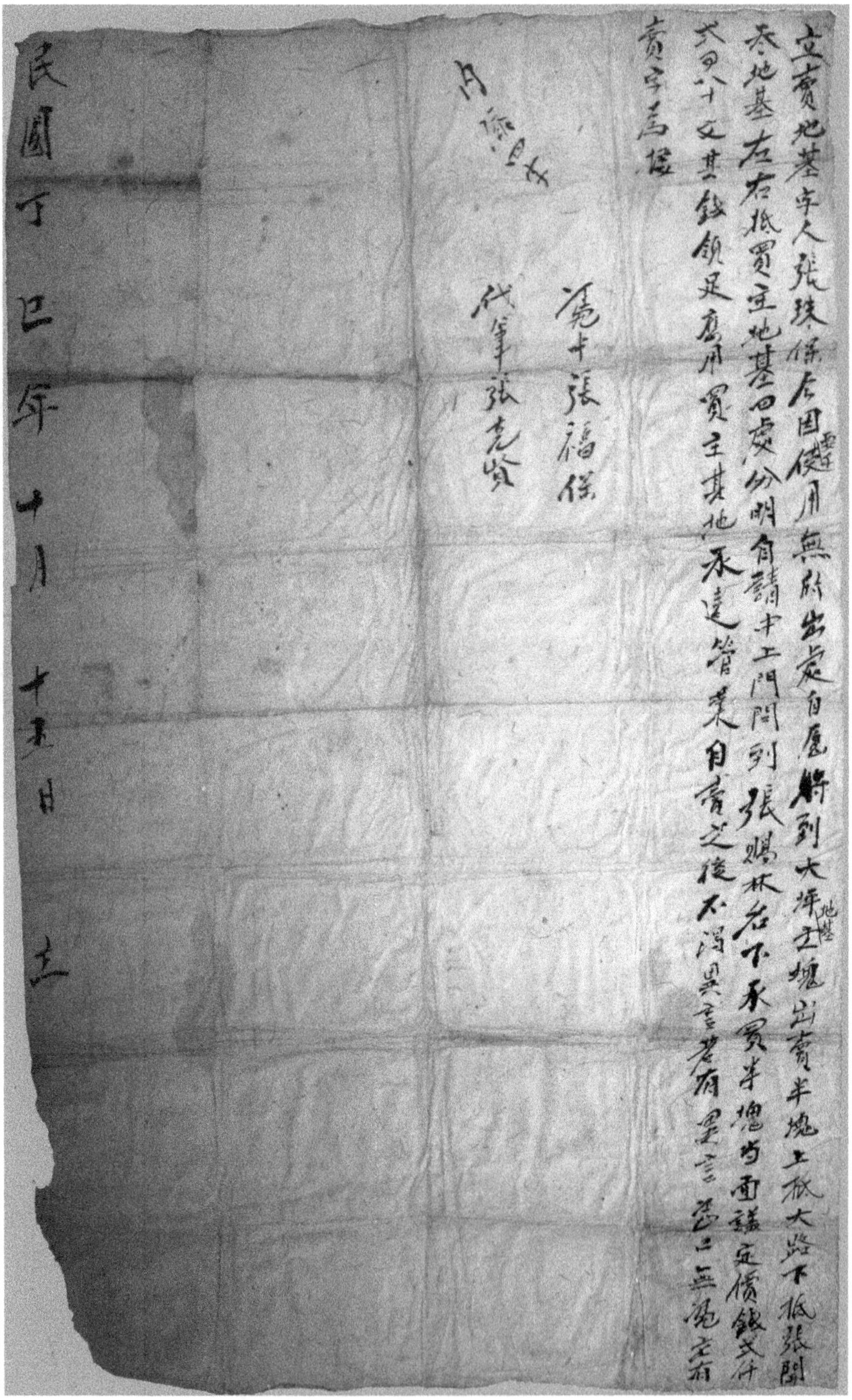
立賣地基字人張珠保名因要錢使用無從出處自願將到大坪地基土塊出賣半塊上抵大路下抵張開
秀地基左右抵買主地基四處分明自請中上門問到張鳴林名下承買半塊當面議定價錢文仟
弍百八十文其錢領足應用買主其地永遠管業自賣之後不得異言若有異言賣主無憑立有
賣字爲據

內添二字

憑中張福保

代筆張克賢

民國丁巳年十月十五日立

ZCJ087　民国六年十月十五日张珠保卖地基字*

一　立賣地基字人張珠保，今因使用要(錢)，無所出處，自愿將到大坪地基(壹)塊出賣半塊，上抵大路，下抵張開

二　(喬)地基，左右抵買主地基，四處分明。自請中上門問到張賜林名下承買半塊，当面議定價錢弍仟

三　弍(百)八十文，其錢领足應用，買主其地永遠管業。自賣之後，不淂異言。若有異言，恐口無(凴)，立有

四　賣字為據。

五　内(添)四字　　(凴)中　張福保

六　　　　　　　代筆　張克賢

七　民國丁巳年十月十五日　　立

*此为张珠保民国六年(1917年)十月十五日卖地基字据，原件现保藏于张承久家中，原色影像典藏于贵州师范学院『中国山地民族特色文献数据库』，编号为ZCJ087。原件内容共7列145字。原件中有多处水渍。

编号：ZCJ088（320mm×530mm）

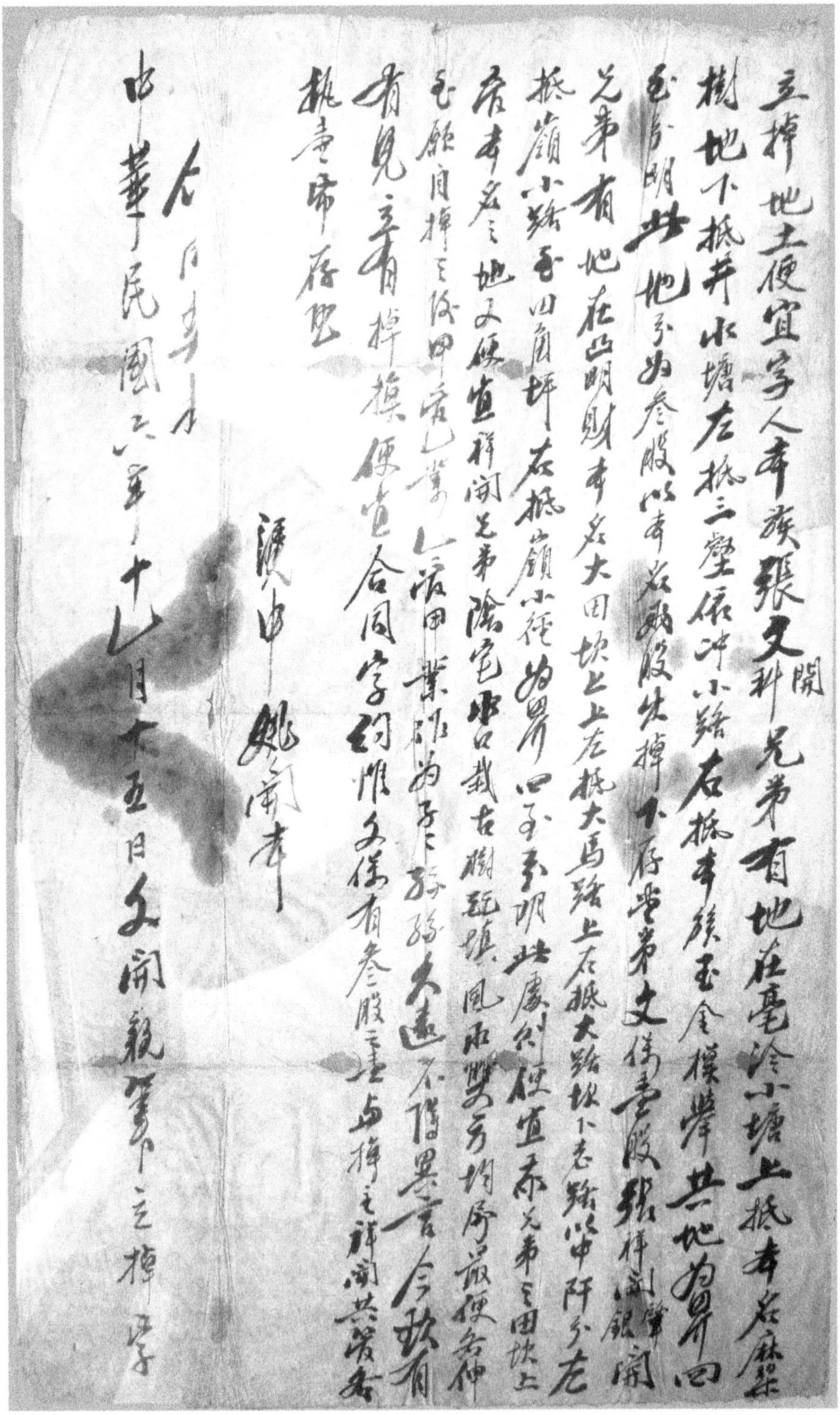

立棹地土便宜字人本族張文閑科兄弟有地在毫洽小塘上抵本名麻栗
樹地下抵井水塘右抵三壁依冲小路右抵本族玉全模岸共地為界四
至分明此地分為叁股以本名各股此棹下存堂弟文保壹股張祥閑銀閑
兄弟有地在亞明財本名大田坎上上右抵大馬路上右抵大路坎下志路以中阡分左
抵嶺小路至四角坪右抵嶺小徑為界四至分明此處分位置承兄弟之田坎上
肩本名之地又便宜祥閑兄弟陰宅壹口栽古樹延填風雨世界分均所最便各神
至願自棹至後田肩山業山後田業永為子孫路久遠不得異言今欲有
有見立有棹換便宜合同字約兩文保有叁股之基与棹主祥閑共貴各
執壹帋存照

合同為據

憑中 姚開本

中華民國六年十一月十五日 文閑親筆立棹字

ZCJ088　民国六年十一月十五日张文开等换地字*

一　立掉地土便宜字人本族張文開科兄弟，有地在毫冷小塘，上抵本名麻(檕)

二　樹地，下抵井水塘，左抵三壑依冲小路，右抵本族玉金、模舉共地为界，四

三　至分明。此地分为叁股，以本名兩股出掉，下存堂弟文保壹股。張祥(開)、肇銀(開)

四　兄弟有地在凸明財本名大田坎上，上左抵大馬路，上右抵大路坎下老路以中阡分，左

五　抵嶺小路至田角坪，右抵嶺小徑为界，四至分明。此處则便宜忝兄弟之田坎上

六　(管)本名之地，又便宜祥(開)兄弟陰宅水口栽古樹殑填風水，雙方均屬最便，各伸

七　至願。自掉之後，甲管乙業，乙管甲業，作为子子孫孫，久遠不得異言。今欲有

八　有(凴)，立有掉換便宜合同字約。惟文保有叁股之壹，与掉主祥(開)共(管)，各

九　执壹帋存照。

十　(凴)中　姚(開)本

十一　合同契執

十二　中華民國六年十乙月十五日　文(開)親筆立掉字

---

*此为张文开、张文科兄弟民国六年(1917年)十一月十五日换地字据，原件现保藏于张承久家中，原色影像典藏于贵州师范学院『中国山地民族特色文献数据库』，编号为ZCJ088。原件内容共12列273字。原件中有多处明显油渍。

编号：ZCJ089（380mm×260mm）

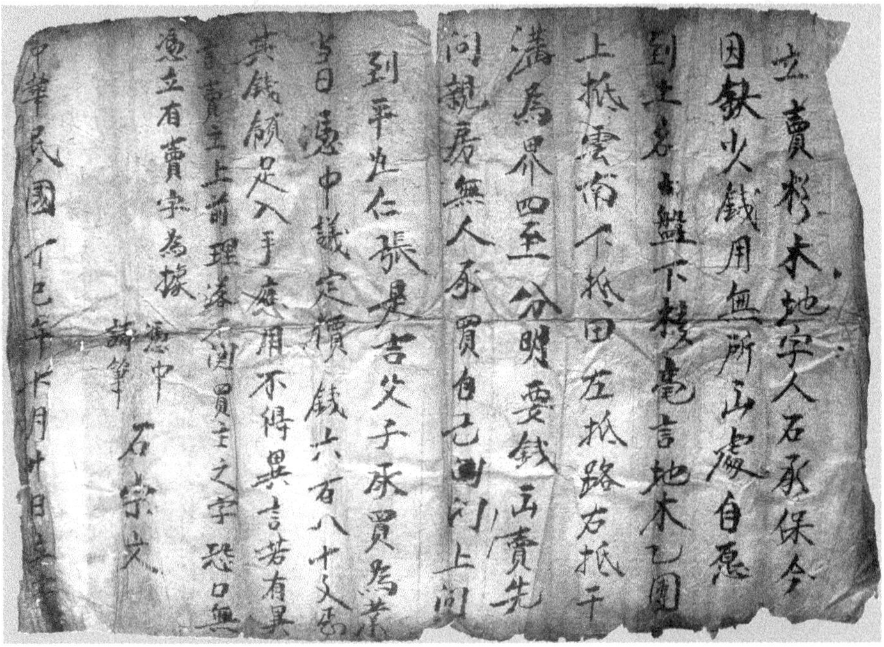

立賣杉木地字人石承保今
因缺少錢用無所出處自愿
到土名□盤下楼毫言地木乙團
上抵雲南下抵田左抵路右抵千
滿為界四至一分明要錢出賣先
問親房無人承買自己請中上門
到平立仁張昌吉父子承買為業
當日憑中議定價錢六百八十文正
其錢領足入手應用不得異言若有異
言賣主上前理落不關買主之事恐口無
憑立有賣字為據　憑中　石宗文
請筆
中華民國丁巳年十月廿日立

ZCJ089 民国六年十一月二十日石承保卖杉木地字*

一 立賣杉木地字人石承保，今

二 因鈌少錢用，無所(出)處，自愿

三 到土名■盤下棱毫言地木乙團，

四 上抵雲南，下抵田，左抵路，右抵干

五 溝為界，四至分明。要錢(出)賣，先

六 问親房，無人承買，自己■门上问

七 到平归仁張是吉父子承買為業。

八 当日憑中議定價錢六百八十文(整)，

九 其錢領足入手應用。不得異言，若有異

十 言，賣主上前理落，不(関)買主之字。恐口無

十一 憑，立有賣字為據。

十二 憑中 請筆 石宗文

十三 中華民國丁巳年十一月廿日 立 字

*此为石承保民国六年(1917年)十一月二十日卖杉木地字据，原件现保藏于张承久家中，原色影像典藏于贵州师范学院『中国山地民族特色文献数据库』，编号为ZCJ089。原件内容共13列157字。原件纸张已开始絮化，中部有多处虫蚀小孔。

编号：ZCJ090（310mm×370mm）

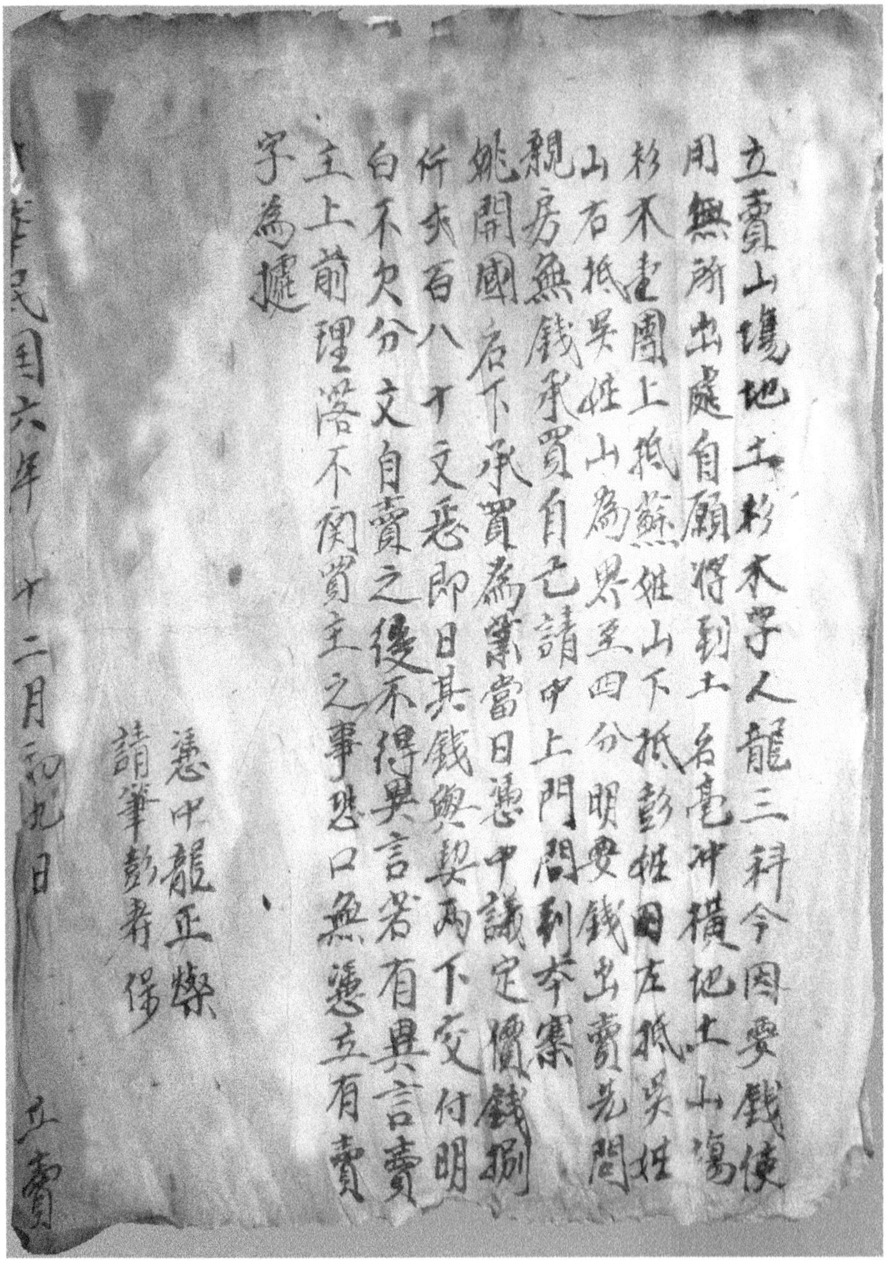

立賣山塲地土杉木字人龍三科今因要錢使
用無所出處自願將到土名亮冲橫地土山塲
杉木壹團上抵蘇姓山下抵彭姓田左抵吳姓
山右抵吳姓山為界至四分明要錢出賣先問
親房無錢承買自己請中上門問到本寨
姚開國名下承買為業當日憑中議定價錢捌
仟貳百八十文悉即日其錢與契兩下交付明
白不欠分文自賣之後不得異言若有異言賣
主上前理落不關買主之事恐口無憑立有賣
字為據

憑中龍正榮
請筆彭壽保

華民国六年十二月初九日 立賣

ZCJ090　民国六年十二月初九日龙三科卖山场地土杉木字*

一　立賣山塲地土杉木字人龍三科，今因要錢使

二　用，無所出處，自願（将）到土名毫冲横地土山塲

三　杉木壹團，上抵（蘇）姓山，下抵彭姓田，左抵吳姓

四　山，右抵吳姓山為界，至四分明。要錢出賣，先問

五　親房，（無）錢承買，自己請中上門問到本寨

六　姚開國名下承買為業。當日憑中議定價錢捌

七　仟（弍）百八十文（整），即日其錢與契两下交付明

八　白，不欠分文。自賣之後，不得異言。若有異言，賣

九　主上前理落，不（関）買主之事。恐口（無）憑，立有賣

十　字為據。

十一　　　　憑中　龍正（燦）

十二　　　　請筆　彭寿保

十三　中華民国六年十二月初九日　　　　立賣

*此为龙三科民国六年（1917年）十二月初九日卖山场地土杉木字据，原件现保藏于张承久家中，原色影像典藏于贵州师范学院『中国山地民族特色文献数据库』，编号为ZCJ090。原件内容共13列187字。原件纸张已经开始絮化。

编号：ZCJ091（390mm×255mm）

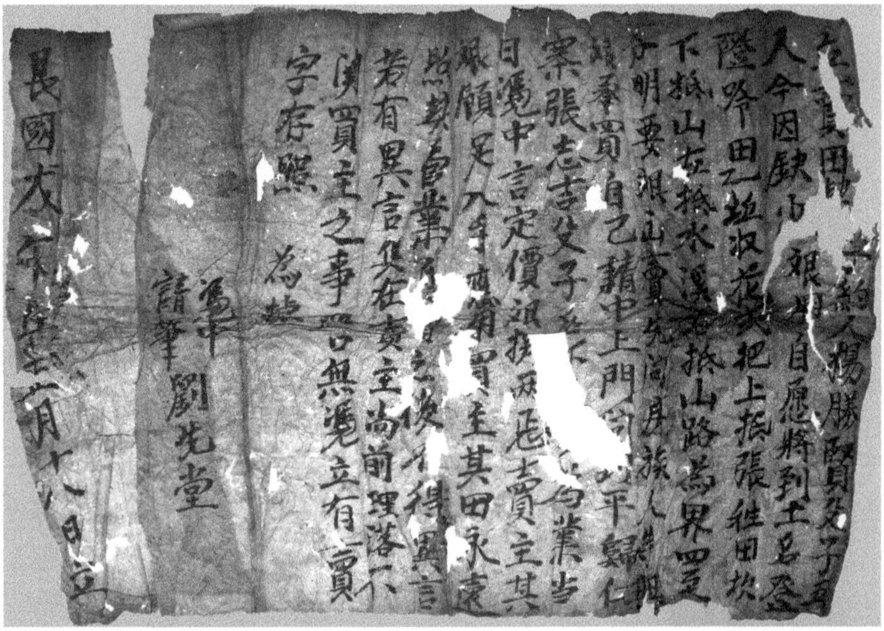
立[illegible]賣田[illegible]約人楊勝賢父子
人今因缺少[illegible]銀用自愿將到土名登
隆降田乙坵收花[illegible]把上抵張姓田坎
下抵山左抵水溪右抵山路爲界四至
分明要銀出賣先問房族人等無
錢承買自己請中上門問到平鰲仁
寨張志宏父子[illegible]業當
日憑中言定價銀[illegible]賣主其
銀領足入手應用買主其田永遠
照契管業[illegible]後不得異言
若有異言俱在賣主向前理落不
與買主之事恐口無憑立有賣
字存照 爲據
憑中
請筆 劉先堂
民國戊[illegible]年[illegible]月十八日立

ZCJ091　民国七年正月十八日杨胜贤等卖田契*

一　立賣田契字約人楊勝賢父子五

二　人，今因鈌少（銀）用，自愿將到土名登

三　隥吟田乙坵，（收）花（弍）把，上抵張姓田坎，

四　下抵山，左抵水溪，右抵山路為界，四至

五　分明。要（銀）（出）賣，先问房族人等，無

六　（銀）承買，自己請中上門问到平（歸）仁

七　寨張志吉父子名下□□為業。当

八　日（凴）中言定價（銀）捌兩（整），賣主其

九　（銀）領足入手應用，買主其田永遠

十　照契管業。□□之後，不得異言。

十一　若有異言，具在賣主尚前理落，不

十二　（関）買主之事。恐口無（凴），立有賣

十三　字存照　為據。

十四　（凴）中　請筆　劉先堂

十五　民國戊午年正月十八日立

*此为杨胜贤父子民国七年（1918年）正月十八日卖田契约，原件现保藏于张承久家中，原色影像典藏于贵州师范学院『中国山地民族特色文献数据库』，编号为ZCJ091。原件内容共15列183字。原件纸张已经明显絮化，多处内容因虫蚀缺损，文字无法确认。

编号：ZCJ092（235mm×310mm）

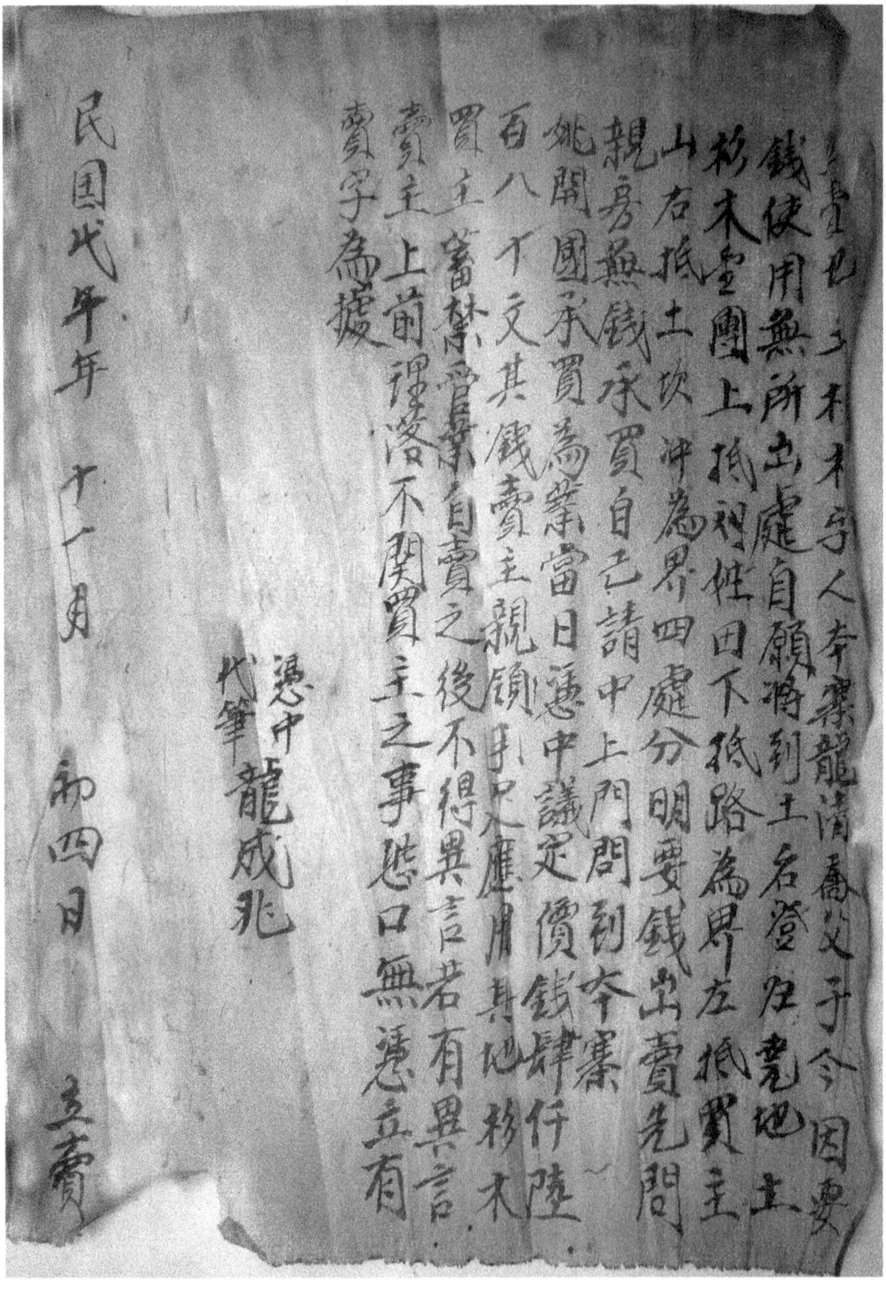
立賣杉木字人本寨龍清喬父子今因要
錢使用無所出處自願將到土名登岩堯地土
杉木壹團上抵祖姓田下抵路為界左抵買主
山右抵土坎沖為界四處分明要錢出賣先問
親房無錢承買自己請中上門問到本寨
姚開國承買為業當日憑中議定價錢肆仟陸
百八十文其錢賣主親領入手應用其地杉木
買主管禁管業自賣之後不得異言若有異言
賣主上前理落不関買主之事恐口無憑立有
賣字為據

憑中
代筆 龍成兆

民国弍年年 十一月 初四日 立賣

ZCJ092　民国七年十一月初四日龙清乔等卖地土杉木字*

一　立賣地土杉木字人本寨龍清喬父子，今因要

二　錢使用，(無)所出處，自願(将)到土名登归尭地土

三　杉木壹團，上抵刘姓田，下抵路為界，左抵買主

四　山，右抵土坎冲為界，四處分明。要錢出賣，先問

五　親房，(無)錢承買，自己請中上門問到本寨

六　姚開國承買為業。當日凴中議定價錢肆仟陸

七　百八十文，其錢賣主親領手足應用，其地杉木

八　買主蓄禁(管)業。自賣之後，不得異言。若有異言，

九　賣主上前理落，不関買主之事。恐口無凴，立有

十　賣字為據。

十一　　凴中　代筆　龍成兆

十二　民国戊午年十一月初四日　　立賣

*此为龙清乔父子民国七年(1918年)十一月初四日卖地土杉木字据，原件现保藏于张承久家中，原色影像典藏于贵州师范学院『中国山地民族特色文献数据库』，编号为ZCJ092。原件内容共12列184字。原件右侧边缘缺损，左下端有一处缺孔。

编号：ZCJ093（365mm×270mm）

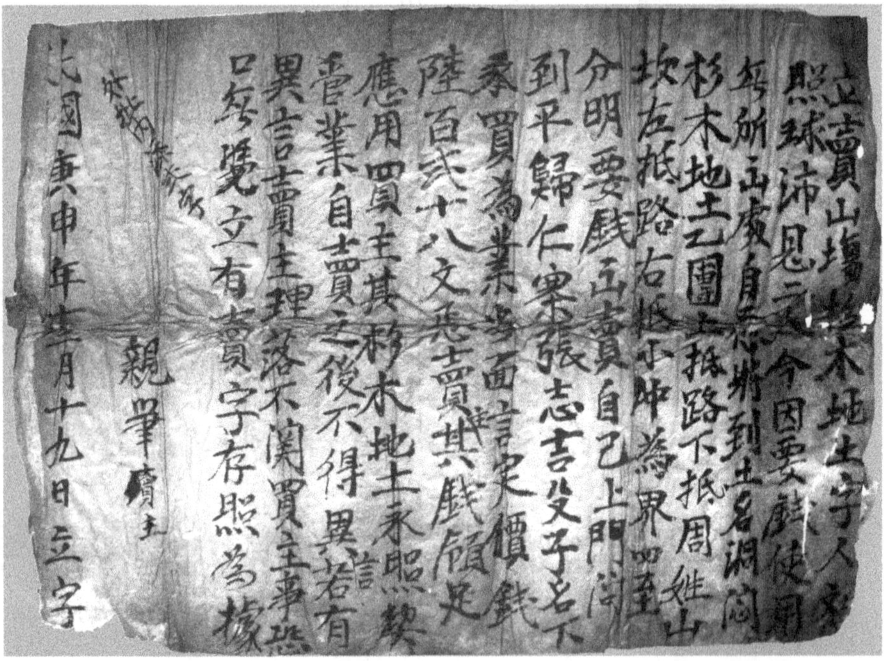
立賣山塲杉木地土字人
照球沛恩二人今因要錢使用
無所出處自己願將到土名洞凼
杉木地土乙團上抵路下抵周姓山
坎左抵路右抵小冲為界四至
分明要錢出賣自己上門問
到平歸仁寨張志吉父子名下
承買為業當面言定價錢
陸百弍十八文亲手賣主其錢領足
應用買主其杉木地土永照契
管業自賣之後不得異言若有
異言賣主理落不関買主事恐
口無憑立有賣字存照為據
親筆 賣主
民國庚申年十二月十九日立字

ZCJ093 民国九年十二月十九日刘照球等卖山场杉木地土字*

一 立賣山塲杉木地土字人刘
二 照球、沛恩二人，今因要錢使用，
三 （無）所（出）處，自愿將到土名洞闷
四 杉木地土乙團，上抵路，下抵周姓山
五 坎，左抵路，右抵小冲為界，四至
六 分明。要錢（出）賣，自己上門问
七 到平（歸）仁寨張志吉父子名下
八 承買為業。当面言定價錢
九 陸百（弍）十八文（整），賣主其（錢）領足
十 應用，買主其杉木地土永照契
十一 （管）業。自賣之後，不得異言。若有
十二 異言，賣主理落，不（関）買主事。恐
十三 口（無）（凴），立有賣字存照為據。
十四 外批：内（添）（弍）字 親筆 賣主
十五 民國庚申年十二月十九日 立字

* 此为刘照球、刘沛恩民国九年（1920年）十二月十九日卖山场杉木地土字据，原件现保藏于张承久家中，原色影像典藏于贵州师范学院『中国山地民族特色文献数据库』，编号为ZCJ093。原件内容共15列177字。原件有明显褶皱，纸张开始出现絮化，右边部位有多处虫蚀缺孔。

编号：ZCJ094（240mm×359mm）

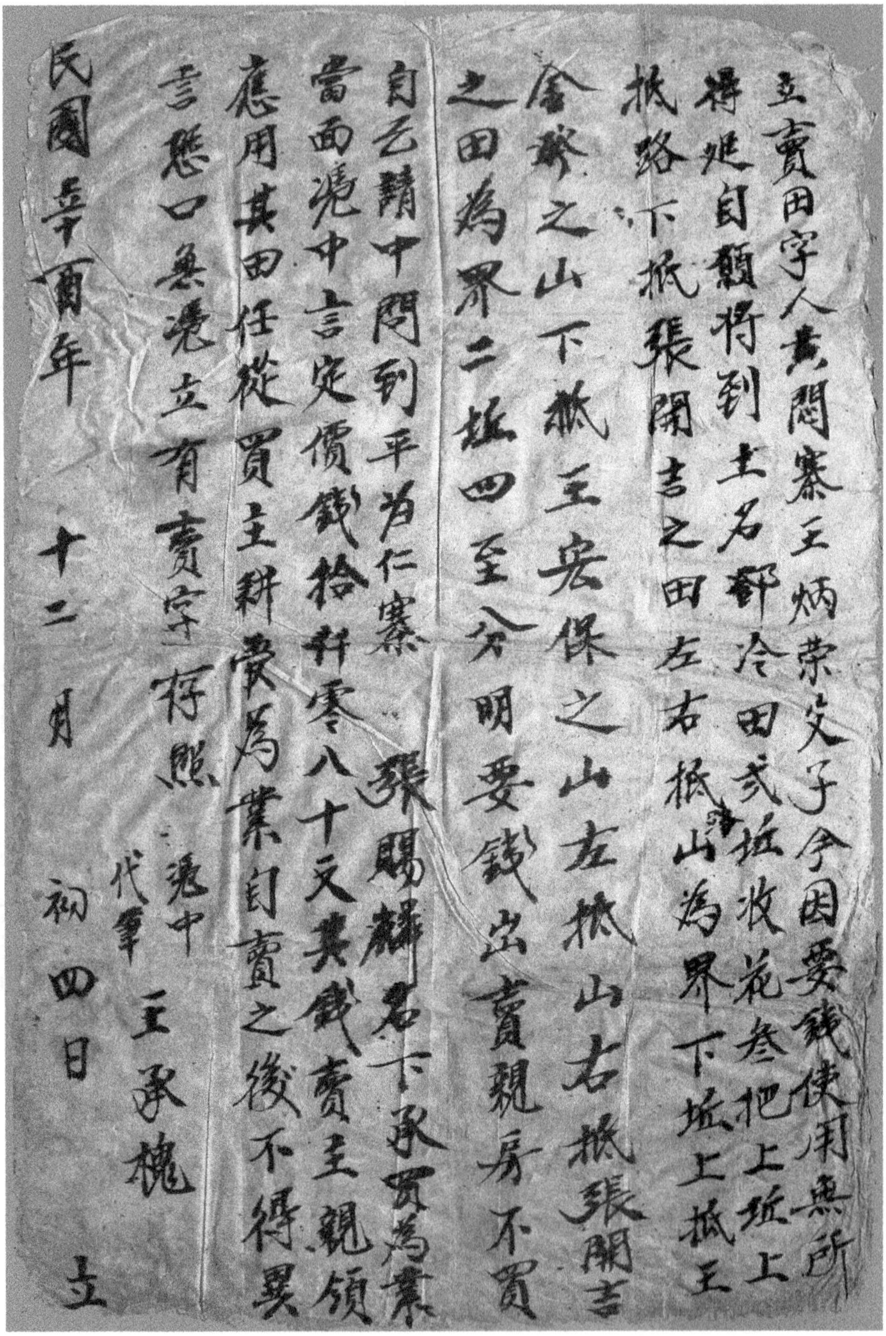

立賣田字人黄悶寨王炳荣父子今因要錢使用無所
得處自願將到土名鄧冷田弍坵收花叁把上坵上
抵路下抵張開吉之田左右抵山為界下坵上抵王
金發之山下抵至安保之山左抵山右抵張開吉
之田為界二坵四至分明要錢出賣親房不買
自己請中問到平乃仁寨張賜麟名下承買為業
當面憑中言定價錢拾[illegible]零八十文其錢賣主親領
應用其田任從買主耕管為業自賣之後不得異
言恐口無憑立有賣字存照 憑中
代筆 王承槐
民國辛酉年 十二月 初四日 立

ZCJ094　民国十年十二月初四日王炳荣等卖田字*

一　立賣田字人黃悶寨王炳荣父子，今因要錢使用，(無)所

二　得処，自願将到土名鄧冷田弍坵，(收)花叁把。上坵上

三　抵路，下抵張開吉之田，左右抵路山為界；下坵上抵王

四　金(發)之山，下抵王宏保之山，左抵山，右抵張開吉

五　之田為界，二坵四至分明。要錢出賣，親房不買，

六　自己請中問到平归仁寨　張賜麟名下承買為業。

七　當面(凴)中言定價錢拾仟零八十文，其錢賣主親領

八　應用，其田任從買主耕(管)為業。自賣之後，不得異

九　言。恐口(無)(凴)，立有賣字存照。

十　　　　(凴)中　王承槐
　　　　　代筆

十一　民國辛酉年十二月初四日　立

* 此为王炳荣父子民国十年(1921年)十二月初四日卖田字据，原件现保藏于张承久家中，原色影像典藏于贵州师范学院『中国山地民族特色文献数据库』，编号为ZCJ094。原件内容共11列187字。原件有明显折痕。

编号：ZCJ095（230mm×350mm）

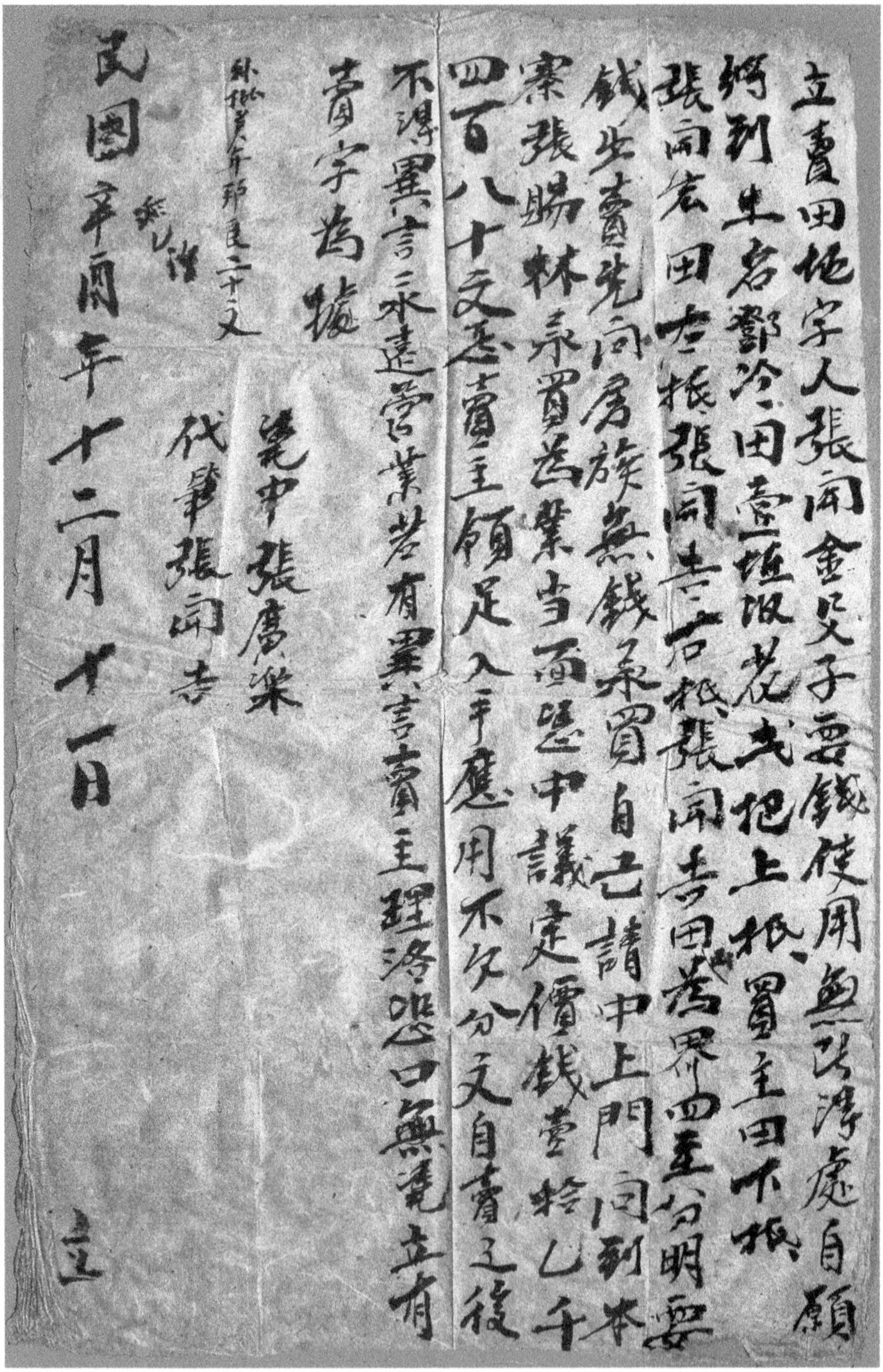
立賣田地字人張同金父子要錢使用無從得處自願
將到土名鄧冷冲田壹坵收花弍把上抵買主田下抵
張同宏田左抵張同吉右抵張同吉田為界四至分明要
錢出賣先問房族無錢承買自己請中上門問到本
寨張勝林承買為業當面憑中議定價錢壹拾乙千
四百八十文整賣主領足入手應用不欠分文自賣之後
不得異言二永遠管業若有異言賣主理落憑口無憑立有
賣字為據
外批□□耶良二十文
憑中 張廣梁
張□□
代筆 張同吉
民國辛酉年十二月十一日 立

ZCJ095　民国十年十二月十一日张开金等卖田地字*

一　立賣田地字人張(開)金父子，要錢使用，無所浔處，自願

二　將到土名鄧泠田壹坵，(收)花(弍)把，上抵買主田，下抵

三　張(開)宏田，左抵張(開)吉，右抵張(開)吉山田為界，四至分明。要

四　錢出賣，先问房族，無錢承買，自己請中上門问到本

五　寨張賜林承買為業。当面(憑)中議定價錢壹拾乙千

六　四百八十文(整)，賣主領足入手應用，不欠分文。自賣之後，

七　不浔異言，永遠管業。若有異言，賣主理洛。恐口無(凴)，立有

八　賣字為(據)。

九　外批：美年邦良二十文　(凴)中　張廣樂

十　(添)乙字　代筆　張(開)吉

十一　民國辛酉年十二月十一日　立

*此为张开金父子民国十年(1921年)十二月十一日卖田地字据，原件现保藏于张承久家中，原色影像典藏于贵州师范学院『中国山地民族特色文献数据库』，编号为ZCJ095。原件内容共11列186字。原件有明显折痕。

编号：ZCJ096（250mm×340mm）

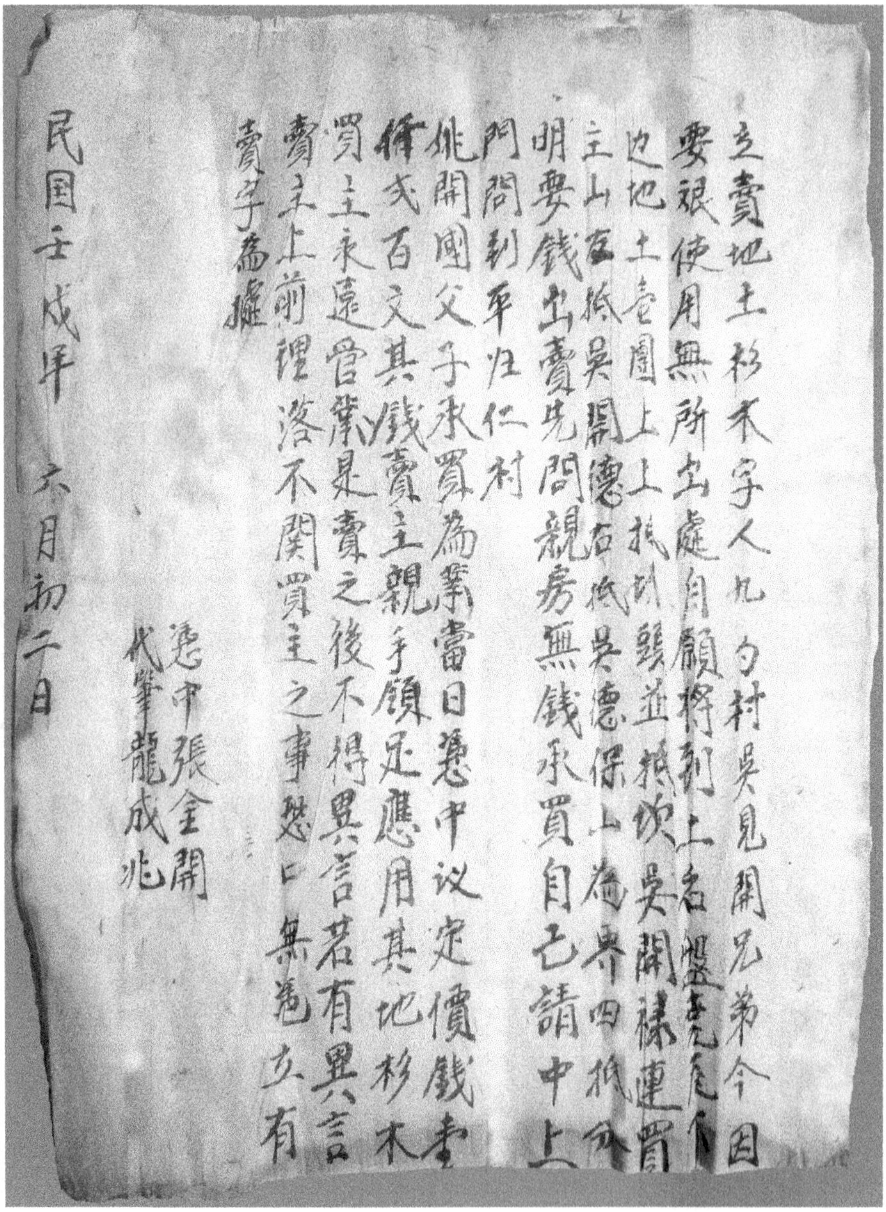
立賣地土杉木字人九勺村吴見開兄弟今因
要银使用無所出處自願將到土名盤老虎□
边地土壹團上上抵路並抵坎吴開祿連買
主山宜抵吴開德右抵吴德保山為界四抵分
明要錢出賣先問親房無錢承買自己請中上
門問到平往仁村
姚開國父子承買為業當日憑中议定價錢壹
仟弍百文其錢賣主親手領足應用其地杉木
買主永遠管業是賣之後不得異言若有異言
賣主上前理落不関買主之事恐口無憑立有
賣字為據

憑中張金開
代筆龍成兆

民国壬戌年　六月初二日

ZCJ096　民国十一年六月初二日吴见开等卖地土杉木字*

一　立賣地土杉木字人九勺村吳見開兄弟，今因
二　要(銀)使用，無所出處，自願(将)到土名盤堯尾下
三　边地土壹團，上上抵坎頭，並抵坎吳開禄連買
四　主山，左抵吳開德，右抵吳德保山為界，四抵分
五　明。要錢出賣，先問親房，無錢承買，自己請中上
六　門問到平归仁村
七　姚開國父子承買為業。當日憑中议定價錢壹
八　仟(弍)百文，其錢賣主親手領足應用，其地杉木
九　買主永遠(管)業。是賣之後，不得異言。若有異言，
十　賣主上前理落，不関買主之事。恐口無(凴)，立有
十一　賣字為攄。
十二　　　　憑中　張金開
十三　　　　代筆　龍成兆
十四　民国壬戌年　　六月初二日

*此为吴见开兄弟民国十一年(1922年)六月初二日卖地土杉木字据，原件现保藏于张承久家中，原色影像典藏于贵州师范学院『中国山地民族特色文献数据库』，编号为ZCJ096。原件内容共14列193字。原件边缘处有水浸痕迹。

编号：ZCJ097（220mm×230mm）

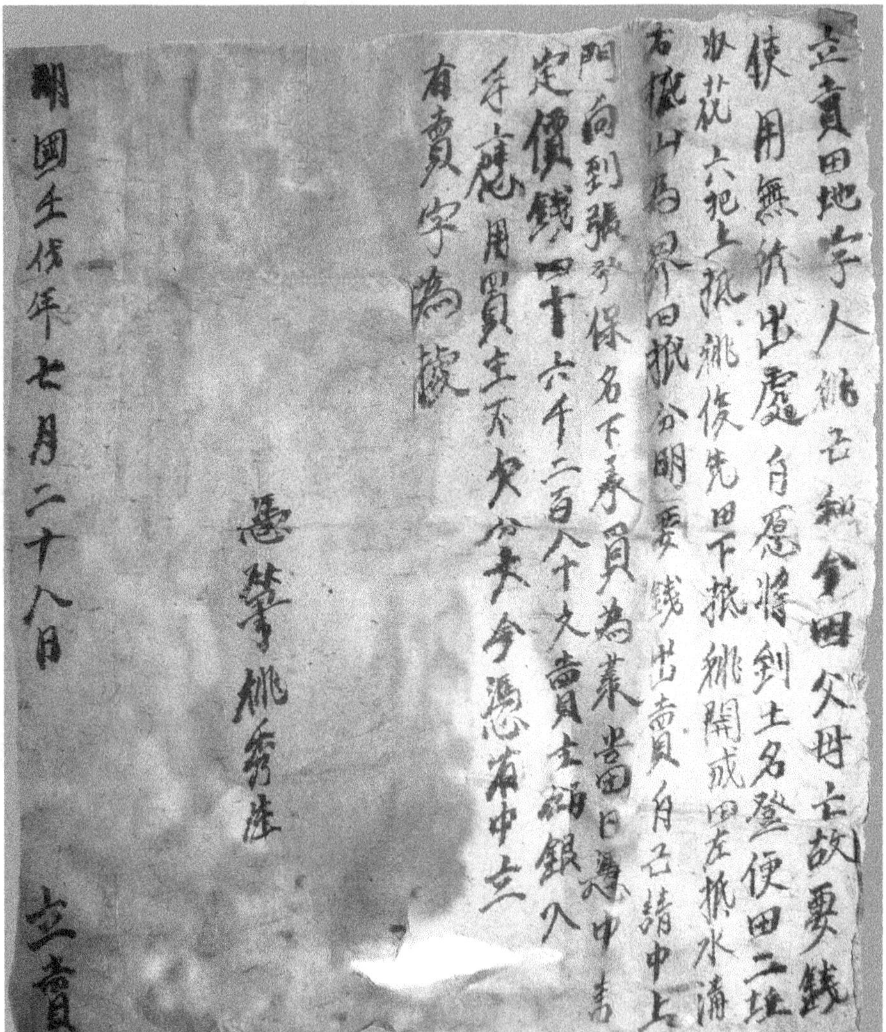
立賣田地字人姚己秘今因父母亡故要錢
使用無從出處自愿將到土名登便田二坵
收花六把上抵姚後先田下抵姚開成田左抵水涌
右抵山為界四抵分明要錢出賣自己請中上
門問到張承保名下承買為業當日憑中言
定價錢四十六千二百八十文賣主領銀入
手應用買主不欠分文今憑有中立
有賣字為據
憑筆姚秀琏
民國壬戌年七月二十八日 立賣

ZCJ097　民国十一年七月二十八日姚己和卖田地字*

一　立賣田地字人姚己和，今因父母亡故，要錢
二　使用，無所出（處），自愿（将）到土名登便田二坵，
三　（收）花六把，上抵姚後先田，下抵姚開成田，左抵水溝，
四　右抵山為界，四抵分明。要錢出賣，自己請中上
五　門问到張（發）保名下承買為業。當日（憑）中言
六　定價錢四十六千二百八十文，賣主領銀入
七　手應用，買主不欠分文。今（憑）有中，立
八　有賣字為（據）。
九　（憑）筆　姚秀生
十　明國年壬伐年七月二十八日　立賣

*此为姚己和民国十一年（1922年）七月二十八日卖田地字据，原件现保藏于张承久家中，原色影像典藏于贵州师范学院『中国山地民族特色文献数据库』，编号为ZCJ097。原件内容共10列144字。原件下方有一处缺孔。

编号：ZCJ098（160mm×190mm）

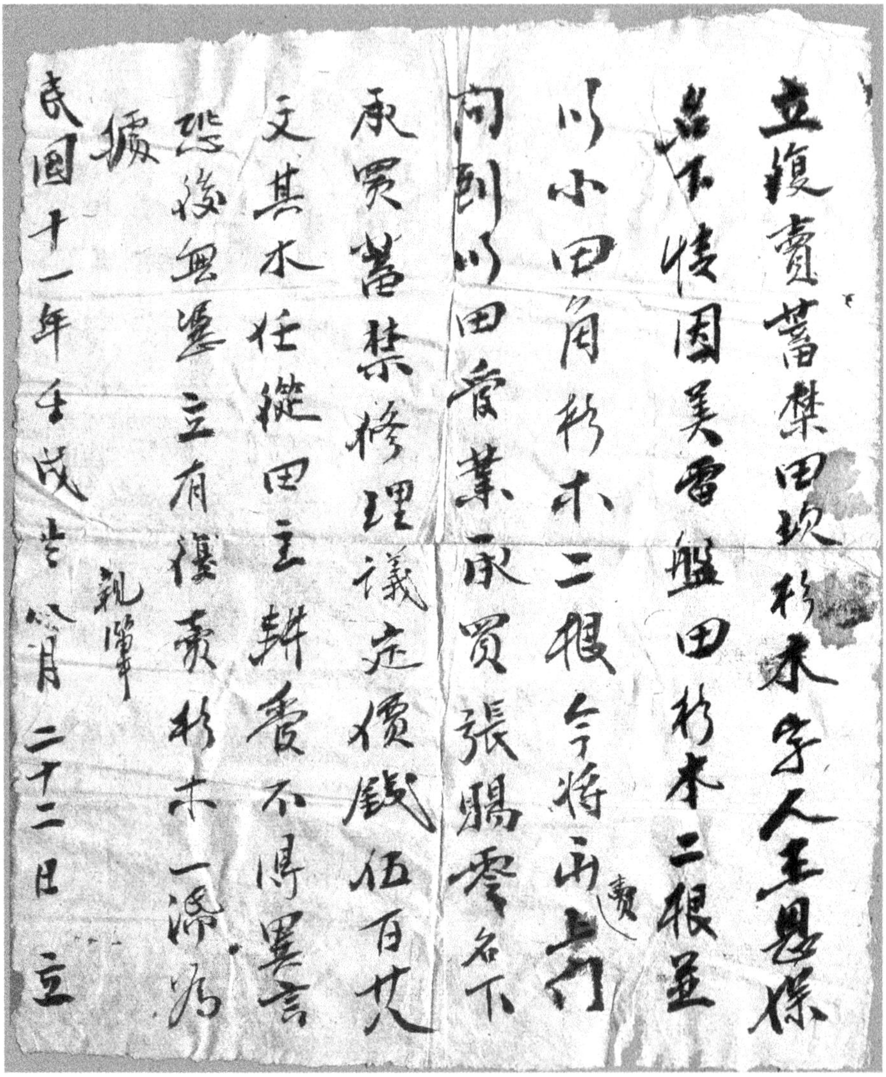
立復賣蓄禁田坎杉木字人王恩保
名下情因美雷盤田杉木二根並
川小田角杉木二根今將賣出
向到川田登業承買張鵬雲名下
承買蓄禁修理議定價錢伍百文
文其木任從田主耕管不得異言
恐後無憑立有復賣杉木一派為
據
親筆
民國十一年壬戌歲八月二十二日 立

ZCJ098　民国十一年八月二十二日王恩保复卖蓄禁田坎杉木字*

一　立復賣蓄禁田坎杉木字人王恩保

二　名下，情因美雷盤田杉木二根，並

三　以小田角杉木二根，今将(出)賣。上门

四　问到以田(管)業承買張賜零名下

五　承買，蓄禁修理。(議)定價錢伍百廿八

六　文，其木任(從)田主耕(管)，不得異言。

七　恐後(無)憑，立有復賣杉木一(紙)為

八　據。　　　　　親筆

九　民国十一年壬戌(岁)八月二十二日　立

*此为王恩保民国十一年(1922年)八月二十二日复卖蓄禁田坎杉木字据，原件现保藏于张承久家中，原色影像典藏于贵州师范学院『中国山地民族特色文献数据库』，编号为ZCJ098。原件内容共9列112字。原件右边有两处缺孔。

编号：ZCJ099（250mm×530mm）

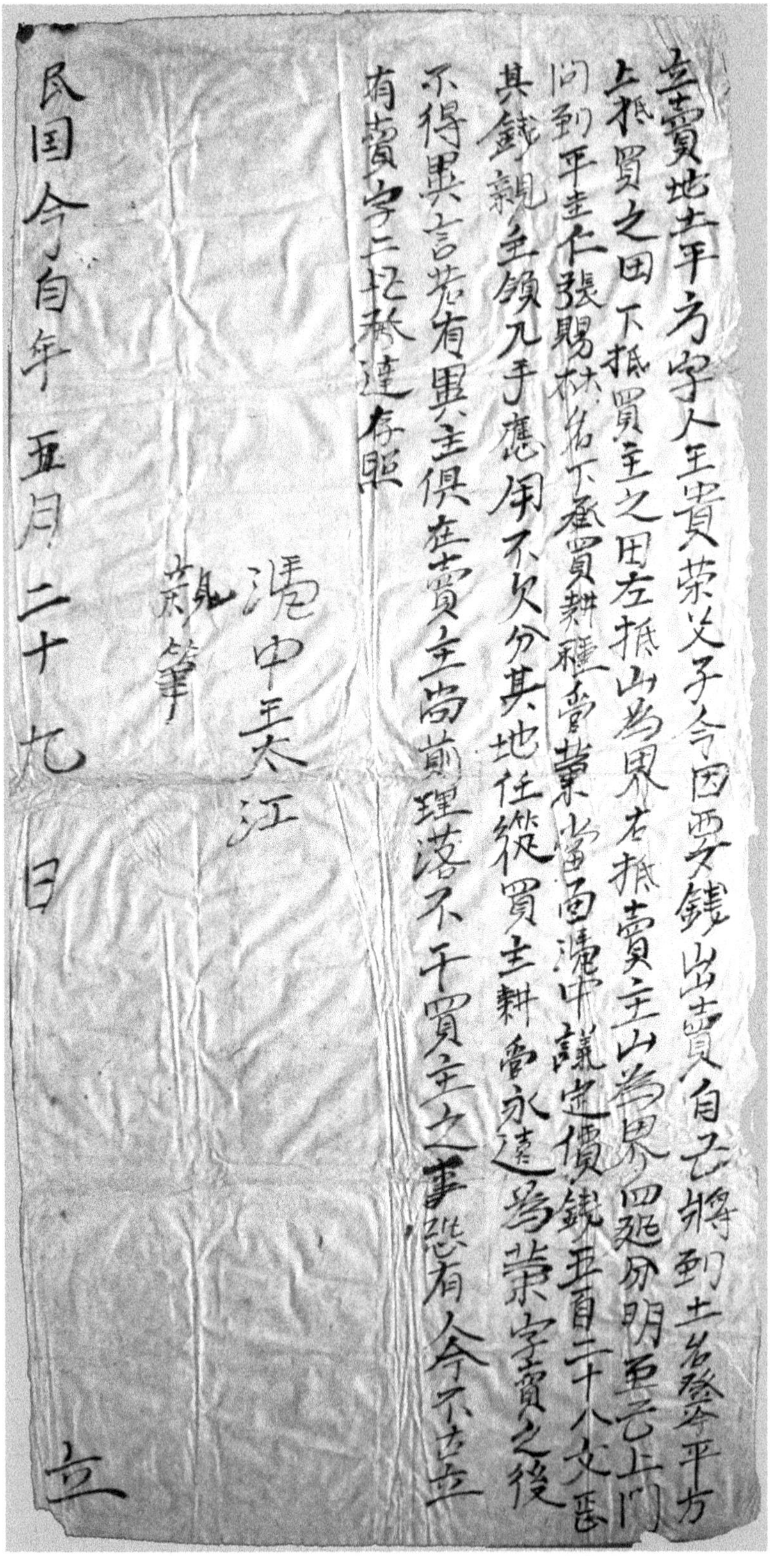
立賣地土平方字人王貴荣父子今因要錢出賣自己將到土名登平方
上抵買之田下抵買主之田左抵山為界右抵賣主山為界四廷分明自己上門
問到平圭仁張賜林名下承買耕種管業當面憑中議定價錢五百二十八文正
其錢親手領足手應用不欠分文其地任從買主耕管永遠為荣字賣之後
不得異言若有異主俱在賣主尚前理落不干買主之事恐有人今不古立
有賣字一紙爲達存照

憑中王太江
親筆

民国今自年五月二十九日立

ZCJ099　民国十三年五月二十九日王贵荣等卖地土荒坪字*

一　立賣地土平方字人王貴荣父子，今因要錢出賣，自己(將)到土名登冷平方，
二　上抵買之田，下抵買主之田，左抵山為界，右抵賣主山為界，四(処)分明。至己上门
三　问到平圭仁張賜林名下承買耕種(管)業。當面(凴)中議定價錢五(百)二十八文(整)，
四　其錢親主領入手應用，不欠分，其地任(從)買主耕(管)，永遠為(業)。字賣之後，
五　不得異言。若有異主，倶在賣主尚前理落，不干買主之事。恐有人今不古，立
六　有賣字二比(發)達存照。
七　(凴)中　王太江
八　親筆
九　民国今自年五月二十九日　立

＊此为王贵荣父子民国十三年(1924年)五月二十九日卖地土荒坪字据，原件现保藏于张承久家中，原色影像典藏于贵州师范学院『中国山地民族特色文献数据库』，编号为ZCJ099。原件内容共9列175字。原件有明显褶皱。

编号：ZCJ100（240mm×250mm）

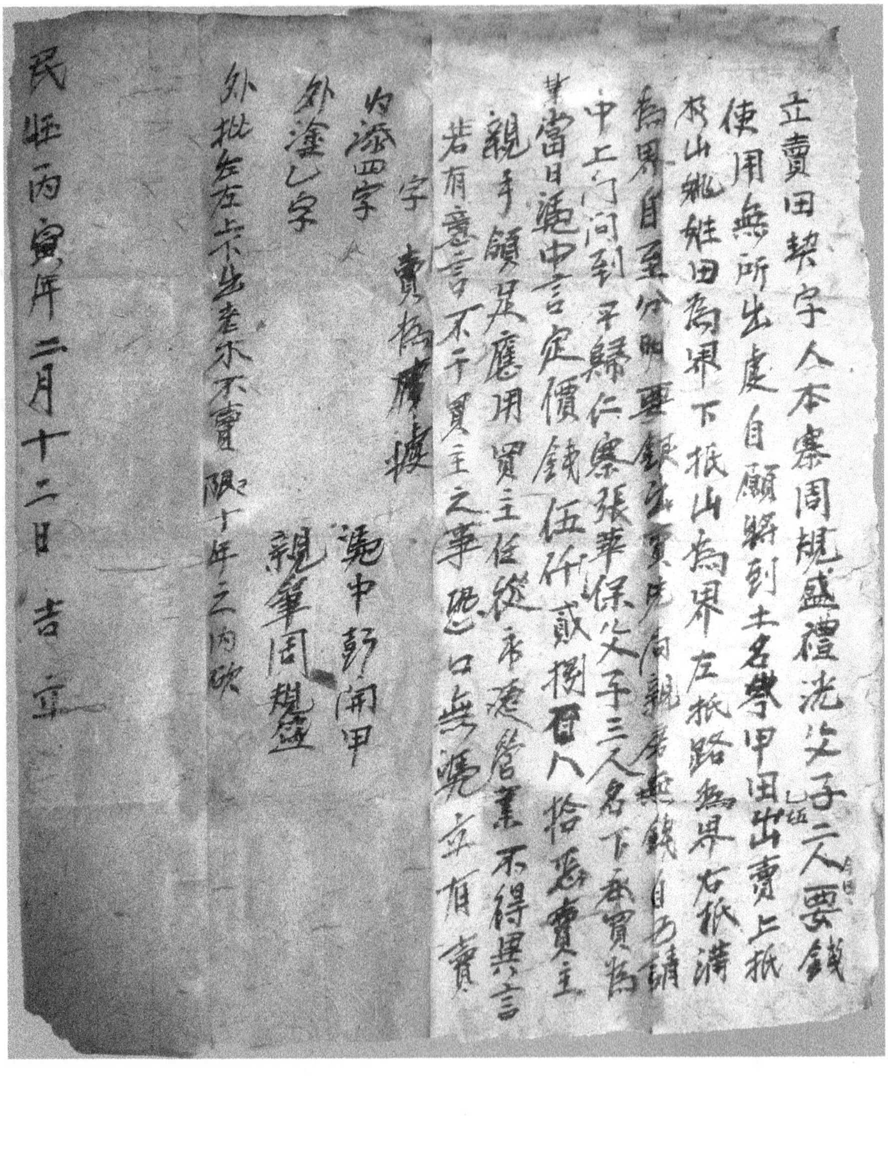

立賣田契字人本寨周規盛禮洗父子二人要錢
使用無所出處自願將到土名學甲田出賣上抵
杉山糾往田為界下抵山為界左抵路為界右抵溝
為界四至分明要錢出賣先問親房無錢自己請
中上門問到本寨歸仁寨張華保父子三人名下承買為
業當日憑中言定價錢伍仟貳捌佰八拾整賣主
親手領足應用買主任從永遠管業不得異言
若有意言不干買主之事恐口無憑立有賣
字 賣杉據
內添四字
外塗乙字
憑中 彭開甲
親筆 周規盛
外批在左上下出產木不賣 限十年之內贖
民國丙寅年二月十二日 吉立

ZCJ100　民国十五年二月十二日周规盛等卖田契*

一　立賣田契字人本寨周規盛、禮洸父子二人，今因要錢

二　使用，無所出（處），自願將到土名岑甲田乙坵出賣，上抵

三　杉山姚姓田為界，下抵山為界，左抵路為界，右抵溝

四　為界，自至分明。要銀出賣，先问親房，無錢，自己請

五　中上门问到平（歸）仁寨張華保父子三人名下承買為

六　業。當日（凴）中言定價錢伍仟（貳）捌百八拾（整），賣主

七　親手領足應用，買主任（從）永遠管業，不得異言。

八　若有意言，不干買主之事。恐口無（凴），立有賣

九　字賣為■（據）。

十　內（添）四字　　（凴）中　彭（開）甲

十一　外塗乙字　　親筆　周規盛

十二　外批：右左上下出老木不賣，限十年之內砍

十三　民（國）丙寅年二月十二日　吉　立

* 此为周规盛、周礼洸父子民国十五年（1926年）二月十二日卖田契约，原件现保藏于张承久家中，原色影像典藏于贵州师范学院『中国山地民族特色文献数据库』，编号为ZCJ100。原件内容共13列207字。

编号：ZCJ101（270mm×320mm）

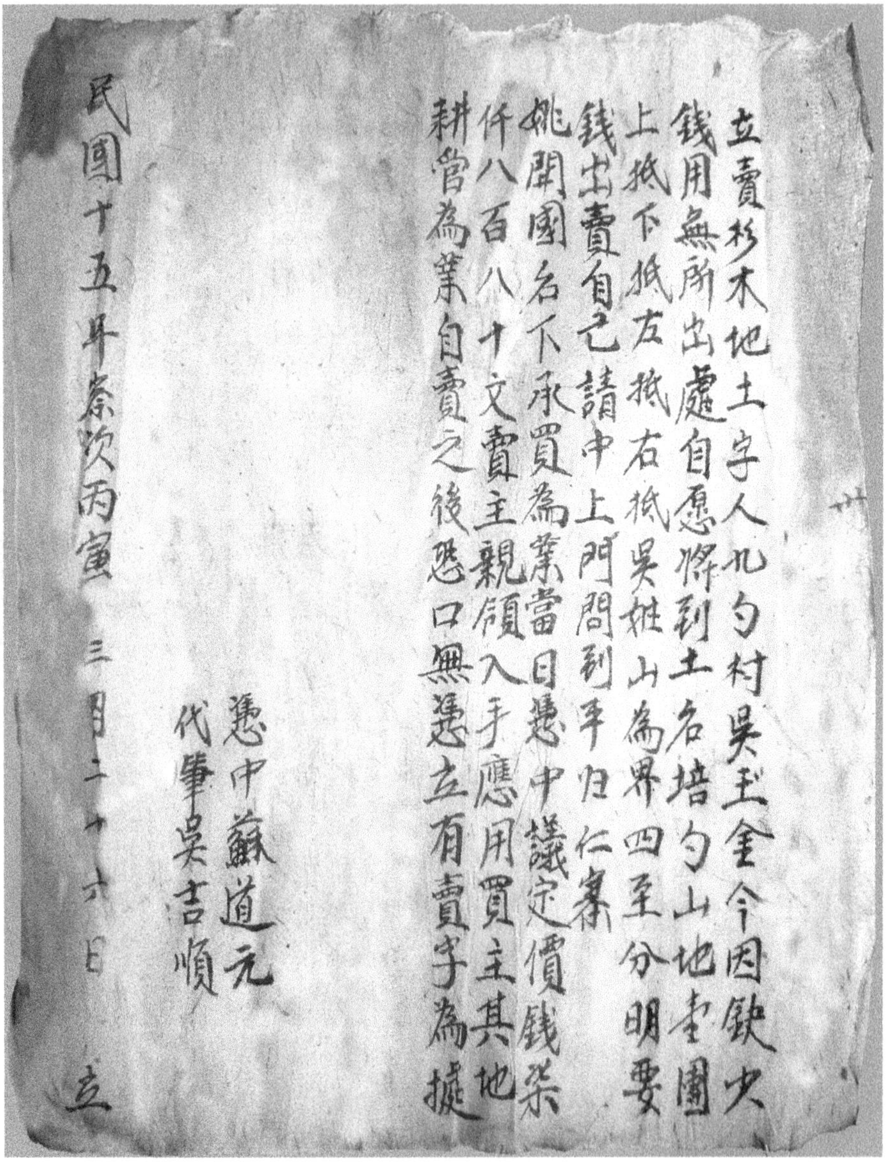
立賣杉木地土字人九勺村吳玉全今因缺少
錢用無所出處自愿將到土名培勺山地壹團
上抵下抵左抵右抵吳姓山為界四至分明要
錢出賣自己請中上門問到平日仁寨
姚開國名下承買為業當日憑中議定價錢柒
仟八百八十文賣主親領入手應用買主其地
耕管為業自賣之後恐口無憑立有賣字為據

憑中蘇道元
代筆吳吉順

民國十五年歲次丙寅　三月二十六日　立

ZCJ101　民国十五年三月二十六日吴玉金卖杉木地土字*

一　立賣杉木地土字人九勺村吴玉金，今因鈌少

二　錢用，（無）所出處，自愿（将）到土名培勺山地壹團，

三　上抵下抵左抵右抵吴姓山為界，四至分明。要

四　錢出賣，自己請中上門問到平归仁寨

五　姚開國名下承買為業。當日憑中議定價錢柒

六　仟八百八十文，賣主親領入手應用，買主其地

七　耕（管）為業。自賣之後，恐口無憑，立有賣字為據。

八　　　　　　憑中　蘇道元

九　　　　　代筆　吴吉順

十　民國十五年（歲）次丙寅　三月二十六日　　立

*此为吴玉金民国十五年（1926年）三月二十六日卖杉木地土字据，原件现保藏于张承久家中，原色影像典藏于贵州师范学院『中国山地民族特色文献数据库』，编号为ZCJ101。原件内容共10列149字。原件中有明显水渍，纸张已开始絮化。

编号：ZCJ102（180mm×120mm）

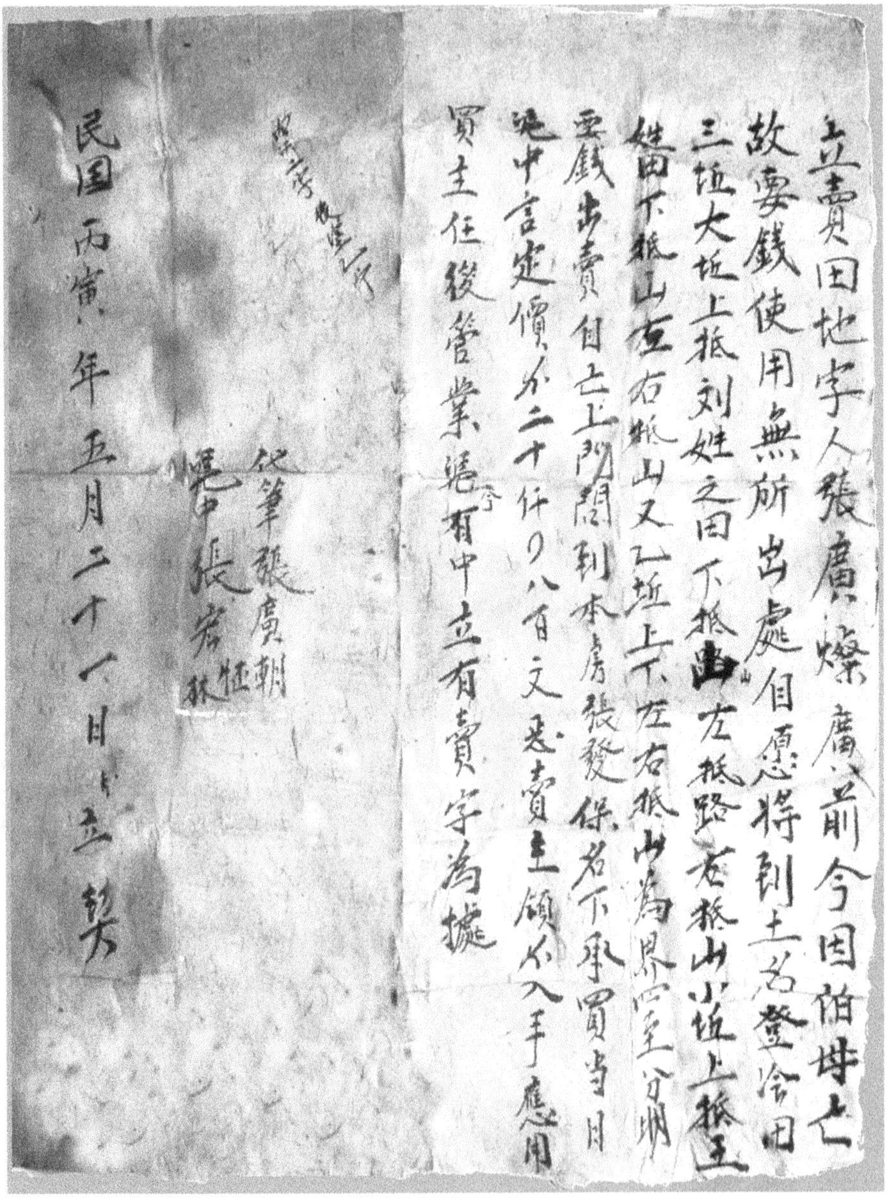

立賣田地字人張廣燦、廣前，今因伯母亡故，要錢使用，無所出處，自愿將到土名登泠田三坵，大坵上抵刘姓之田，下抵山，左抵路，右抵山；小坵上抵王姓田，下抵山，左右抵山；又乙坵上下左右抵山為界，四至分明。要錢出賣，自己上門問到本房張發保名下承買。当日憑中言定價錢二十仟〇八百文，逐賣主領入手應用，買主任從管業。恐今有中，立有賣字為據。

照字收錢二仟

代筆 張廣朝
憑中 張宏林

民国丙寅年五月二十八日立契

ZCJ102　民国十五年五月二十一日张广灿等卖田地字*

一　立賣田地字人張廣燦、廣前，今因伯母亡

二　故，要錢使用，無所出處，自愿（将）到土名登冷田

三　三圻，大圻上抵刘姓之田，下抵■山，左抵路，右抵山；小圻上抵王

四　姓田，下抵山，左右抵山；又乙圻上下左右抵山為界，四至分明。

五　要錢出賣，自己上門問到本房張發保名下承買。當日

六　（凂）中言定價（錢）二十仟〇八百文（整），賣主領（錢）入手應用，

七　買主任（從）管業。（凂）今有中，立有賣字為據。

八　內（添）二字後塗乙字

九　　　　代筆　張廣朝

十　　　　（凂）中　張宏恠　林

十一　民国丙寅年五月二十一日立契

*此为张广灿、张广前民国十五年（1926年）五月二十一日卖田地字据，原件现保藏于张承久家中，原色影像典藏于贵州师范学院『中国山地民族特色文献数据库』，编号为ZCJ102。原件内容共11列173字。原件有明显折痕和污渍。

编号：ZCJ103(410mm×380mm)

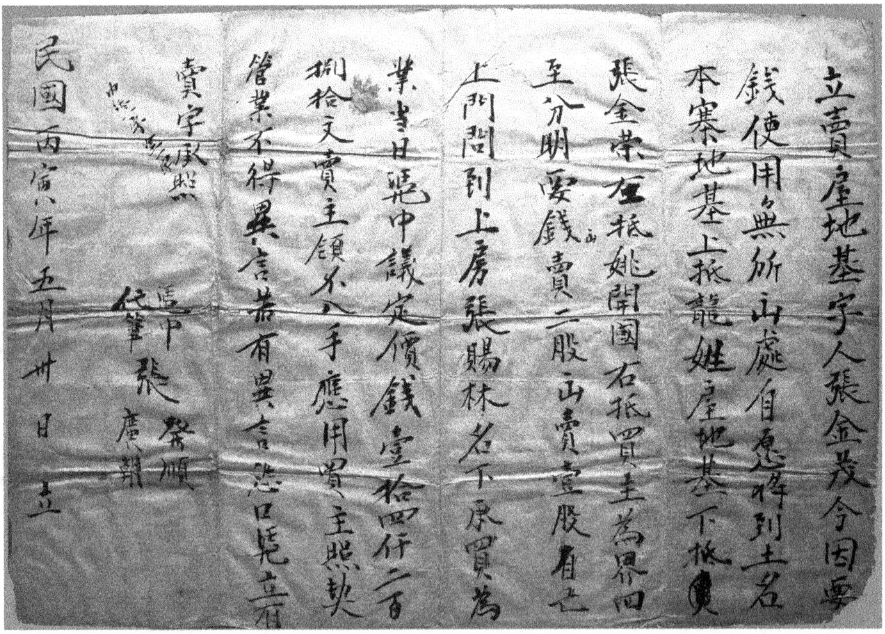
立賣屋地基字人張金茂今因要
錢使用無所出處自愿將到土名
本寨地基上抵龍姓屋地基下抵賣
張金業左抵姚開國右抵買主為界四
至分明要錢賣二股出賣壹股看已
上門問到上房張賜林名下承買為
業当日憑中議定價錢壹拾四仟二百
捌拾文賣主領不入手應用買主照契
管業不得異言若有異言恐口凭立有
賣字承照
憑中 張榮順
代筆 張康朝
民國丙寅年五月卅日 立

ZCJ103　民国十五年五月三十日张金茂卖屋地基字*

一　立賣(屋)地基字人張金茂，今因要

二　錢使用，(無)所(出)處，自愿(将)到土名

三　本寨地基，上抵龍姓(屋)地基，下抵■

四　張金荣，左抵姚開國，右抵買主為界，四

五　至分明。要錢賣(出)，二股(出)賣壹股。自己

六　上門問到上房張賜林名下承買為

七　業。当日(凴)中議定價錢壹拾四仟二百

八　捌拾文，賣主領(錢)入手應用，買主照契

九　管業，不得異言。若有異言，恐口(凴)，立有

十　賣字承照。

十一　內(添)一字　塗一字

十二　(凴)中　張(發)順
　　　代筆　張廣朝

十三　民國丙寅年五月卅日　立

* 此为张金茂民国十五年(1926年)五月三十日卖房屋地基字据，原件现保藏于张承久家中，原色影像典藏于贵州师范学院『中国山地民族特色文献数据库』，编号为ZCJ103。原件内容共13列158字。原件有明显褶皱。

编号：ZCJ104（455mm×280mm）

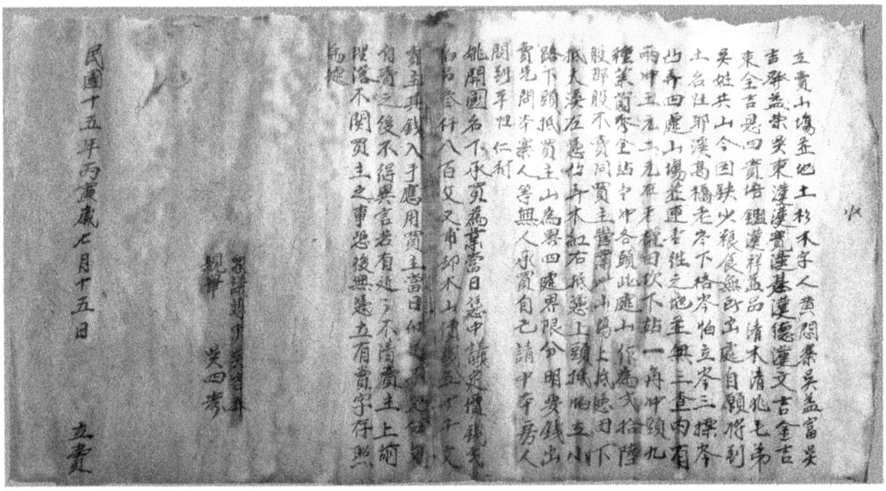
立賣山塲並地土杉木字人黄悶寨吴益富吴
吉發益崇吴東漢漢賓蓮基蓮德蓮文吉金吉
東全吉恩四賣培鑑蓮祥益品清木清兆七弟
吴姓共山今因缺少粮食無出處自願將到
土名往那溪高橋老岑下格岑怕立岑三塊岑
山奔四處山塲並連地土之地並無二查內有
兩冲王在上九在下禮田坎下站一角冲頭九
種菜蘭岑全站冲冲各頭此處山作為式拾陸
股那股不賣同買主管業山塲上抵德田下
抵大溪左邊竹弄木紅右抵邊上頭抵怕立小
路下頭抵買主山為界四處界限分明要錢出
賣先問本寨人等無人承買自己請中本房人
問到平惜仁村
姚開國名下承買為業當日憑中議定價錢大
伯叁仟八百文又有卸不山價錢五仟千文
賣主其錢入手應用買主當日付[illegible]
自賣之後不得異言若有此[illegible]不清賣主上前
理落不関買主之事恐後無憑立有賣字存照
爲據
憑中[illegible]
親筆 吴四孝
民國十五年丙寅歲七月十五日 立賣

ZCJ104　民国十五年七月十五日吴益富等卖山场并地土杉木字*

一　立賣山場並地土杉木字人黄悶寨吳益富、吳
二　吉(發)、益荣、吳東漢、漢寬、漢基、漢德、漢文、吉金、吉
三　東、全吉、恩四、貴培、鑑漢、祥益、呂清、木清、兆毛弟
四　吳姓共山，今因鈌少粮食，(無)(所)(出)處，自願(将)到
五　土名归耶溪高橋老岑下格、岑怕立、岑三探、岑
六　凸弄四處山場，並連壹徃之地，並無三査。內有
七　两冲，玉元、二元在老權田坎下站一角冲頭九
八　種菜(園)，秀全站壹冲。各頭此處山作為(弍)拾陸
九　股，那股不賣同買主管業。此山場上抵憑田，下
十　抵大溪，左憑凸弄木紅，右抵憑上頭抵怕立小
十一　路，下頭抵買主山為界，四處界限分明。要錢出
十二　賣，先問本寨人等，無人承買，自己請中本房人
十三　問到平归仁村
十四　姚開國名下承買為業。當日憑中議定價錢(弍)
十五　伯另叁仟八百文，又甫却木山價錢五十千文。
十六　賣主其錢入手應用，買主當日付足，不欠分文。
十七　自賣之後，不得異言。若有处(处)不清，賣主上前
十八　理落，不関買主之事。恐後無憑，立有賣字存照
十九　為據。
二十　眾議憑中　吳吉(發)
二十一　親筆　吳四貴
二十二　民國十五年丙寅(歳)七月十五日　立賣

* 此为吴益富、吴吉发、吴益荣等民国十五年(1926年)七月十五日卖山场并地土杉木字据，原件现保藏于张承久家中，原色影像典藏于贵州师范学院『中国山地民族特色文献数据库』，编号为ZCJ104。原件内容共22列341字。原件中有明显水渍，纸张边缘开始絮化。

编号：ZCJ105（200mm×300mm）

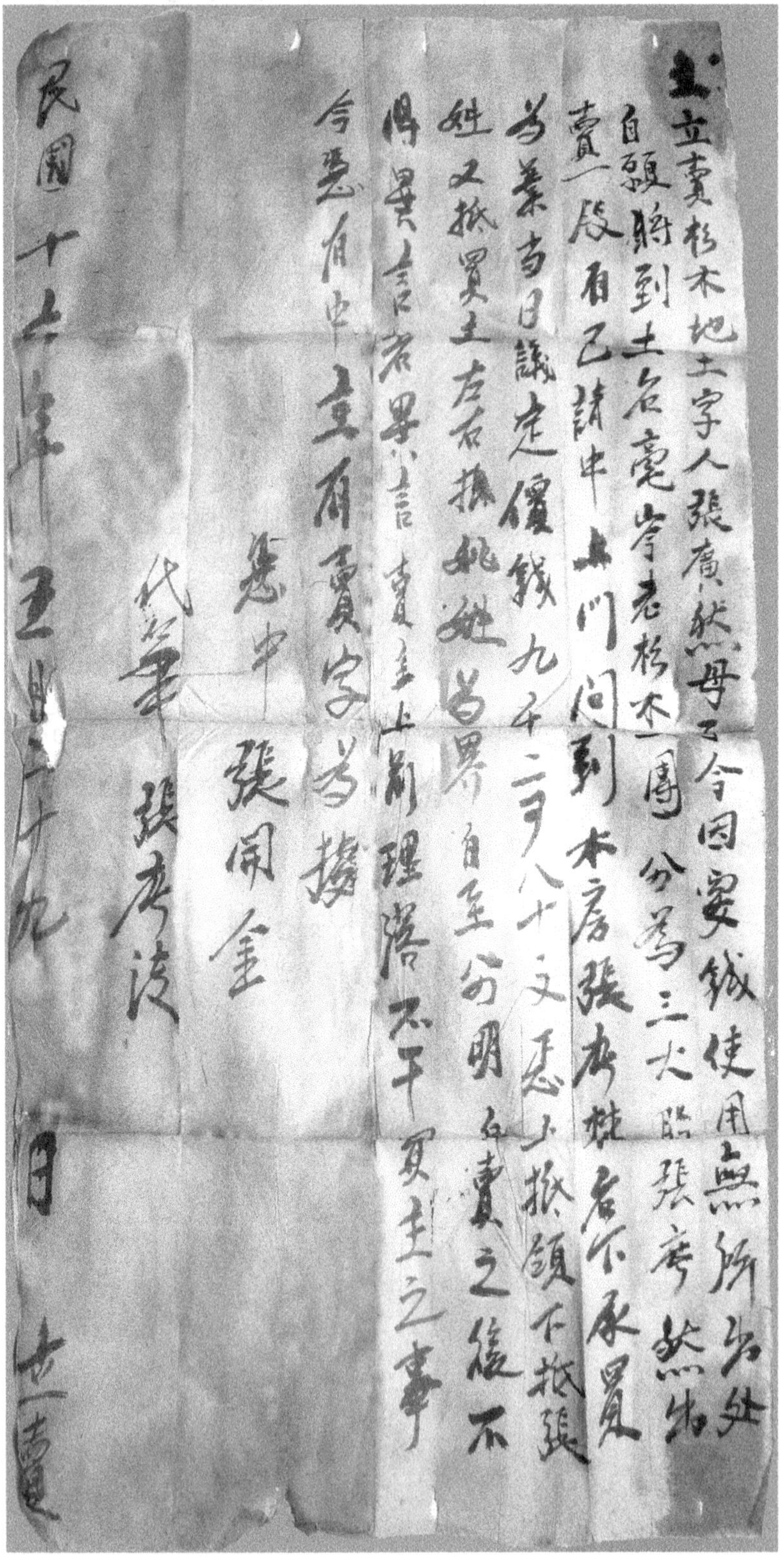
立賣杉木地土字人張廣然母子今因要钱使用無所出处
自願將到土名毫岑老杉木一團分為三大股張廣然
賣一股自己請中上门问到本房張成煥名下承買
為業當日議定價錢九千二百八十文憑上抵領下抵張
姓又抵買主左右抵姚姓為界自至分明自賣之後不
得異言若異言賣主上前理落不干買主之事
今恐有中立有賣字為據
憑中 張開全
代筆 張廣波
民國十六年五月二十九日 立賣

ZCJ105 民国十六年五月二十九日张广然等卖杉木地土字*

一 立賣杉木地土字人張廣然母子，今因要錢使用，無所出处，

二 自願將到土名毫岑老杉木一團，分為三大股，張（廣）然出

三 賣一股。自己請中上门问到本房張（廣）楚名下承買

四 為業，当日議定價錢九千二（百）八十文（整）。上抵領，下抵張

五 姓又抵買主，左右抵姚姓为界，自至分明。自賣之後，不

六 得異言。若異言，賣主上前理落，不干買主之事。

七 今憑有中，立有賣字為據。

八 憑中 張（開）金

九 代筆 張（廣）（清）

十 民國十六年五月二十九日立賣

* 此为张广然母子民国十六年（1927年）五月二十九日卖杉木地土字据，原件现保藏于张承久家中，原色影像典藏于贵州师范学院『中国山地民族特色文献数据库』，编号为ZCJ105。原件内容共10列159字。原件左边中部有多处破损，页面有红色水渍。

编号：ZCJ106（200mm×300mm）

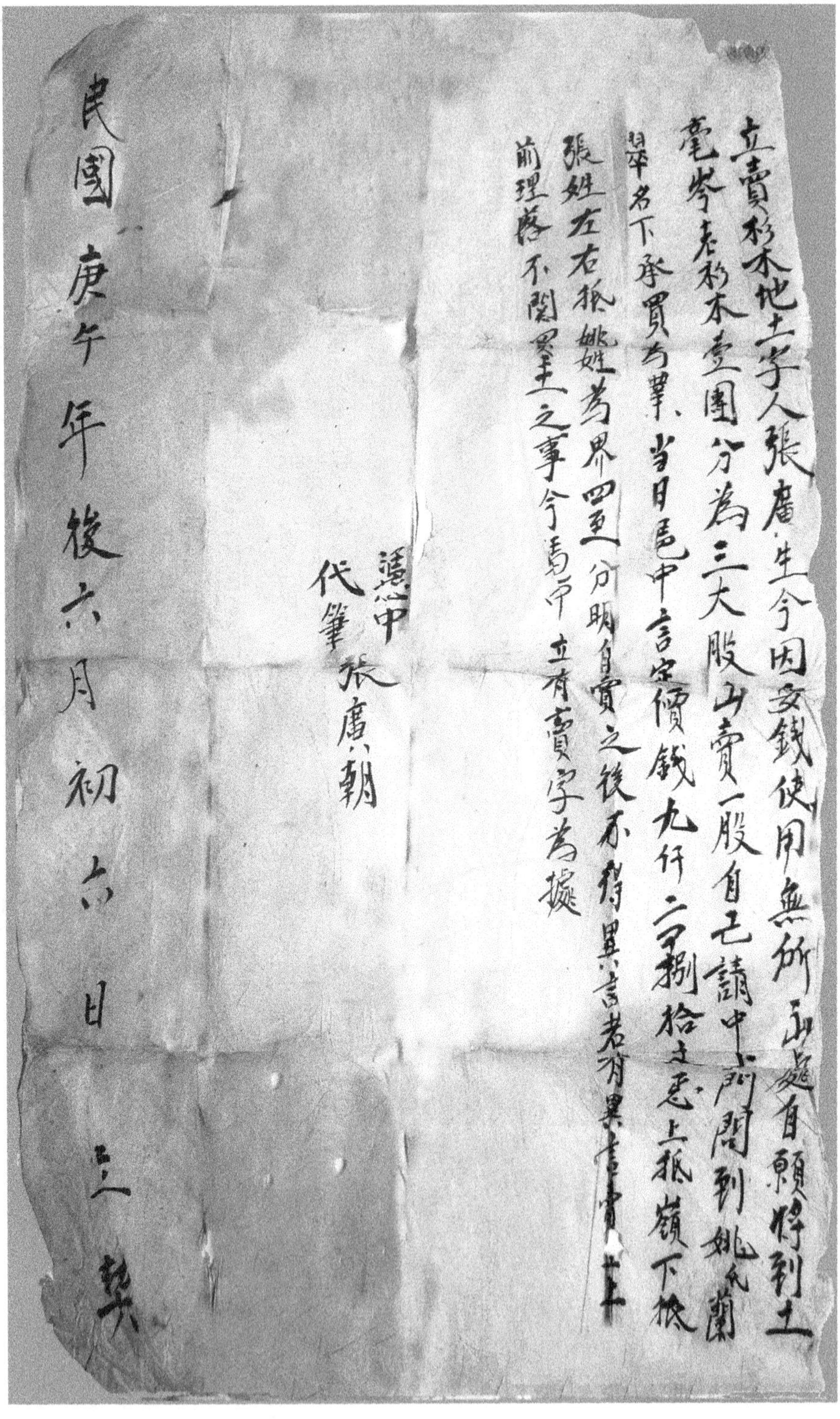
立賣杉木地土字人張唐生今因要錢使用無所出處自願將到土
毫岑老杉木壹團分為三大股出賣一股自己請中問到姚氏蘭
翠名下承買為業當日憑中言定價錢九仟二百捌拾文整上抵嶺下抵
張姓左右抵姚姓為界四至分明自賣之後不得異言若有異言賣主上
前理落不關買主之事今憑中立有賣字為據
憑中
代筆張廣朝
民國庚午年後六月初六日立契

ZCJ106　民国十九年后六月初六日张广生卖杉木地土字*

一　立賣杉木地土字人張廣生，今因要錢使用，(無)所(出)處，自願(将)到土

二　毫岑老杉木壹團，分為三大股，(出)賣一股。自己請中上門問到姚氏蘭

三　翠名下承買(為)業，当日(凴)中言定價銭九仟二(百)捌拾文(整)。上抵嶺，下抵

四　張姓，左右抵姚姓為界，四至分明。自賣之後，不得異言。若有異言，賣主上

五　前理落，不関買主之事。今(凴)中立有賣字為據。

六　　　　　　　　　　　　　　　憑中
　　　　　　　　　　　　　　　　代筆　張廣朝

七　民國庚午年後六月初六日　立契

*此为张广生民国十九年(1930年)后六月初六日卖杉木地土字据，原件现保藏于张承久家中，原色影像典藏于贵州师范学院『中国山地民族特色文献数据库』，编号为ZCJ106。原件内容共7列147字。原件中有多处缺孔。

编号：ZCJ107（200mm×310mm）

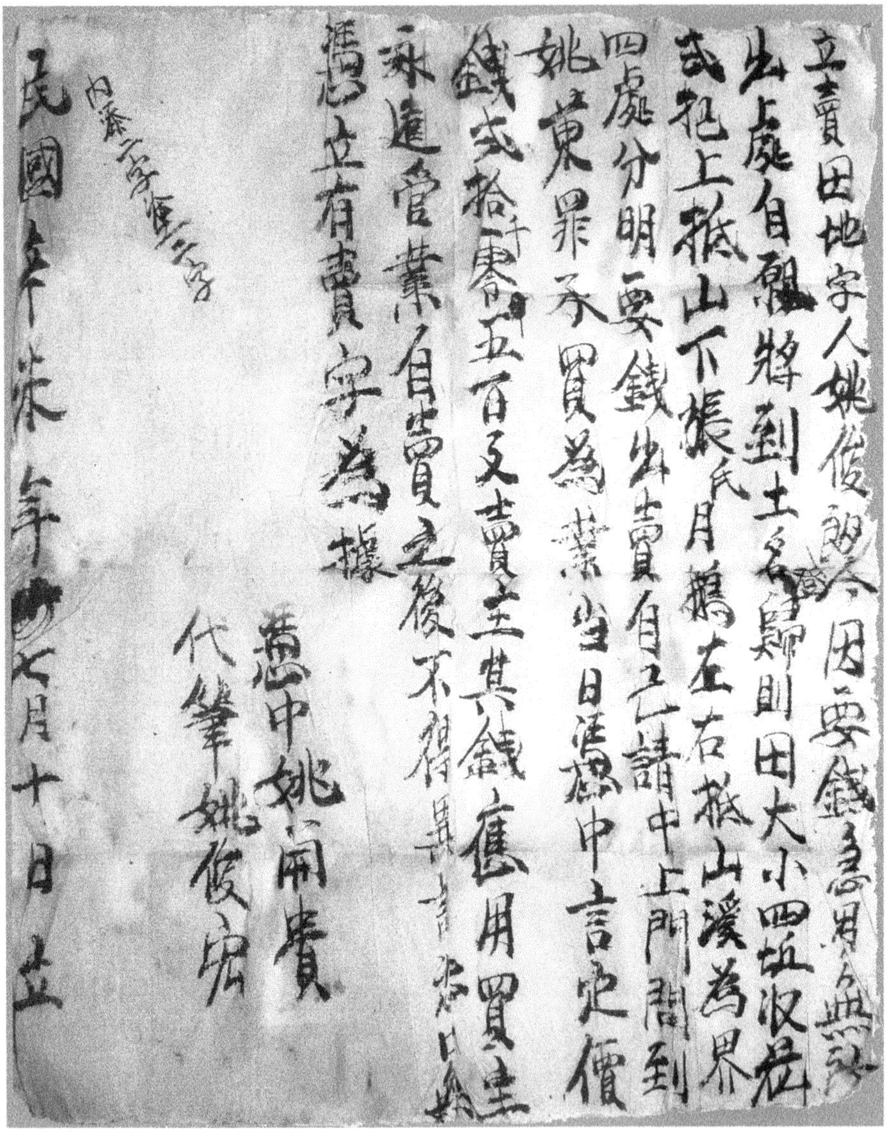
立賣田地字人姚俊朝今因要錢急用無從
出處自願將到土名鄉門田大小四坵收花
貳把上抵山下抵張氏月鵝左右抵山溪為界
四處分明要錢出賣自己請中上門問到
姚東昇承買為業當日憑中言定價
錢貳拾零五百文賣主其錢領用買主
永遠管業自賣之後不得異言恐口無
憑立有賣字為據
內添二字塗二字
憑中姚開貴
代筆姚俊宏
民國辛未年七月十日立

ZCJ107　民国二十年七月十日姚俊朗卖田地字*

一　立賣田地字人姚俊朗，今因要錢急用，(無)(所)

二　出處，自願將到土名(歸)‖登則田大小四坵，(收)花

三　(弍)把，上抵山，下張氏月鵝，左右抵山溪為界，

四　四處分明。要錢出賣，自己請中上門問到

五　姚(菓)罪承買為業。当日憑中言定價

六　錢(弍)拾千■零五百文，賣主其錢應用，買主

七　永遠(管)業。自賣之後，不得異言。恐口(無)

八　憑，立有賣字為據。

九　内(添)二字塗二字　憑中　姚(開)貴

十　代筆　姚俊宏

十一　民國辛未年■七月十日立

*此为姚俊朗民国二十年(1931年)七月十日卖田地字据，原件现保藏于张承久家中，原色影像典藏于贵州师范学院『中国山地民族特色文献数据库』，编号为ZCJ107。原件内容共11列147字。原件有明显折痕，纸张边缘开始絮化。

编号：ZCJ108（540mm×510mm）

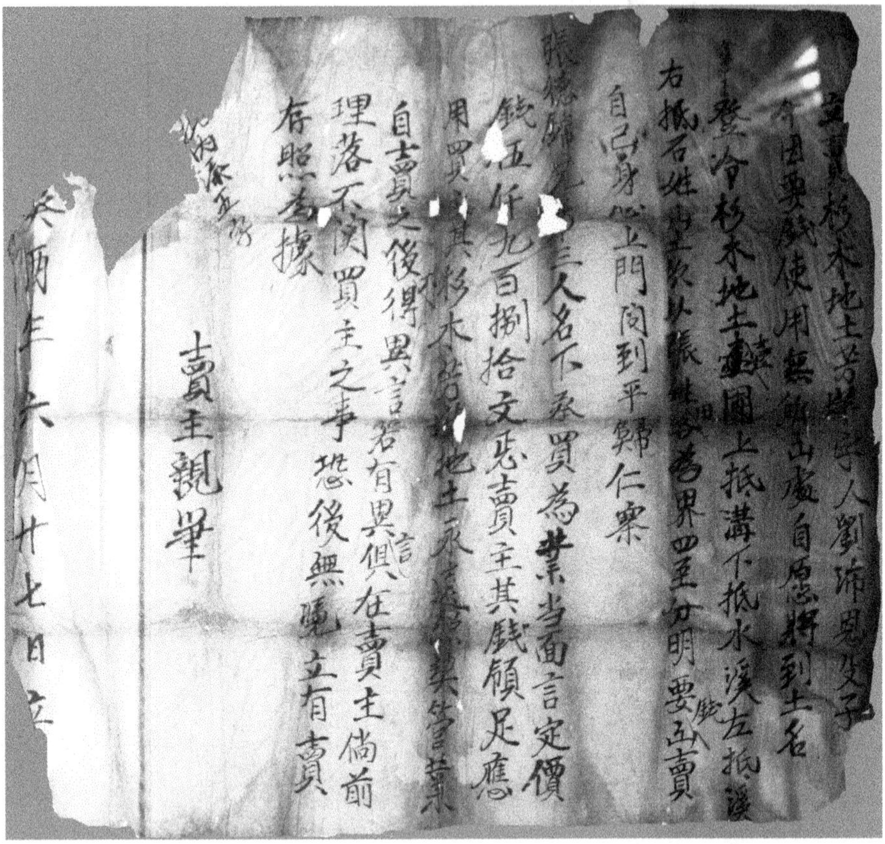
立賣杉木地土字約人劉[illegible]見父子
今因要錢使用無[illegible]出處自愿將到土名
登冷杉木地土壹塊 上抵溝下抵水溪左抵溪
右抵石姓[illegible]張姓[illegible]為界四至分明要錢出賣
自己身外立門問到平鄉仁寨
張德輝[illegible]三人名下承買為業當面言定價
錢五仟九百捌拾文其錢領足應
用買其杉木地土永遠管業
自賣之後不得異言若有異言俱在賣主偹前
理落不関買主之事恐後無憑立有賣
存照為據
[illegible]
賣主親筆
[illegible]酉年六月廿七日立

ZCJ108　民国二十二年六月二十七日刘沛恩等卖杉木地土荒坪字*

一　立賣杉木地土芳(坪)字人劉沛恩父子,

二　今因要錢使用,無所(出)處,自愿將到土名

三　登冷杉木地土■壹團,上抵溝,下抵水溪,左抵溪,

四　右抵石姓山土坎以張姓田各為界,四至分明。要錢(出)賣,

五　自己身心上門问到平(歸)仁寨

六　張德錦兄弟三人名下承買為業。当面言定價

七　錢伍仟九百捌拾文(整),賣主其(錢)領足應

八　用,買主其杉木芳(坪)地土永遠照契管業。

九　自賣之後,不得異言。若有異言,俱在賣主倘前

十　理落,不(関)買主之事。恐後無(凴),立有賣

十一　存照為據。

十二　外批:内(添)五字　　賣主親筆

十三　　癸酉年六月廿七日　立

---

* 此为刘沛恩父子民国二十二年(1933年)六月二十七日卖杉木地土荒坪字据,原件现保藏于张承久家中,原色影像典藏于贵州师范学院『中国山地民族特色文献数据库』,编号为ZCJ108。原件内容共13列189字。原件破损严重,有多处虫蚀缺孔,并有明显褶皱和烟熏痕迹。

编号：ZCJ109（260mm×480mm）

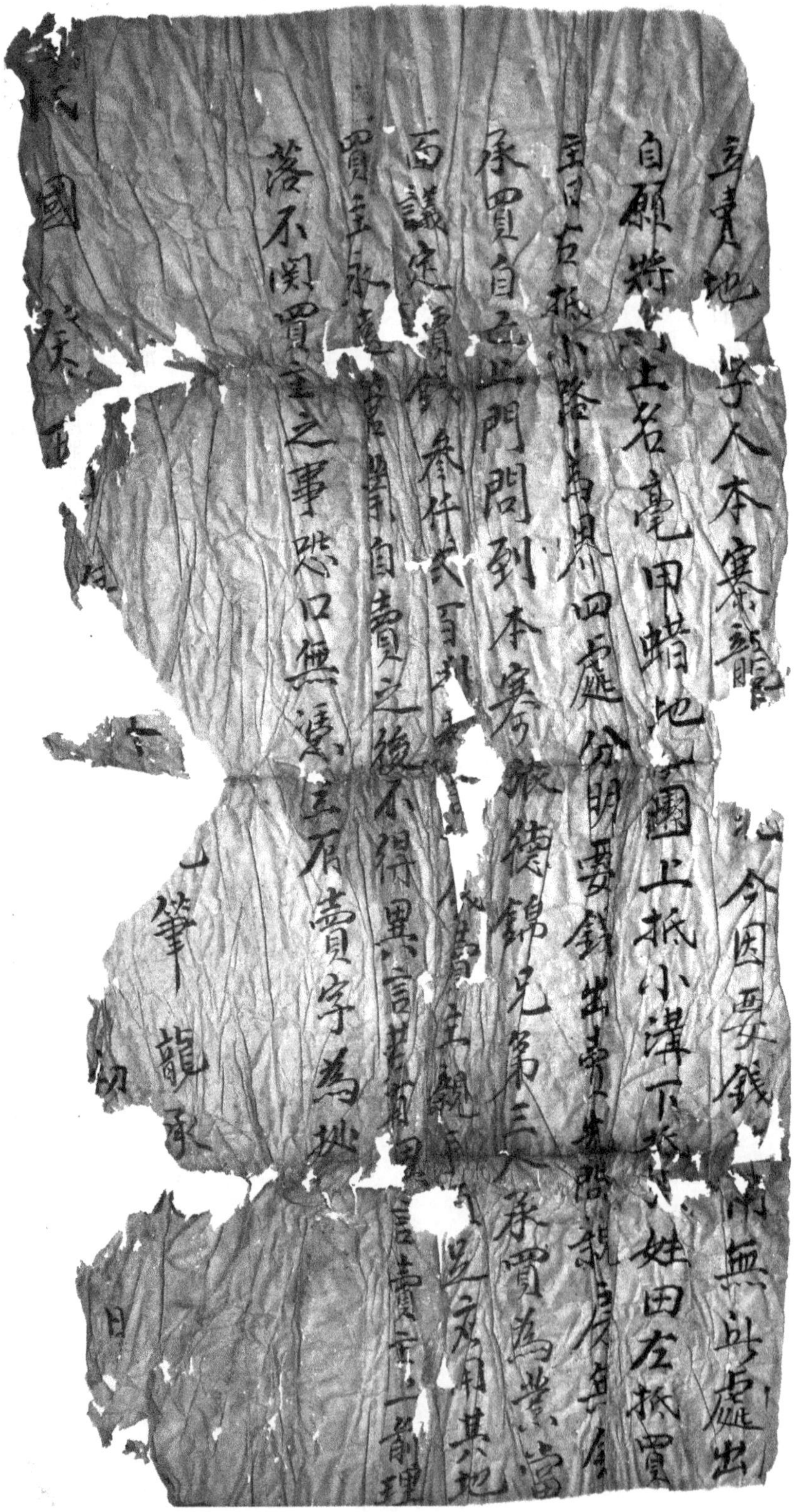
立賣地字人本寨龍[illegible]今因要錢無出處
自願將[illegible]土名亳甲蜡地[illegible]團上抵小溪下抵[illegible]姓田左抵買
主田右抵小路為界四處分明要錢出賣先問親房無錢
承買自己上門問到本寨龍德錦兄弟三人承買為業當
面議定價錢叁仟貳百[illegible]主親手[illegible]足其地
買主永遠管業自賣之後不得異言若有異言賣主一面理
落不關買主之事恐口無憑立有賣字為據
一筆 龍承[illegible]
民國[illegible]年[illegible]月[illegible]日

ZCJ109 民国二十二年龙□□卖地字*

一 立賣地□字人本寨龍□□，今因要錢□用，無(所)處出，

二 自願將到土名毫甲蜡地一團，上抵小溝，下抵□姓田，左抵買

三 主田，右抵小路為界，四處分明。要錢出賣，先問親房，無錢

四 承買，自己上門問到本寨張德錦兄弟三人承買為業。當

五 面議定價錢叁仟弍百捌□□□。□錢賣主親手領足应用，其地

六 買主永遠管業。自賣之後，不得異言。若有異言，賣主上前理

七 落，不(関)買主之事。恐口無憑，立有賣字為(拠)。

八 親筆 龍承□

九 民國癸酉年□□初□日

*此为龙□□民国二十二年(1933年)卖地字据，原件现保藏于张承久家中，原色影像典藏于贵州师范学院『中国山地民族特色文献数据库』，编号为ZCJ109。原件内容共9列170字。原件纸张严重破损，多处内容无法辨识。

编号：ZCJ110(275mm×480mm)

立抵田契字人姚啓斌今因要錢使用無從出處自願
將到土名凸平上田乙坵收花[illegible]租東抵張家公園南西抵
張福昌弟輝之田北抵克林園為界四至分明要
錢使用借到劉光宏名下承抵為業當面議定田價[illegible]叁仟文
其日後若利歸還不得有誤若有誤者照字下田
耕種不得異言立字為據
親筆啓斌
民國貳拾玖年正月初四日 立

ZCJ110　民国二十九年正月初五日姚启斌抵田契*

一　立抵田契字人姚啓斌，今因要錢使用，無(所)出處，自願

二　將到土名凸平上田乙坵，收花伍担。東抵張家公園，南西抵

三　張福昌、光輝之田，北抵克生園為界，四至分明。要

四　錢使用，借到克定名下承抵，当面議定田價■拾叁仟文

五　(整)。日後本利(歸)還，不得有误。若有误者，照字下田

六　■耕種，不得異言，立此為據。

七　内塗乙字　　親筆　啓斌

八　外(添)乙字

九　民國貳拾玖年正月初伍日　　立

*此为姚启斌民国二十九年(1940年)正月初五日抵田契约，原件现保藏于张承久家中，原色影像典藏于贵州师范学院『中国山地民族特色文献数据库』，编号为ZCJ110。原件内容共9列138字。原件中有多处虫蚀缺孔，并有明显褶皱和烟熏痕迹。

编号：ZCJ111（215mm×295mm）

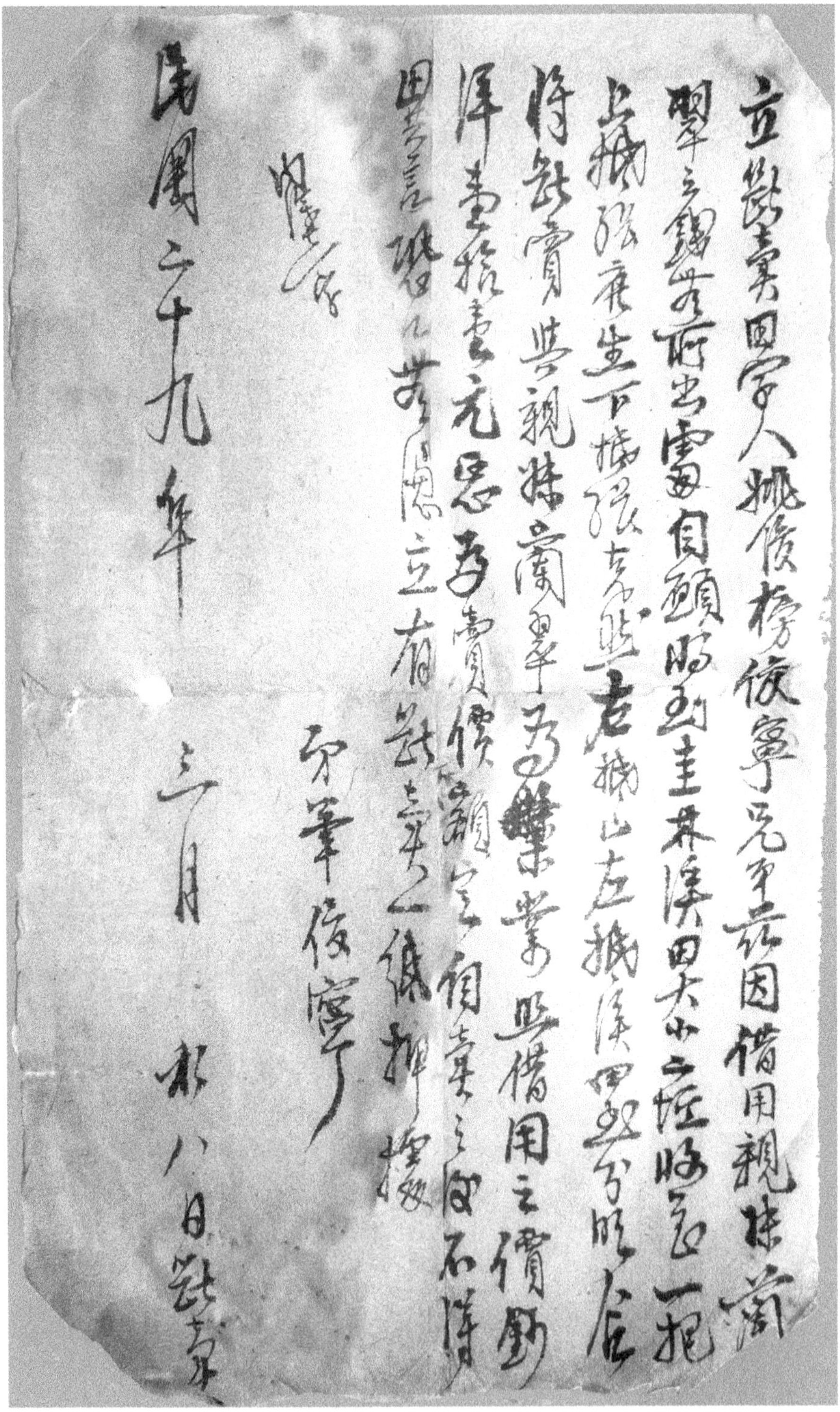
立断卖田字人姚侯榜、侯宁兄弟二人，因借用[illegible]
要钱无所出，自愿将到土名圭林溪田大小二坵，收花一把
上抵张鹿生，下抵张老照，右抵山，左抵溪，四抵分明，在
将断卖与亲族[illegible]为业，业要借用之价钱
洋壹拾壹元，[illegible]卖价[illegible]亲领[illegible]自卖之后不得
[illegible]立有断卖字一纸存据
凭中[illegible]
亲笔侯宁
民国二十九年　三月　初八日断卖

ZCJ111　民国二十九年三月初八日姚俊榜等断卖田字*

一　立斷賣田字人姚俊榜、俊寧兄弟，兹因借用親妹蘭

二　翠之銭，無所出處，自願将到圭林溪田大小二坵，收花一把，

三　上抵張廣生，下抵張克然，右抵山，左抵溪，四至分明。今

四　将斷買與親妹蘭翠為■業，照借用之價鈔

五　洋壹拾壹元（整）為賣價領足。自賣之（後），不得

六　異言。恐口無憑，立有斷卖一（紙）押據。

七　内塗一字　　　　（憑）筆　俊寧

八　民國二十九年三月初八日斷卖

*此为姚俊榜、姚俊宁兄弟民国二十九年（1940年）三月初八日断卖田字据，原件现保藏于张承久家中，原色影像典藏于贵州师范学院『中国山地民族特色文献数据库』，编号为ZCJ111。原件内容共8列132字。原件中部有两处缺孔。

编号：ZCJ112（360mm×290mm）

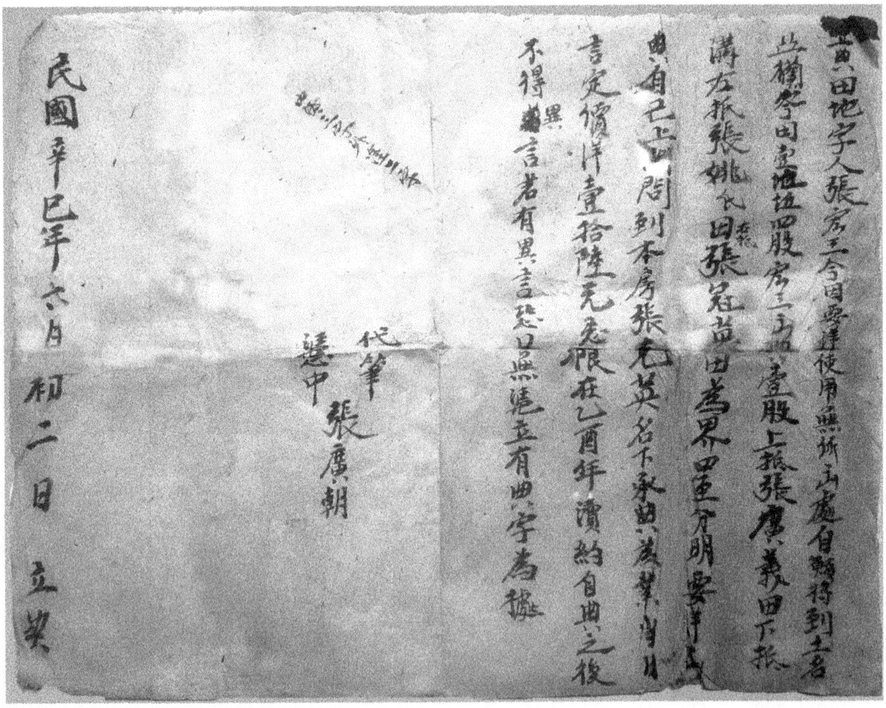

立典田地字人張廣三，今因要錢使用，無所出處，自願將到土名岜榜岑田壹塊，坵四股，廣三占壹股，上抵張廣義田，下抵溝，左抵張姚氏田，右抵張冠苗田為界，四至分明，要錢出典。自己上門問到本房張光英名下承典為業，當日言定價洋壹拾陸元整，限在乙酉年贖約，自典之後不得異言，若有異言，甘口無憑，立有典字為據。

代筆 張廣朝
憑中

民國辛巳年六月初二日 立典

ZCJ112　民国三十年六月初二日张宏三典田地字*

一　立典田地字人張宏三，今因要洋使用，(無)所(出)處，自願将到土名

二　凸欄岑田壹■坵四股，宏三(出)典壹股。上抵張廣義田，下抵

三　溝，左抵張姚氏田，右抵張冠英田為界，四至分明。要洋(出)

四　典，自己上門問到本房張克英名下承典為業。当日

五　言定價洋壹拾陸元(整)，限在乙酉年瀆約。自典之後，

六　不得■異言。若有異言，恐口(無)(凴)，立有典字為據。

七　內(添)三字外塗二字

八　　　　代筆
　　(憑)中　張廣朝

九　民國辛巳年六月初二日　立契

---

*此为张宏三民国三十年(1941年)六月初二日典田地字据，原件现保藏于张承久家中，原色影像典藏于贵州师范学院『中国山地民族特色文献数据库』，编号为ZCJ112。原件内容共9列154字。原件右上角有一处墨迹，并有两处缺孔。

编号：ZCJ113（300mm×440mm）

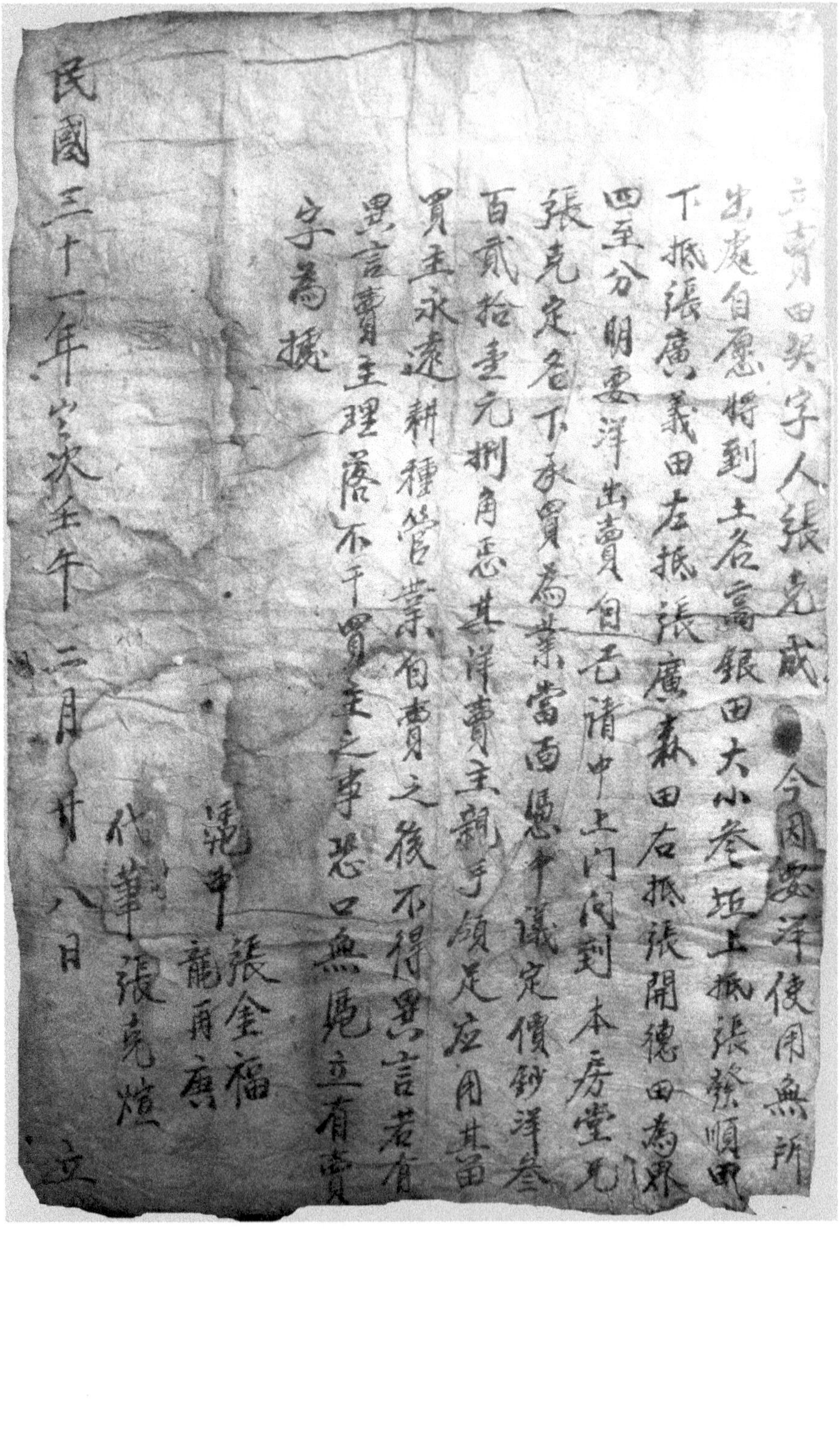
立賣田契字人張克威今因要洋使用無所
出處自愿將到土名高銀田大小叁坵上抵張發順田
下抵張廣義田左抵張廣森田右抵張開穗田為界
四至分明要洋出賣自己請中上门問到本房堂兄
張克定名下承買為業當面憑中議定價鈔洋叁
百貳拾壹元捌角正其洋賣主親手領足應用其田
買主永遠耕種管業自賣之後不得異言若有
異言賣主理落不干買主之事恐口無憑立有賣
字為據

憑中 張金福
龍再廣

代筆 張克煊

民國三十一年岁次壬午二月廿八日 立

ZCJ113　民国三十一年二月二十八日张克成卖田契*

一　立賣田契字人張克成，■今因要洋使用，(無)所

二　出處，自愿(将)到土名高銀田大小叁坵，上抵張發順田，

三　下抵張廣義田，左抵張廣森田，右抵張開德田為界，

四　四至分明。要洋出賣，自己请中上门问到本房堂兄

五　張克定名下承買為業。當面憑中(議)定價鈔洋叁

六　百貳拾壹元捌角(整)，其洋賣主親手領足应用，其田

七　買主永遠耕種管業。自賣之後，不得異言。若有

八　異言，賣主理落，不干買主之事。恐口(無)(凴)，立有賣

九　字為(據)。

十　(凴)中　張金福　龍再庚

十一　代筆　張克煊

十二　民國三十一年(歲)次壬午二月廿八日　立

*此为张克成民国三十一年(1942年)二月二十八日卖田契约，原件现保藏于张承久家中，原色影像典藏于贵州师范学院『中国山地民族特色文献数据库』，编号为ZCJ113。原件内容共12列186字。原件中有大范围水渍。

编号：ZCJ114（360mm×280mm）

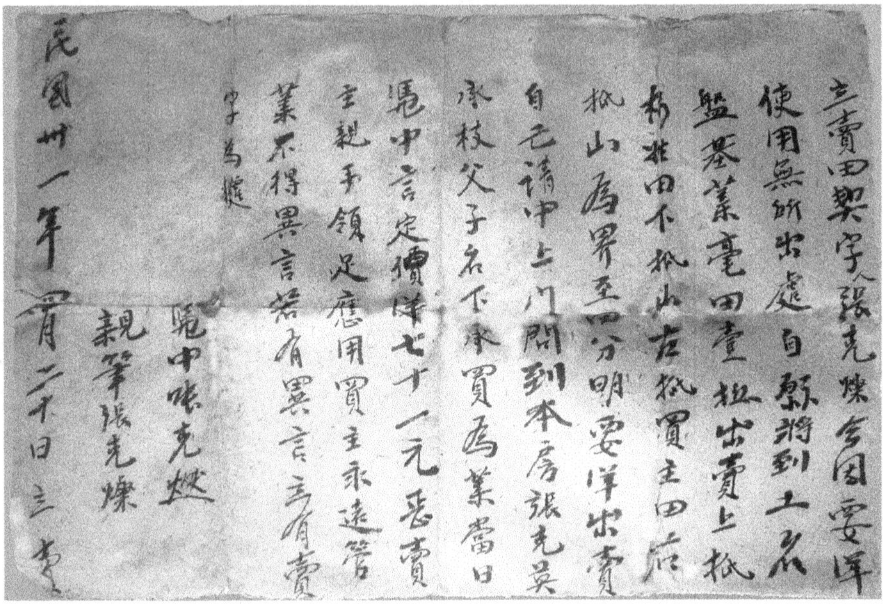

立賣田契字人張克煉今因要洋
使用無所出處自願將到土名
盤基業毫田壹拉出賣上抵
新兆田下抵山右抵買主田底
抵山為界四至分明要洋出賣
自己請中上門問到本房張克昊
承枝父子名下承買為業當日
憑中言定價洋七十一元要賣
主親手領足應用買主永遠管
業不得異言若有異言立有賣
字為據
憑中張克燦
親筆張克煉
民國卅一年二月二十日立賣

ZCJ114　民国三十一年四月二十日张克灿卖田契*

一　立賣田契字人張克燦，今因要洋
二　使用，(無)所出處，自願將到土名
三　盤基業毫田壹拞出賣，上抵
四　杨姓田，下抵山，左抵買主田，右
五　抵山為界，至四分明。要洋出賣，
六　自己请中上门問到本房張克英、
七　承枝父子名下承買為業。當日
八　(憑)中言定價洋七十一元(整)，賣
九　主親手領足應用，買主永遠管
十　業，不得異言。若有異言，立有賣
十一　字為據。
十二　(憑)中　張克燃
十三　親筆　張克燦
十四　民國卅一年四月二十日立賣

*此为张克灿民国三十一年(1942年)四月二十日卖田契约，原件现保藏于张承久家中，原色影像典藏于贵州师范学院『中国山地民族特色文献数据库』，编号为ZCJ114。原件内容共14列146字。原件左侧有轻微破损。

编号：ZCJ115（355mm×250mm）

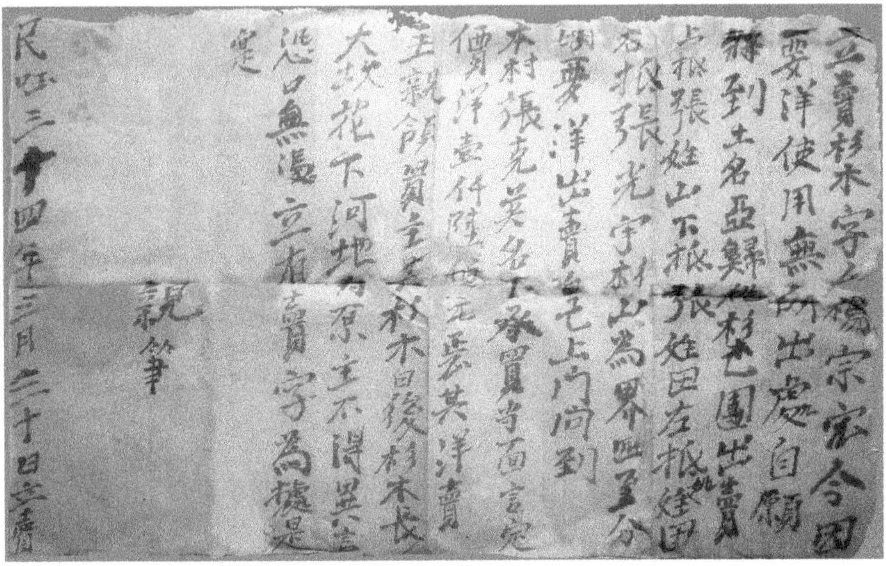
立賣杉木字人楊宗宗今因
要洋使用無所出處自願
將到土名亞歸杉木園出賣
上抵張姓山下抵張姓田左抵楊姓田
右抵張光宇杉山為界四至分
明要洋出賣先已上門問到
本村張光英名下承買當面言定
價洋壹仟陸佰元整其洋賣
主親領買主杉木日後杉木長
大砍花下河地歸原主不得異言
恐口無憑立有賣字為據是
實
親筆
民國三十四年三月二十日立賣

ZCJ115　民国三十四年三月三十日杨宗宏卖杉木字*

一　立賣杉木字人楊宗宏，今因
二　要洋使用，無所出處，自願
三　將到土名亞（歸）姚杉木乙團出賣，
四　上抵張姓山，下抵張姓田，左抵姚姓田，
五　右抵張光宇杉山為界，四至分
六　明。要洋出賣，自己上门问到
七　本村張克英名下承買。当面言定
八　價洋壹仟陸佰元（整），其洋賣
九　主親領，買主其杉木，日後杉木長
十　大坎花下河，地归原主，不得異言。
十一　恐口無憑，立有賣字為據是
十二　寔。
十三　親筆
十四　民（國）三十四年三月三十日立賣

*此为杨宗宏民国三十四年（1945年）三月三十日卖杉木字据，原件现保藏于张承久家中，原色影像典藏于贵州师范学院『中国山地民族特色文献数据库』，编号为ZCJ115。原件内容共14列149字。原件纸张边缘开始絮化。

编号：ZCJ116（315mm×220mm）

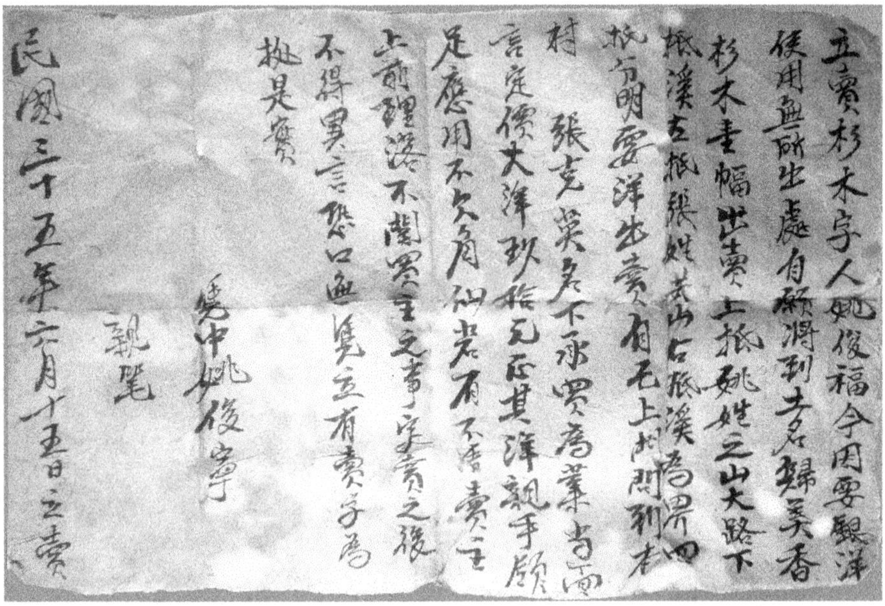
立賣杉木字人姚俊福今因要銀洋
使用無所出處自願將到土名歸吴香
杉木壹幅出賣上抵姚姓之山大路下
抵溪左抵張姓茶山右抵溪爲界四
抵分明要洋出賣自己上門問到本
村　張克榮名下承買爲業當面
言定價大洋玖拾元正其洋親手領
足應用不欠角仙其有不清賣主
上前理落不關買主之事自賣之後
不得異言恐口無憑立有賣字爲
據是實
憑中姚俊寧
親筆
民國三十五年六月十五日立賣

ZCJ116　民国三十五年六月十五日姚俊福卖杉木字*

一　立賣杉木字人姚俊福，今因要銀洋

二　使用，(無)所出處，自願(将)到土名(歸)美香

三　杉木壹幅出(賣)，上抵姚姓之山大路，下

四　抵溪，左抵張姓共山，右抵溪為界，四

五　抵分明。要洋出(賣)，自己上門問到本

六　村　張克英名下承買為業。当面

七　言定價大洋玖拾元(整)，其洋親手領

八　足應用，不欠角仙。若有不清，賣主

九　上前理落，不関(買)主之事。字(賣)之後，

十　不得異言。恐口(無)(凴)，立有(賣)字為

十一　(拠)是實。

十二　　　　(凴)中　姚俊寧

十三　　　　(親)笔

十四　民國三十五年六月十五日立(賣)

---

* 此为姚俊福民国三十五年(1946年)六月十五日卖杉木字据，原件现保藏于张承久家中，原色影像典藏于贵州师范学院『中国山地民族特色文献数据库』，编号为ZCJ116。原件内容共14列161字。原件纸张开始絮化，中部有明显折痕。

编号：ZCJ117（200mm×290mm）

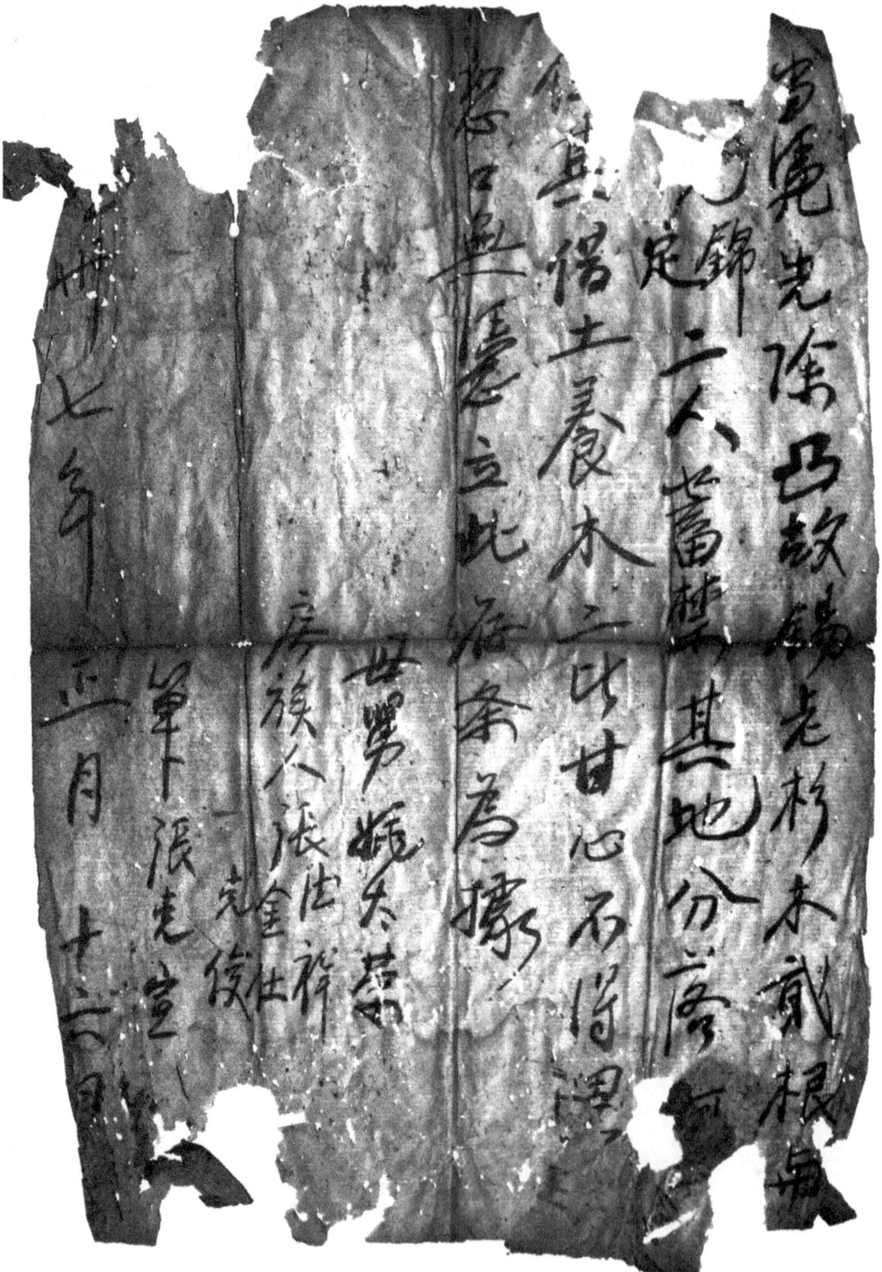

ZCJ117　民国三十七年正月十六日借土养杉契*

一　当(凴)先涂凸故錫老杉木貳根(与)

二　□□ 錦 定 二人蓄禁，其地分落□□□，

三　□其借土養木。二皆甘心，不得異□。

四　恐口(無)憑，立此存条為據。

五　母舅 姚太荣 德祥

六　房族人 張金仕 克俊

七　筆 張克宣

八　□□卅七年正月十六日

*此为民国三十七年(1948年)正月十六日订立的一份借土养杉凭证，因原件严重濒危，无法判定事主姓名。原件现保藏于张承久家中，原色影像典藏于贵州师范学院『中国山地民族特色文献数据库』，编号为ZCJ117。原件内容共8列81字。

编号：ZCJ118(195mm×285mm)

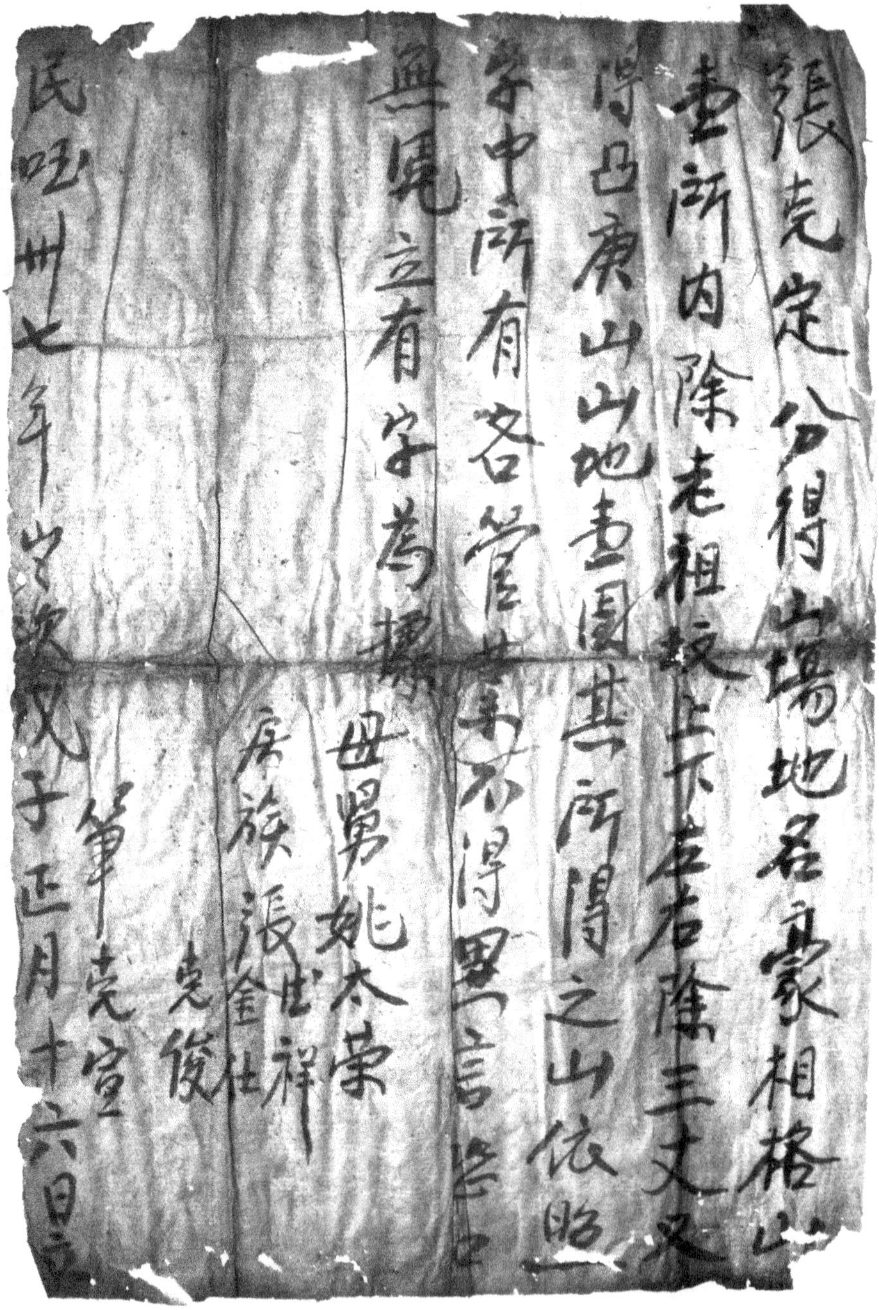
張堯定公分得山場地名冢相格山
壹所內除老祖坟上下左右除三丈又
得己庚山山地壹園其所得之山依照
字中所有各管各業不得異言恐口
無憑立有字為據
毋舅 姚太榮
房族 張世祥 金壮
堯俊
筆 堯宣
民国卅七年歲次戊子正月十六日立

ZJC118　民国三十七年正月十六日张克定分得山场字*

一　張克定分得山塲地名豪相格山
二　壹所，内除老祖坟，上下左右除三丈。又
三　得凸庚山山地壹團，其所得之山依照
四　字中所有各管業，不得異言。恐口
五　(無)(凴)，立有字為據。
六　　　　　　　　　　母舅　姚太荣
七　　　　　　　　　　房族　德祥　張金仕　克俊
八　　　　　　　　　　筆　克宣
九　民(國)卅七年(岁)次戊子正月十六日　　　立

*此为张克定民国三十七年(1948年)正月十六日分得山场字据，原件现保藏于张承久家中，原色影像典藏于贵州师范学院『中国山地民族特色文献数据库』，编号为ZCJ118。原件内容共9列95字。原件有多处缺孔，纸张已开始絮化。

编号：ZCJ119（150mm×300mm）

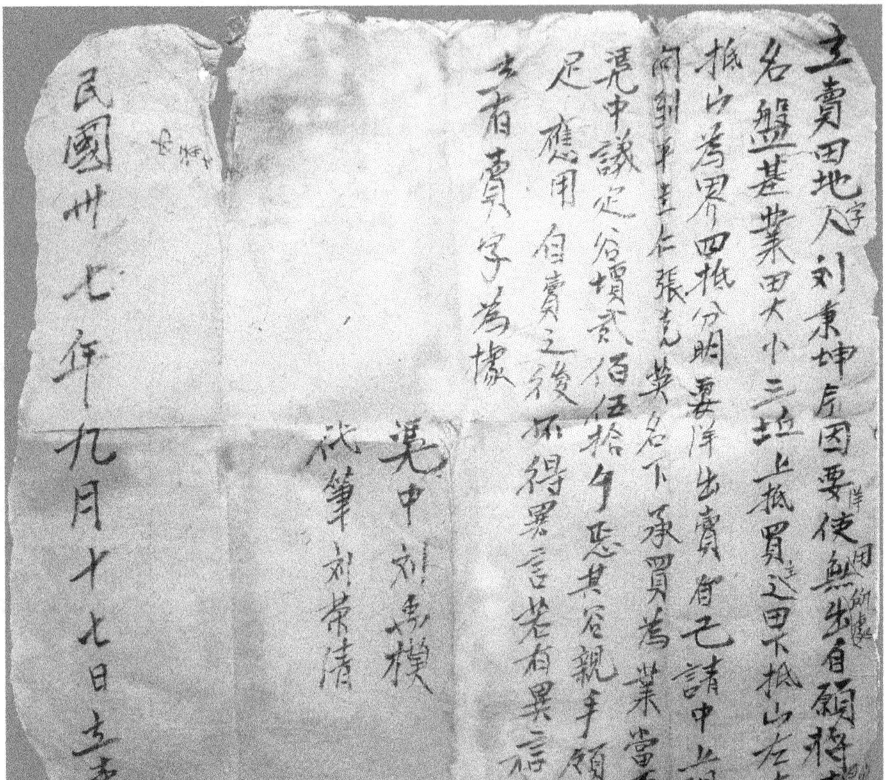
立賣田地字人刘東坤今因要使無出自願將土
名盤基業田大小三坵上抵買主田下抵山左右
抵山為界四抵分明要洋出賣自己請中上門
問到本寨張光英名下承買為業當面
憑中議定谷價貳佰伍拾斤其谷親手領
足應用自賣之後不得異言若有異言
立有賣字為據
憑中 刘炎模
代筆 刘荣清
民國卅七年九月十七日 立賣

ZCJ119　民国三十七年九月十七日刘秉坤卖田地字*

一　立賣田地字人刘秉坤，今因要使洋用，（無）所處出，自願將到土

二　名盤基業田大小三坵，上抵買主之田，下抵山，左右

三　抵山為界，四抵分明。要洋出賣，自己請中上門

四　问到平圭仁張克英名下承買為業。當面

五　（凴）中議定谷（價）（貳）佰伍拾斤（整），其谷親手領

六　足應用。自賣之後，不得異言。若有異言，

七　立有賣字為據。

八　　　　（凴）中　刘禹模

九　　　　代筆　　刘荣清

十　内（添）七字

十一　民國卅七年九月十七日　立賣

* 此为刘秉坤民国三十七年（1948年）九月十七日卖田地字据，原件现保藏于张承久家中，原色影像典藏于贵州师范学院『中国山地民族特色文献数据库』，编号为ZCJ119。原件内容共11列142字。原件左上部有撕裂缺口。

编号：ZCJ120（330mm×350mm）

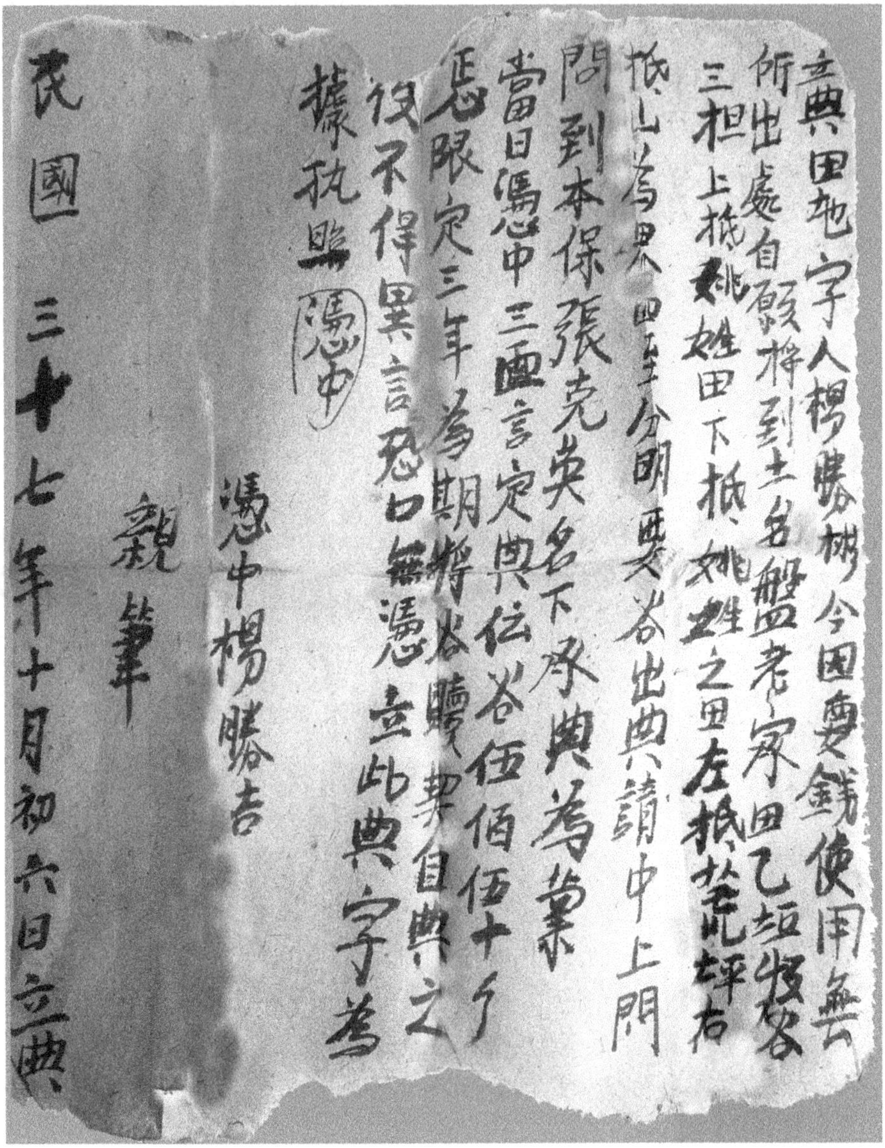

立典田地字人楊勝林今因要錢使用無出
所出處自願將到土名盤老家田乙坵收谷
三担上抵姚姓田下抵姚姓之田左抵荒坪右
抵山為界四至分明要谷出典請中上門
問到本保張克英名下承典為業
當日憑中三面言定典价谷伍佰伍十斤
忌限定三年為期將谷贖契自典之
後不得異言恐口無憑立此典字為
據執照 憑中
憑中楊勝吉
親筆
民國三十七年十月初六日立典

ZCJ120　民国三十七年十月初六日杨胜彬典田地字*

一　立典田地字人楊勝彬，今因要錢使用，（無）

二　所出處，自願（将）到土名盤老家田乙坵，收谷

三　三担，上抵姚姓田，下抵姚姓之田，左抵荒坪，右

四　抵山為界，四至分明。要谷出典，請中上門

五　問到本保張克英名下承典為業。

六　當日憑中三面言定典伝谷伍佰伍十斤

七　（整）。限定三年為期，將谷贖契。自典之

八　後，不得異言。恐口無憑，立此典字為

九　據执照。■■

十　　　　　　憑中　楊勝吉

十一　　　　　親筆

十二　民國三十七年十月初六日　立典

*此为杨胜彬民国三十七年（1948年）十月初六日典田地字据，原件现保藏于张承久家中，原色影像典藏于贵州师范学院『中国山地民族特色文献数据库』，编号为ZCJ120。原件内容共12列147字。原件上下端均有明显破损缺孔。

编号：ZCJ121（230m×400mm）

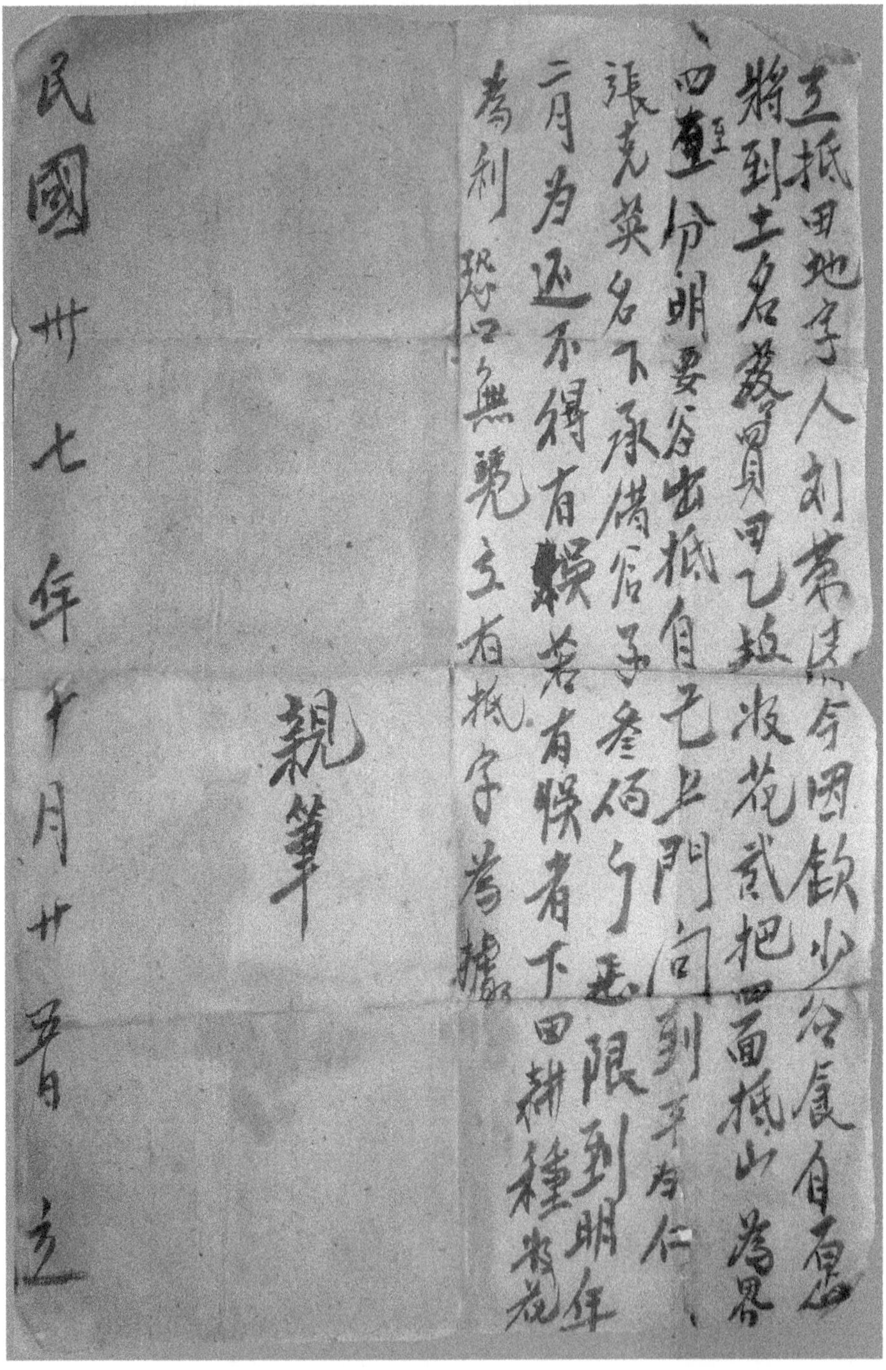
立抵田地字人刘荣德今因缺少谷食自愿
将到土名秀贯田乙坵收花贰把四面抵山为界
四至分明要谷出抵自己上门问到平寨仁
張克英名下承借谷子叁佰斤正限到明年
二月为还不得有误若有误者下田耕種收花
為利恐口無憑立有抵字為據
親筆
民國卅七年十月廿五日 立

ZCJ121 民国三十七年十月二十五日刘荣清抵田地字*

一 立抵田地字人刘荣清，今因(鈌)少谷食，自愿
二 將到土名落買田乙坵，(收)花貳把，四面抵山為界，
三 四■至分明。要谷出抵，自己上門问到平归仁
四 張克英名下，承借谷子叁佰斤(整)。限到明年
五 二月归还，不得有悮。若有悮者，下田耕種(收)花
六 為利。恐口(無)(凴)，立有抵字為據。
七 親筆
八 民國卅七年十月廿五日 立

*此为刘荣清民国三十七年(1948年)十月二十五日抵田地字据，原件现保藏于张承久家中，原色影像典藏于贵州师范学院『中国山地民族特色文献数据库』，编号为ZCJ121。原件内容共8列113字。原件有明显折痕。

编号：ZCJ122（370mm×270mm）

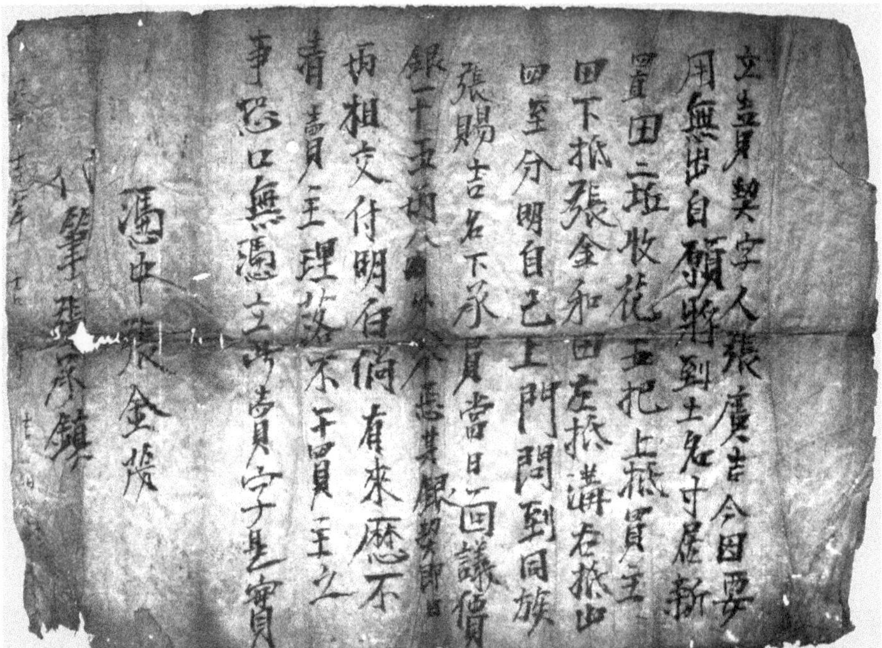
立賣買契字人張廣吉今因要
用無出自願將到土名寸屋新
置田二坵收花五把上抵買主
田下抵張金和田左抵溝右抵山
四至分明自己上門問到同族
張賜吉名下承買當日二面議價
銀一十五兩八[illegible]其銀契卽日
兩相交付明白倘有來歷不
清賣主理落不干買主之
事恐口無憑立此賣字是實
憑中 張金茂
代筆 張承鎮

ZCJ122 民国吉年吉月吉日张广吉卖田契*

一 立賣契字人張廣吉，今因要

二 用無出，自願將到土名寸居新

三 置田二坵，收花五把，上抵買主

四 田，下抵張金和田，左抵溝，右抵山，

五 四至分明。自己上門問到同族

六 張賜吉名下承買，當日面議價

七 銀一十五(兩)八■(錢)八分(整)，其銀契即日

八 (兩)相交付明白。倘有來歷不

九 清，賣主理落，不干買主之

十 事。(恐)口無(憑)，立此賣字是實。

十一 (憑)中 張金茂

十二 代筆 張承鎮

十三 民国吉年吉月吉日 立

*此为张广吉民国吉年吉月吉日卖田契约，原件现保藏于张承久家中，原色影像典藏于贵州师范学院『中国山地民族特色文献数据库』，编号为ZCJ122。原件内容共13列138字。原件有多处虫蚀缺孔，纸张已开始絮化。

编号：ZCJ123（310mm×220mm）

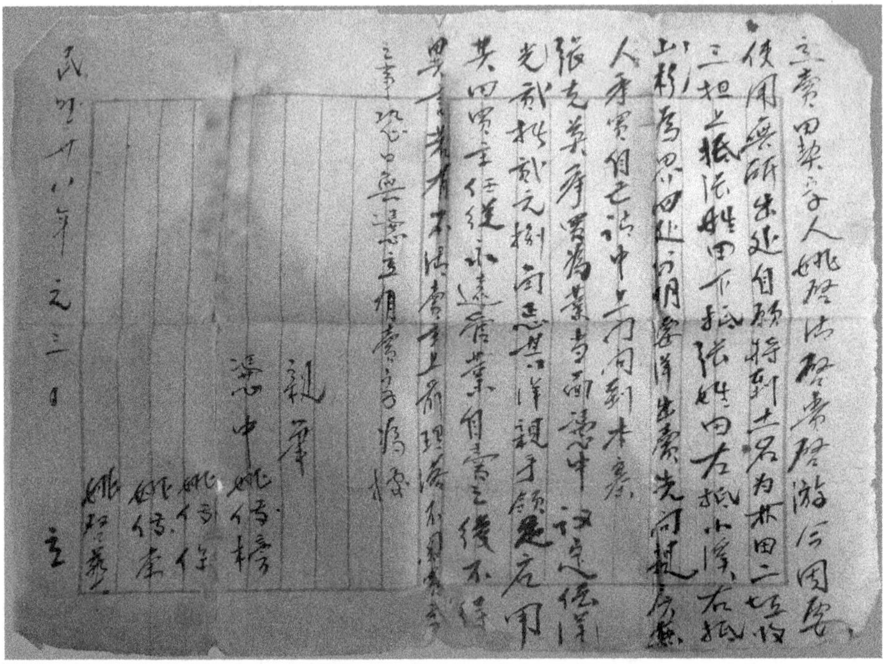
立賣田契字人姚隆洪今因要錢
使用無所出处自願將到土名为禾田二坵收
三担上抵張姓田下抵張姓田右抵小溪左抵
山界為界田地四至分明要洋出賣先問親房無
人承買自己請中上門問到本寨
張克英承買為業当面憑中議定價洋
光貳拾貳元捌角正其洋親手領足应用
其田買主任從永遠管業自賣之後不得
異言若有不清賣主上前理落不關買主之
事恐口無憑立此賣字為據
親筆
憑中 姚倍榜
姚倍保 姚倍來
民國廿八年元三月 立
姚隆燕

ZCJ123　一九四九年元月三日姚启清等卖田契*

一　立賣田契字人姚啓清、啟贵、啟游，今因要
二　使用，(無)所出处，自(願)将到土名归林田二坵，(收)
三　三担，上抵张姓田，下抵张姓田，左抵小溪，右抵
四　山杉為界，四处分明。要洋出賣，先问親房，無
五　人承買，自已请中上门问到本寨
六　張克英承買為業。当面憑中议定伝洋
七　光(貳)拾(貳)元捌角(整)，其洋親手领足应用，
八　其田買主任從永遠管業。自賣之後，不得
九　異言。若有不清，賣主上前理落，不(関)買主
十　之事。恐口(無)憑，立有賣字為據。
十一　(親)筆
十二　憑中　姚俊榜
十三　姚俊保
十四　姚俊荣
十五　姚啟華
十六　民(國)卅八年元三日　立

*此为姚启清、姚启贵、姚启游一九四九年元月三日卖田契约，原件现保藏于张承久家中，原色影像典藏于贵州师范学院『中国山地民族特色文献数据库』，编号为ZCJ123。原件内容共16列182字。原件纸张有红色竖格。

编号：ZCJ124（200mm×270mm）

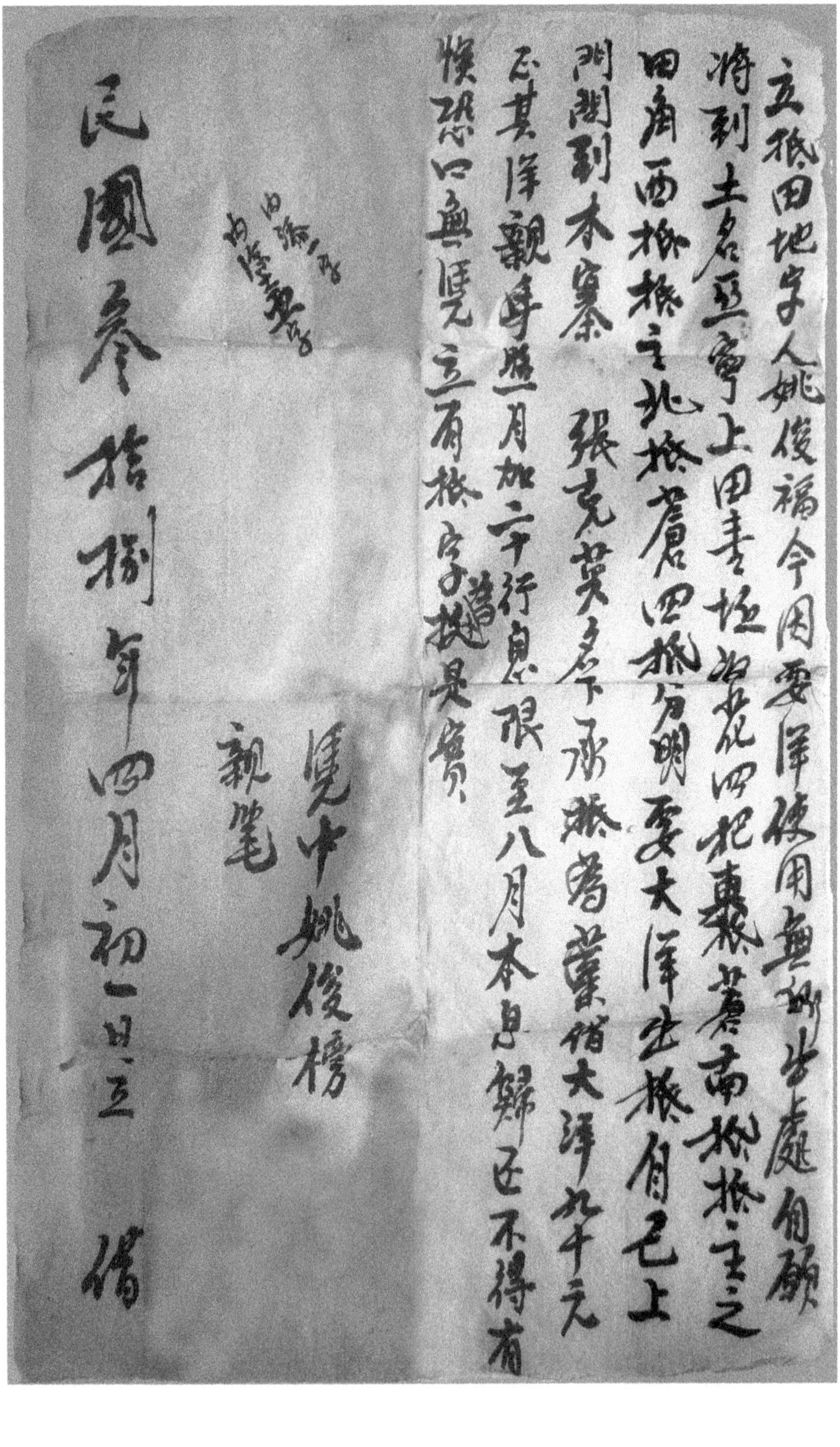
立抵田地字人姚俊福今因要洋使用無從出處自願
將到土名坚寨上田壹坵約禾四把東抵蒼南抵抵主之
田角西抵抵主北抵蒼田四抵分明要大洋出抵自己上
門問到本寨 張克英名下承抵為業備大洋九千元
正其洋親手收足月加二分行息限至八月本息歸还不得有
悞恐口無凭立有抵字為據是實
内添一字
内塗三字
凭中姚俊榜
親筆
民國叁拾捌年四月初一日立 備

ZCJ124　一九四九年四月初一日姚俊福抵田地字*

一　立抵田地字人姚俊福，今因要洋使用，(無)所出處，自(願)

二　将到土名巫寧上田壹坵，(收)花四把，東抵蒼，南抵抵主之

三　田角，西抵抵主，北抵蒼，四抵分明。要大洋出抵，自己上

四　門問到本寨　張克英名下承■■■借大洋九十元

五　(整)，其洋■■照月加二十行息，限至八月本息(歸)还，不得有

六　悞。恐口(無)(凴)，立有抵字為(拋)是實。

七　内(添)一字　　　　(凴)中　姚俊榜

八　内塗五字　　　　親筆

九　民國叁拾捌年四月初一日　　立借

*此为姚俊福一九四九年四月初一日抵田地字据，原件现保藏于张承久家中，原色影像典藏于贵州师范学院『中国山地民族特色文献数据库』，编号为ZCJ124。原件内容共9列143字。

编号：ZCJ125（215mm×165mm）

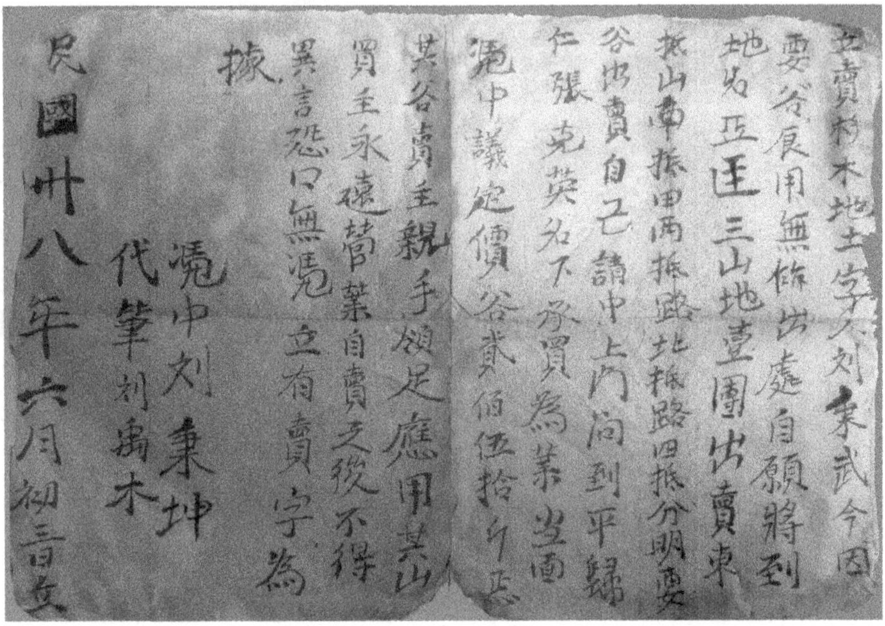
立賣杉木地土字人刘秉武今因
要谷良用無從出處自願將到
地名丕匡三山地壹團出賣東
抵山南抵田西抵路北抵路四抵分明要
谷出賣自己請中上門問到平歸
仁張克英名下承買為業当面
凭中議定價谷貳佰伍拾斤正
其谷賣主親手領足應用其山
買主永遠管業自賣之後不得
異言恐口無凭立有賣字為
據
凭中刘秉坤
代筆刘禹木
民國卅八年六月初三日立

ZCJ125　一九四九年六月初三日刘秉武卖杉木地土字*

一　立賣杉木地土字人刘秉武，今因
二　要谷食用，無所出處，自願將到
三　地名亞(厓)三山地壹團出賣，東
四　抵山，南抵田，(西)抵路，北抵路，四抵分明。要
五　谷出賣，自己請中上门问到平(歸)
六　仁張克英名下承買為業。当面
七　(凴)中議定價谷貳佰伍拾斤(整)，
八　其谷賣主親手領足應用，其山
九　買主永遠(管)(業)。自賣之後，不得
十　異言。恐口無(凴)，立有買字為
十一　據。
十二　　　　(凴)中　刘秉坤
十三　　　　代筆　刘禹木
十四　民國卅八年六月初三日立

*此为刘秉武一九四九年六月初三日卖杉木地土字据，原件现保藏于张承久家中，原色影像典藏于贵州师范学院『中国山地民族特色文献数据库』，编号为ZCJ125。原件内容共14列147字。原件下端有一处缺孔。

编号：ZCJ126（160mm×225mm）

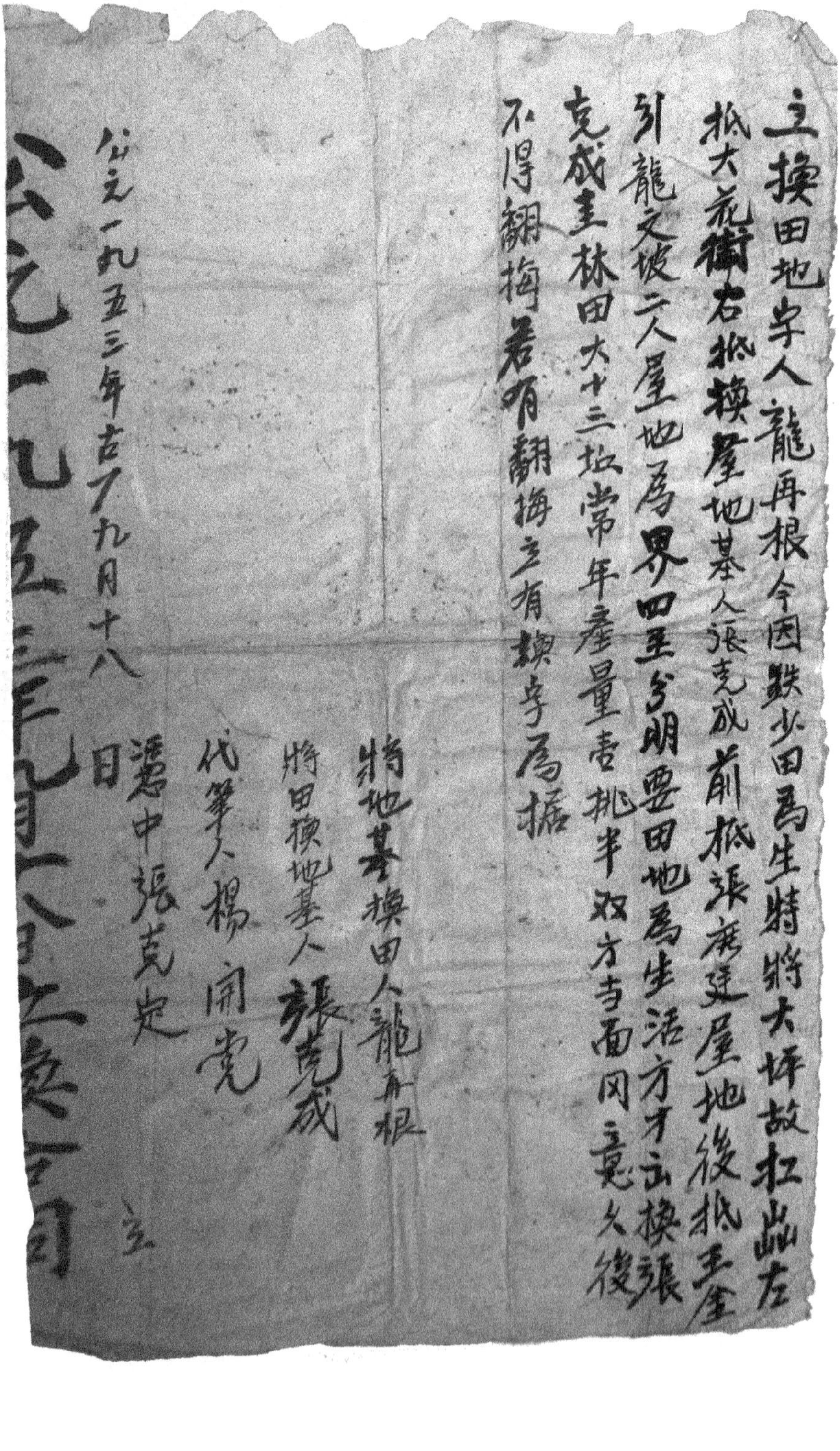

立換田地字人龍再根今因缺少田為生特將大坪故杠坳左抵大花街右抵換屋地基人張克成前抵張庚廷屋地後抵王全引龍文坡二人屋地為界四至分明要田地為生活方才出換張克成主林田大十三坵常年產量壹挑半双方当面同意久後不得翻悔若有翻悔立有換字為据

將地基換田人龍再根

將田換地基人張克成

代筆人楊開党

憑中張克定

公元一九五三年古𠂆九月十八日 立

公元一九五三年九月十八日立換合同

ZCJ126　一九五三年九月十八日龙再根换田地字*

一　立換田地字人龍再根，今因鉄少田為生，特（將）大坪故扛（㘭），左

二　抵大花街，右抵換屋地基人張克成，前抵張（廣）廷屋地，後抵王金

三　引、龍文坡二人屋地為界，四至分明。要田地為生活，方才（出）換張

四　克成圭林田大小三坵，常年產量壹挑半，双方当面冈意，（以）後

五　不得翻悔，若有翻悔，立有換字為据。

六　將地基換田人　龍再根

七　將田換地基人　張克成

八　代筆人　楊（開）党

九　憑中　張克定

十　公元一九五三年古（曆）九月十八日　立

十一　公元一九五三年九月十八日立換合同

*此为龙再根一九五三年九月十八日换田地字据，原件现保藏于张承久家中，原色影像典藏于贵州师范学院『中国山地民族特色文献数据库』，编号为ZCJ126。原件内容共11列173字。

附录：道光十年十一月初四日张林朝等分关文书*

附录—1(145mm×170mm)

立分關文憑張林朝林華林翰林材
院林輝同侄橋麟等爰稽吾父先年
住居高[illegible]生老大老二兩人崇家道
順吾父携吾輩搬移平鰲仁耕山度
日維生老三老四老五老六與吾五人家
地祖宗護佑稍積家資畧置業

*此为张林朝、张林华、张林翰、张林材、张林院、张林辉同侄张桥麟等人道光十年(1830年)十一月初四日订立的分关合同。原件现保藏于张承久家中，原色影像典藏于贵州师范学院『中国山地民族特色文献数据库』。原件内容共75列1162字。原件因年代久远有明显褶皱和污渍，纸张已经开始絮化。

立分関文（浼）張林朝、林華、林（翰）、林材、林院、林輝同侄橋（麟）（等），爰稽吾父先年住居高埧，生老大、老二（兩）人。柰家道不順，吾父携吾（輩）搬移平魁仁耕山度日，继生老三、老四、老五、老六（與）吾五人。蒙天地祖宗護佑，稍積家資，畧置業産。

附录—2(235mm×170mm)

五輩戒立文邦中吾文支持家道…
雖不曰富有亦可以謂之為美矣自於
後數十年于兹弟兄同室毫無異議
亦因人口蕃大弟兄商議將父手所遺
基前田土山場並吾輩新置業產…
天地祖宗下憑親族人等品作天地乾元亨…
貞等股均分自分之後各照分關…
不得爭多論寡亦不得以強欺弱…
遵 天地祖宗共鑒責之欸後有…
分關系本各執壹本為据
謹將閹得各處田土山場開列于后
…林朝闔得乾字田壹股計開

七　五(輩)成立，又帮吾父支持，家道愈隆，

八　雖不曰富有，亦可以謂之苟美矣。自父歿

九　後數十年，于兹弟兄同室，毫無異議。

十　兹因人口眾大，弟兄商議，将父手所遺

十一　基(園)、田土、山塲並吾(輩)新置業産，上(凂)

十二　天地祖宗，下(凂)親族人(等)，品作『天地乾元亨利

十三　貞』柒股均分。自分之後，各照分(関)(管)業，

十四　不得争多論寡，亦不得以強欺弱。如有不

十五　遵，天地祖宗共鉴責之。欲後有(凂)，立

十六　分(関)柒本，各執壹本為(拠)。

十七　謹将(阄)得各處田土山塲(開)列于后。

十八　張林朝(阄)得■乾字田壹股，計(開)：

附录——3(235mm×170mm)

称朋山屋後大田叁坵小田叁坵揆老德…
在内塔登归榄田㷧坵归便坡冲田壹坵㕘…
田叁坵又归便溪高頭两边田陸坵荒坪土坝在内
又买長先田壹坵上冲茶田弍坵在冲下白山田壹…
坵归囷溪田壹坵又归匀溪田壹坵下社老溪…
坪壹截上白山田壹坵又九孝田㷧坵盘下老田
壹坵高盘田壹坵甲流田壹坵五毫老田壹…
林華閣得天字田壹股計開
下壹登老田㷧坵盘田壹坵五毫美稔田壹…
塔高艮田壹坵登归色新田壹坵归便坡…
水艮田大小叁坵又归便溪田叁坵上抵包往下
抵仔往上冲茶大田壹坵归侗溪田壹坵又高…

楊朋山屋後大田左边小田叁(坵)，換老德壹(坵)在内，搭登(歸)曉田(肆)(坵)，(歸)便坡冲田壹(坵)，岑克勒田叁(坵)；又(歸)便溪馬頭(兩)边田陸(坵)，荒坪土坡在内；又買長元田壹(坵)，上冲茶田(弍)(坵)，在冲下白山田壹(坵)，(歸)固溪田壹(坵)；又(歸)勿溪田壹(坵)，下社老溪荒坪壹截，上白山田壹(坵)；又九孝田(肆)(坵)，盤下老田壹(坵)，高盤田壹(坵)，甲流田壹(坵)，毫老田壹。

林華(阄)得『天』字田壹股，計(開)：下毫登老田(肆)(坵)，盤田壹(坵)，毫美格田壹(坵)，搭高艮田壹(坵)，登(歸)色新田壹(坵)，(歸)便坡冲水跟田大小柒(坵)；又(歸)便溪田叁(坵)，上抵包徃，下抵仔徃，上冲茶大田壹(坵)，(歸)個溪田壹(坵)；又高垻

附录—4(235mm×170mm)

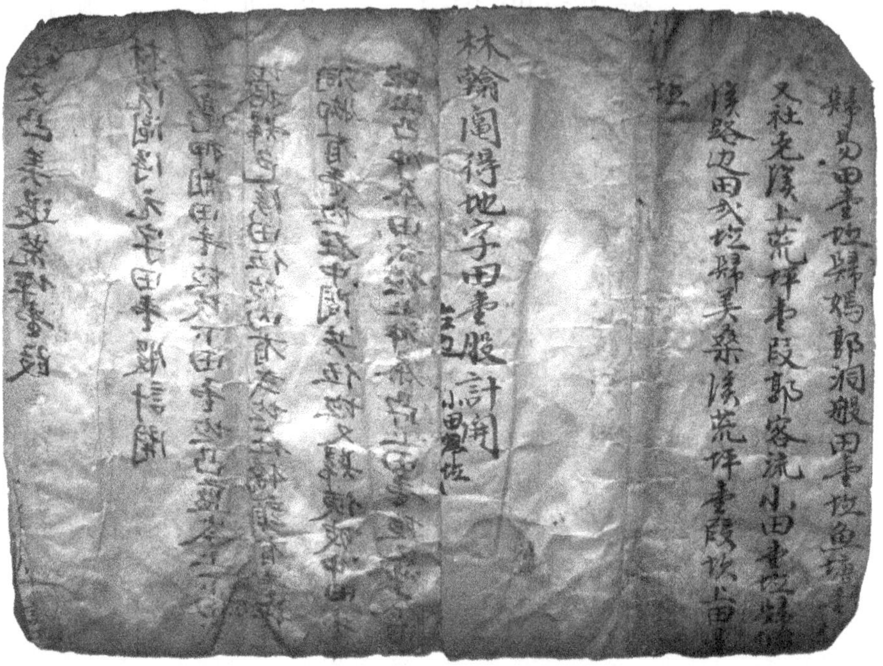
又社老溪上荒坪壹段郎客流小田壹坵
溪路边田貳坵歸美桑溪荒坪壹段
林翰阁得地字田壹股計開

三十一　(歸)易田壹(坵)，(歸)媽郭洞般田壹(坵)，鱼塘壹個；
三十二　又社老溪上荒坪壹叚，郭容流小田壹(坵)，(歸)個
三十三　溪路边田(弍)(坵)，(歸)美桑溪荒坪壹叚，坎上田壹
三十四　(坵)。

三十五　林(翰)(阄)得『地』字田壹股，計(開)：
三十六　　　　□边　小田■(坵)

附录—5(235mm×170mm)

計又乜美退荒坪壹段
林院洞得元字田壹股計開
上亮乜柳朝田壹坵坎下田壹坵乜燕冬上[illegible]
坵格歸色溪田伍坵內有貳坵在橋頭有壹坵
洞脚有壹坵在中間共伍坵又歸便坡冲田壹
坵上乜冲茶田貳坵上冲茶乜上田壹坵又冲茶田
貳坵歸便亮冲曉田叁坵大塓田壹坵[illegible]
溪冬得洞田壹坵培高老田壹坵乜美[illegible]田壹
坵又孔歸美桑田壹坵歸美桑[illegible]坎上田壹坵
林榫洞得亨字田壹股計開
谷將孔田貳坵 買四刀的 買昌保田壹坵買[illegible]計[illegible]

(坵)，又凸美退荒坪壹叚。

林院(阄)得『元』字田壹股，計開：上毫押(腊)田壹(坵)，坎下田壹(坵)，凸蓝岑上下田(弍)(坵)，搭(歸)色溪田伍(坵)，内有(弍)(坵)在橋頭，有壹■(坵)在洞脚，有壹(坵)在中間，共伍(坵)；又(歸)便坡冲田壹(坵)，上凸冲茶田(弍)(坵)，上冲茶凸上田壹(坵)；又冲茶田(弍)(坵)，(歸)便毫冲曉田叁(坵)，大墴田壹(坵)，(歸)美桑溪岑得闷田壹(坵)，培高老田壹(坵)，凸美退田壹(坵)，扒(歸)美桑田壹(坵)，(歸)美桑溪坎上田壹(坵)。

林輝(阄)得『亨』字田壹股，計(開)：登蔣孔田(弍)(坵)，買四勿明。買昌保田壹(坵)，買官計田

附录—6(235mm×170mm)

弍坵塔盘老加田玖坵水沟田在内下[illegible]弍坵
郭冲茶田弍坵又归便溪田壹坵下抵包往归
坡冲田叁坵归便溪上下小田伍坵上荒坪壹[illegible]
又[illegible]便溪田叁坵又上田弍坵孖中田壹坵归便
田壹坵在下
林材阁潞利字田壹股对开
下毫押翻罗绍和田壹坵买[illegible]三[illegible]田弍坵[illegible]
姚
加田壹坵塔毫敖补桂在水沟小田叁坵叁[illegible]
新田上下冲坵四归便坡田壹坵高艮塘[illegible]田弍坵
下冲茶田弍坵便洞翁田壹坵又归便坡脚田冲坵
毫冲晓下田壹坵归得溪叁岑下格路边田壹坵
坎
坡上新田壹坵又归得溪桥头荒坪弍段[illegible]

四十八　（弍）（坵），搭盤老加田玖（坵），水溝田在内，下高王田（弍）（坵），

四十九　郭冲茶田（弍）（坵）；又（歸）便溪田壹（坵），下抵包佺（歸）便

五十　坡冲田叁（坵），（歸）便溪上下小田伍（坵），上荒坪壹截；

五十一　又（歸）便溪田叁（坵），又上田（弍）（坵），在中田壹（坵），（歸）便

五十二　田壹（坵）在下。

五十三　林材（阄）得『利』字田壹股，计（開）：

五十四　下毫押（腊）買绍和田壹（坵），買■[姚]三（喬）田（弍）（坵），盤老

五十五　加田壹（坵），搭毫敬補桂在水溝小田叁（坵），登（歸）色

五十六　新田上下（肆）（坵），凸（歸）便坡田壹（坵），高艮塘庚田（弍）（坵），

五十七　下冲茶田（弍）（坵），便洞翁田壹（坵）；又（歸）便坡脚田（肆）（坵），

五十八　毫冲曉下田壹（坵），（歸）得溪登岑下格路边田壹（坵），

五十九　■[坎]上新田壹（坵）；又（歸）得溪橋頭荒坪（弍）段，岑

附录—7(235mm×170mm)

六十　下格上田壹（坵）。

六十一　橋麟（阄）得『貞』字田壹股，计（開）：

六十二　毫登老在中田叁（坵），買侶參田壹（坵），得悶良田

六十三　（弍）（坵），搭凸（歸）色田壹（坵），毫固茹田叁（坵），凸（歸）便坡

六十四　頂田叁（坵）；又洞翁田伍（坵）；又（歸）便溪走路田壹（坵），

六十五　坎上小田壹（坵），■■■■■■■大塻中田壹（坵），

六十六　半（歸）便溪盤坡小田（弍）（坵），中荒坪壹叚。

六十七　外批：其有唐王溪禁山壹幅，父親龍脉凸唐王

六十八　禁山壹幅，（歸）美溪敬補桂得悶良得登老山

附录—8(235mm×170mm)

[illegible]幅登將孔魚塘壹個屋边田贰[illegible]
山土壹幅得盤[illegible]色山土壹幅九[illegible]山[illegible]
荒坪上白山田壹段同老德共以上數處俱[illegible]
[illegible]不分故批

六十九　壹幅，登将孔鱼塘壹個，屋边田(弍)(坵)，凸包寧

七十　山土壹幅，得盤(歸)色山土壹幅，九孝山土平然

七十一　荒坪上白山田壹段，同老德共以上數處俱出，

七十二　在眾禁蓄不分，故批。

附录—9（235mm×170mm）

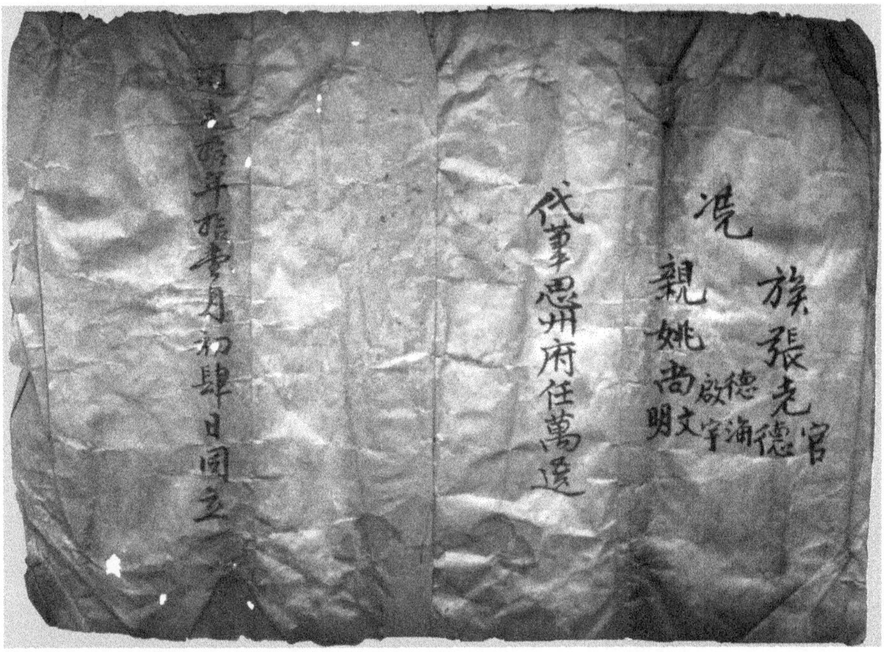

七十三　凴　族張老官
德
德海
啟宇
親姚尚文
明

七十四　代筆　思州府任萬(選)

七十五　道光拾年拾壹月初肆日同立